ÉDITION

Directeurs de collection et auteurs : Dominique AUZIAS et Jean-Paul LABOURDETTE

Auteurs : Perrine CARLE, Nicolas MICHEL, Cédric ARMAND, Astrid LATAPIE, Ceyliane RATTO, Jean-Paul LABOURDETTE, Dominique AUZIAS et alter

Directeur Editorial : Stéphan SZEREMETA

Rédaction France : Briséis CREAC'H-MENUT, Mélanie COTTARD, Audrey VEDOVOTTO, Nicolas WODARCZAK

Rédaction Monde : Laure CHATAIGNON, Morgane VESLIN, Pierre-Yves SOUCHET, Natalia COLLIER

FABRICATION

Maquette et Montage : Romain AUDREN, Julie BORDES, Delphine PAGANO

Iconographie et Cartographie : Anne DIOT, Julien DOUCET

WEB ET NUMÉRIQUE

Directeur Web : Louis GENEAU DE LAMARLIERE

Développeurs : Guillaume BARBET, Adeline CAUX et Roland SPOUTIL

Intégrateur Web : Mickael LATTES, Antoine DION

Webdesigner : Caroline LAFFAITEUR

Community Traffic Manager : Alice BARBIER, Mariana BURLAMAQUI et Noémie LE SAUX

DIRECTION COMMERCIALE

Directeur commercial : Guillaume VORBURGER

Coordinatrice des Régies commerciales : Manon GUERIN assistée de Jonas HESOL

Account Manager Marketplace : Leila ROUGEOT assistée de Lola FAVRE-MOT

Responsable Régies locales : Michel GRANSEIGNE

Responsables Développement régie inter : Jean-Marc FARAGUET et Guillaume LABOUREUR et Camille ESMIEU

Chefs de Publicité Régie nationale : Caroline AUBRY, François BRIANCON-MARJOLLET, Perrine DE CARNE MARCEIN, Jonathan TOUTOUX et Amélie NOEL

DIFFUSION ET PROMOTION

Directrice des Ventes : Bénédicte MOULET assistée d'Aissatou DIOP

Responsable des ventes : Jean-Pierre GHEZ assisté de Nelly BRION

Relations Presse-Partenariats : Jean-Mary MARCHAL

ADMINISTRATION

Président : Jean-Paul LABOURDETTE

Directrice des Ressources Humaines : Dina BOURDEAU assistée de Sandra DOS REIS et Eva BAELEN

Directrice Administrative et Financière : Valérie DECOTTIGNIES

Comptabilité : Guillaume PETIT, Aminata BAGAYOKO, Jeannine DEMIRDJIAN

Recouvrement : Fabien BONNAN assisté de Sandra BRIJLALL

Responsable informatique : Elie NZUZI-LEBA

PETIT FUTE LES PLUS BELLES BALADES EN LOT-ET-GARONNE

LES NOUVELLES ÉDITIONS DE L'UNIVERSITÉ
18, rue des Volontaires - 75015 Paris.
✆ 01 53 69 70 00 - Fax 01 42 73 15 24
Internet : www.petitfute.com
SAS au capital de 1 000 000 € - RC PARIS B 309 769 966

Couverture : Tournon d'Agenais © TEDDY VERNEUIL_LEZBROZ

Impression : IMPRIMERIE CHIRAT 42540 Saint-Just-la-Pendue

Achevé d'imprimer : Juin 2022

Dépôt légal : 23/07/2022

ISBN : 9782305079554

Pour nous contacter par email, indiquez le nom de famille en minuscule suivi de @petitfute.com
Pour le courrier des lecteurs : info@petitfute.com

IMPRIMÉ EN FRANCE

Lot-et-Garonne

UN TERRITOIRE À VIVRE

Pays aux identités multiples, façonné par les cours d'eau et par l'histoire, le Lot-et-Garonne se vit au rythme du plaisir. Imaginez de vastes paysages vallonnés, tapissés de bois et de cultures colorées. Ce guide vous propose de les traverser à pied, à vélo ou même à cheval pour en apprendre un peu plus à chaque balade sur ce territoire. Rencontrez le passé, en grande pompe dans un château ou dans l'intimité d'un lavoir. Ici, l'histoire est omniprésente, elle a commencé trois siècles avant Jésus-Christ avec l'installation des Nitiobroges en Agenais mais c'est du Moyen Âge que subsistent le plus de vestiges, notamment les bastides, ces cités libres et protectrices. Les fameuses rivières et le fleuve qui traversent le département ont participé au développement d'une agriculture riche qui ravira tous les gourmands. Vous dégusterez pruneaux, noisettes, fraises, foie gras, Armagnac et autres spécialités locales comme la célèbre tomate de Marmande au cours de vos pérégrinations qui vous mèneront à la découverte d'un terroir. Prenez ce guide sous le bras et choisissez parmi les quarante-sept balades qu'il renferme. Elles sont toutes différentes pour s'adapter à vos envies et au niveau de chaque promeneur. Chaussez-vous confortablement et laissez-vous surprendre par les richesses qui vous entourent. Seul ou à plusieurs, en famille ou entre amis, entrez dans un territoire humain, loin des foules et proche de vous. Entrez en Lot-et-Garonne. Bienvenue.

SOMMAIRE

Gabarot sur la Baïse. © ADRT 47

Pujols. © ADRT 47

7 NOS PLUS BELLES BALADES

Canal. © CHRISTIAN PRÊLEUR

Randonnée dans un verger de pruniers. © CHRISTIAN PRÊLEUR

La vallée du Lot à vélo. © CHRISTIAN PRÊLEUR

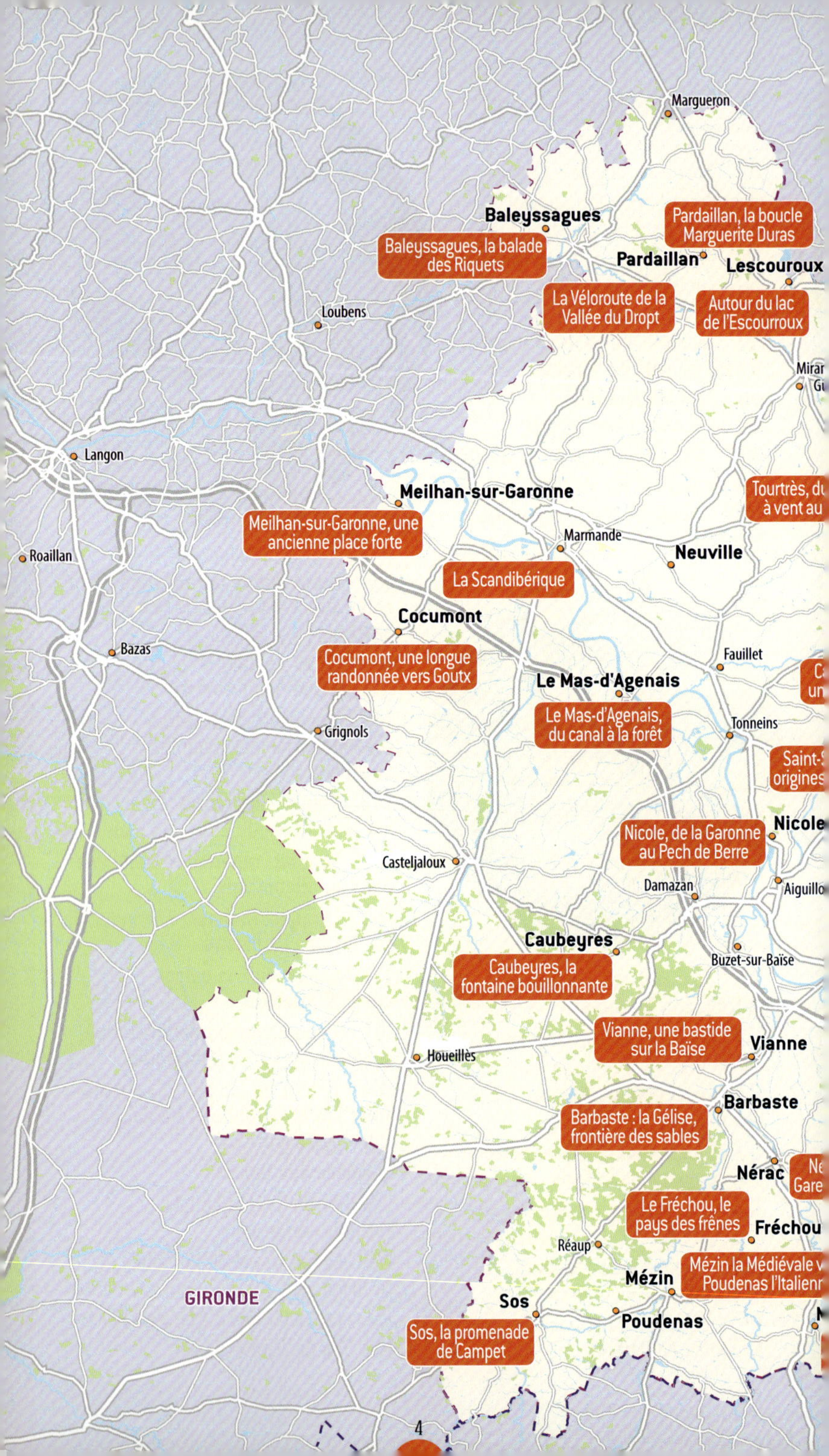

Margueron
Baleyssagues
Pardaillan, la boucle Marguerite Duras
Baleyssagues, la balade des Riquets
Pardaillan
Lescouroux
La Véloroute de la Vallée du Dropt
Autour du lac de l'Escourroux
Loubens
Langon
Meilhan-sur-Garonne
Meilhan-sur-Garonne, une ancienne place forte
Marmande
Roaillan
Neuville
La Scandibérique
Cocumont
Bazas
Fauillet
Cocumont, une longue randonnée vers Goutx
Le Mas-d'Agenais
Le Mas-d'Agenais, du canal à la forêt
Tonneins
Grignols
Nicole, de la Garonne au Pech de Berre
Casteljaloux
Damazan
Caubeyres
Caubeyres, la fontaine bouillonnante
Buzet-sur-Baïse
Vianne, une bastide sur la Baïse
Vianne
Houeillès
Barbaste
Barbaste : la Gélise, frontière des sables
Nérac
Le Fréchou, le pays des frênes
Réaup
Mézin
GIRONDE
Sos
Poudenas
Sos, la promenade de Campet

LES PLUS BELLES BALADES EN LOT-ET-GARONNE

RALENTIR POUR PROFITER DU LOT-ET-GARONNE

Du printemps à l'automne, les vallées et les plaines se parent de couleurs. Dès le mois d'avril, les pruniers portent de fragiles pétales, couvrant l'herbe verte d'un manteau blanc en un coup de vent. Les campagnes s'illuminent aux premières chaleurs du jaune flamboyant des champs de tournesols. Les rouges se déclinent à l'automne. Les vertes étendues sont ponctuées de pechs, ces rebonds du terrain sur lesquels sont perchés ça et là villages et moulins. Embarquez vos pinceaux et vos couleurs ou un appareil photo pour immortaliser ces tableaux vivants qui s'étalent sous vos yeux dès que vous atteignez un sommet. Pour profiter au mieux de ces vertes contrées, pas de hâte. Les bastides et châteaux qui vous attendent depuis des siècles ne sont plus à quelques jours près. Les cours d'eau vous insufflent un autre rythme, celui du bien-être, les paysages ouverts vous invitent à respirer. À pied, à vélo ou en bateau, vous visitez pleinement en savourant chaque journée.

Un département, plusieurs destinations

Pour quelques jours ou pour toutes les vacances, partez à la découverte des cinq nuances du Lot-et-Garonne, cinq territoires qui prennent leur identité à échelle humaine, à travers les paysages, l'agriculture, le patrimoine bâti et plus encore.

Dans la vallée du Lot s'égrènent les bastides du XIIIe siècle, les vergers de pruniers d'Ente et de noisetiers. On y trouve la porte entre la petite histoire et la grande à Saint-Sardos, village à l'origine de la guerre de Cent Ans.

Le val de Garonne se forme avec la forêt landaise au sud, les coteaux du Marmandais au nord, le canal des Deux Mers coule ici pour les marins d'eau douce, accompagné de sa voie verte pour les cyclistes.

C'est en suivant la Baïse que l'on traverse la terre d'Albret par la terre ou par les flots. Après avoir visité Buzet et son vignoble, elle vous mène à la bastide de Vianne et au château de Nérac jusqu'au village des Menteurs à Moncrabeau.

En Agenais, deux cours d'eau se croisent grâce à une prouesse d'architecture : le canal enjambe la tumultueuse Garonne. En suivant le chemin de Cluny vous atteignez le prieuré de Moirax.

Au nord, la vallée du Dropt s'étend de l'est à l'ouest du département. Avis aux pêcheurs, de nombreux lacs ont été créés pour l'alimenter. Si vous suivez son cours, vous atteignez l'exemplaire bastide de Villeréal.

Sur les chemins

Pour découvrir le petit patrimoine et les paysages, rien ne vaut la randonnée pédestre, qui vous emmène au plus près de chaque trésor à observer. Chaussez-vous confortablement et repérez le balisage. Les itinéraires de randonnée sont nombreux à sillonner le département, il y en a toujours un proche de vous.

Saint-Jacques de Compostelle : GR 652 et 654

Pour un pèlerinage ou pour une balade à la journée, vous pouvez rejoindre des chemins menant à Saint-Jacques de Compostelle. Ces itinéraires balisés privilégient les routes peu fréquentées et les sentiers, vous pouvez donc les emprunter en toute confiance. Ils traversent des villes d'intérêt patrimonial qui font d'excellents points de départ et d'arrivée. À l'est du département, arrive le GR 652 ou voie de Rocamadour. Il s'agit d'une variante de la voie Podensis entre Figeac et La Romieu, elle entre en Lot-et-Garonne au-dessus de Tournon-d'Agenais, passe à Pujols, tout près de Villeneuve-sur-Lot puis à Agen, avant de descendre dans le Gers. Au nord passe le GR 654 Est, issu de la voie de Vézelay divisée en deux à Bergerac. Le chemin devient lot-et-garonnais de Castillonnès à Mézin. Il traverse plusieurs bastides, comme Monclar ou Aiguillon.

Chemin de Cluny de Guyenne-Gascogne

Comme les chemins de Compostelle, ceux de Cluny se développent dans toute l'Europe, visant l'objectif de connecter les 1400 sites clunisiens. Cet itinéraire de randonnée relie Moissac à Agen, en 107 kilomètres. Il rencontre quatre sites clunisiens : l'abbatiale de Moissac, l'abbaye de Saint Maurin et les prieurés de Moirax et de Layrac. Il fait la liaison entre les chemins de Compostelle GR 65 et GR 652. Sur le département du Lot-et-Garonne, ce chemin permet de relier Agen à Saint-Maurin, il passe entre autres

Randonnée à Coulx.

par deux bastides médiévales, celles de Puymirol et de Caudecoste.

GR 636

Cet itinéraire traverse le sud de la Dordogne et le nord du Lot-et-Garonne. Au départ de Bernasse (près de Monbazillac), il atteint Lacapelle-Biron, 73 kilomètres plus loin. Il se détache en fait du GR 6 qui traverse le sud de la France d'ouest en est, pour suivre le GR 654 qu'il quitte ensuite en arrivant vers Lougratte. Là, le GR 636 vire à l'est, traversant la bastide de Monflanquin classée parmi les plus beaux villages de France puis Gavaudun et son incroyable château pour terminer à Lacapelle-Biron où il rejoint le GR 36.

GR 36

De Ouistreham dans le Calvados à Bourg-Madame dans les Pyrénées-Orientales, ce chemin traverse l'ouest de la France du nord au sud. Il fait un court passage dans le Lot-et-Garonne entre Lacapelle-Biron et Bonaguil, où se trouve un château médiéval immanquable.

Tèrra Aventura

Toute la région Nouvelle-Aquitaine est parsemée de parcours interactifs de géocaching (chasse au trésor). Un smartphone est nécessaire pour télécharger gratuitement l'application Tèrra Aventura, puis vous pouvez choisir entre 43 parcours, classés en fonction de leur difficulté et de leur thématique. Des aventures à vivre en famille ou entre amis.

Les circuits locaux

Dans ce guide, nous vous présentons 47 itinéraires de petite randonnée. Cependant, il en existe bien d'autres à travers le département. Vous pouvez trouver tous les itinéraires de ces balades sur le site www.tourisme-lotetgaronne.com qui vous donne accès aux tracés GPX ainsi qu'aux cartes téléchargeables gratuitement.

Pour quelques coups de pédale

Pour conjuguer découverte et activité sportive ou pour vivre l'itinérance d'un voyage, le département du Lot-et-Garonne multiplie les itinéraires cyclistes à la journée ou sur plusieurs jours. Les niveaux de difficulté sont variables et tout le monde y trouvera son compte, les familles avec cyclistes en herbe comme les mollets d'acier bien entraînés. Pour les inconditionnels du cycle, il est possible d'effectuer un véritable tour du Lot-et-Garonne en joignant le canal des Deux Mers, la véloroute de la vallée du Dropt et la véloroute de la vallée du Lot.

Le canal des Deux Mers à Vélo

En parallèle de la Garonne coule le canal de Garonne qui relie le canal du Midi à l'estuaire de la Gironde. Cet itinéraire fluvial est aussi devenu cyclable avec l'aménagement d'une voie verte le long du canal. Cette voie cyclable traverse plusieurs départements dont le Lot-et-Garonne sur 87 kilomètres. Un dénivelé quasi nul et un ombrage presque total rendent ce tronçon agréable et accessible à tous. De nombreux aménagements et sites d'intérêt le jalonnent, créant une expérience enrichissante en toute liberté.

La Vallée du Lot à vélo

Cet itinéraire relie Cahors dans le Lot à Aiguillon en Lot-et-Garonne. Il alterne voies vertes et petites routes, fléchées sur 160 kilomètres. Certaines des villes traversées sont desservies par le train, c'est notamment le cas d'Aiguillon, point d'arrivé du circuit et de Monsempron-Libos, à son extrémité est dans le département. Bien sûr, on peut aussi gagner Cahors par le rail. Que vous choisissiez de le réaliser dans son intégralité ou seulement sur un tronçon, cet itinéraire vous emmène à la découverte du patrimoine bâti, culturel et naturel de la vallée du Lot.

© CHRISTIAN PRE LEUR

Navigation sur le Lot à Castelmoron-sur-Lot.

La Scandibérique

Joignant la Norvège à l'Espagne, l'EuroVelo 3 entre dans le département avec le canal des Deux Mers qu'elle a rejoint juste avant, à la limite de la Gironde. Au niveau de l'écluse de Larderet, à Vianne, elle bifurque vers le sud jusqu'à Saint-Pé-Saint-Simon où elle part vers les Landes. Une fois sortie du canal des Deux Mers, la véloroute suit un itinéraire partagé sur une majorité de routes peu fréquentées. Elle emprunte quelques fortes pentes et paraîtra difficile aux cyclistes inexpérimentés et chargés. Depuis Mézin, elle utilise le tracé de l'ancienne voie ferrée (voie verte) sur 8 kilomètres, peu revêtu et sensible à la boue, il est néanmoins agréable grâce aux grands arbres qui le bordent et l'ombragent.

La véloroute de la vallée de la Baïse

Il s'agit de la V82 qui suit la rivière Baïse depuis Barbaste jusqu'à Galan dans les Hautes-Pyrénées sur un trajet de 152 kilomètres. Elle se joint à la Scandibérique jusqu'à Barbaste, puis bifurque vers Nérac. On l'appelle « la Véloroute des moulins », car ils sont très nombreux sur la Baïse.

La véloroute de la vallée du Dropt

Entre Duras et Monsempron-Libos, cet itinéraire partagé traverse le nord du département du Lot-et-Garonne d'ouest en est. Il passe rapidement en Dordogne par Eymet, tout comme le Dropt. Il traverse des villes riches d'un patrimoine historique important comme la bastide de Villeréal ou le château de Gavaudun. Cette véloroute quitte la vallée du Dropt à Villeréal pour suivre celle de la Lède à partir de Lacapelle-Biron. Elle se termine par le plateau surplombant la vallée du Lot qu'elle atteint à Monsempron-Libos. Le relief y est légèrement vallonné et les routes peu ombragées, il faut aussi s'autoriser quelques détours qui en valent vraiment la peine comme le village de Lauzun ou celui de Biron par exemple.

Un territoire idéal pour les cyclistes

Le Lot-et-Garonne présente des altitudes plutôt modestes puisqu'elles ne dépassent pas 160 mètres dans la vallée de la Garonne et 284 mètres pour tout le département. Son relief doucement vallonné séduira les cyclistes de tous niveaux qui apprécieront de sillonner les voies vertes et les routes peu fréquentées. Si vous souhaitez parcourir le Lot-et-Garonne à vélo, vous trouverez plusieurs cartes (carte cycliste de la vallée du Lot à vélo, carte touristique du département, topos boucles VTT des coteaux de Prayssas...) disponibles en ligne sur le site www.tourisme-lotetgaronne.com ainsi que dans les offices de tourisme.

Organiser son trajet à vélo

La plupart des itinéraires cyclistes évitent les routes à forte circulation, pourtant la prudence exige de se munir d'un gilet jaune et d'un casque pour profiter des vacances en toute sécurité. Même si l'on trouve sur certaines véloroutes, comme sur la voie verte du canal des Deux Mers, des points de réparation des vélos, il est important de prévoir un minimum d'équipement pour faire face aux possibles avaries rencontrées. Vous devez penser à transporter avec vous le nécessaire pour changer une chambre à air crevée, il existe aussi des bombes de réparation crevaison qui vous laissent le temps d'arriver à la fin de votre étape. Pour finir, vous ne partirez pas sans une protection contre la pluie et contre le soleil.

Locations vélos

Vous pouvez choisir de louer des vélos traditionnels ou électriques. Les cyclistes peu entrainés souhaitant emprunter des itinéraires vallonnés ou bien transportant un chargement devraient opter pour un vélo électrique afin de profiter pleinement de leur séjour. Certains loueurs proposent de vous récupérer après un aller simple mais ce n'est pas le cas de tous. Un certain nombre d'établissements labellisés Accueil Vélo sont situés à proximité des itinéraires vélos. Ces professionnels (hébergements, offices de tourisme, loueurs de vélos, sites touristiques...) s'engagent à proposer des services adaptés aux besoins des cyclistes : parkings à vélos sécurisés, kits de réparation, informations... Vous trouverez la liste des établissements labellisés Accueil Vélo sur le site www.tourisme-lotetgaronne.com.

Trajet retour

Si vous ne souhaitez pas prendre la véloroute en aller-retour, vous pouvez rejoindre votre point de départ ou d'arrivée en train. Le long du canal des Deux Mers, vous trouverez sept gares entre Agen et La Réole, souvent à moins de 5 kilomètres de la voie verte. Sur la vallée du Lot à vélo, le train s'arrête à Aiguillon, Penne-d'Agenais, Monsempron-Libos et Cahors, terminus de la véloroute.

Transport de bagages

Un service de transport de bagages est proposé par Bagafrance (www.midi.bagafrance.com) sur tout le canal des Deux Mers, ainsi que sur la Vallée du Lot à vélo.

Les autres modes de promenade

Balades en bateau

Dans ce territoire entre deux eaux, la navigation est un excellent moyen de changer de point de vue et de rythme. Sur le Lot, le canal de la Garonne et sur la Baïse, vous pouvez vous laisser porter par les flots à bord d'un bateau sans permis. Les nombreuses haltes nautiques proposent la location de bateaux ainsi que certains services comme des machines à laver, des douches, etc.

Balades à cheval ou avec un âne

Pour une heure ou pour toute une semaine, les randonnées à cheval comme celles de Lougratte vous emmènent sur les chemins ruraux et forestiers. Vous pouvez aussi vous faire accompagner d'un âne, porteur docile et marcheur endurant, il vous encourage à contempler les paysages à son rythme, on trouve ces compagnons à grandes oreilles à Douzains ou à Granges-sur-Lot par exemple.

Préparer votre séjour en Lot-et-Garonne

Venir

Agen est la principale ville du département, c'est aussi la préfecture. La ligne de train entre Toulouse et Bordeaux dessert Agen, mais aussi cinq autres gares du département. Depuis Paris, le voyage est direct en un peu plus de 3 heures grâce au TGV. Les automobilistes y parviendront par l'A62, parallèle aux rails, ou par la N21 traversant le département du nord au sud. Une deuxième ligne de train Périgueux-Agen permet de venir du nord et de traverser l'est du département.

Dormir

Le Lot-et-Garonne et ses hôtes vous proposent des hébergements variés qui s'adaptent à vos envies et à votre porte-monnaie. Des villages de vacances et des campings pour des familles sans souci, des chambres d'hôtes tout confort, mais aussi des hébergements insolites, cabanes, bulles, yourtes, des châteaux séculaires et bien d'autres, vous accueillent pour la nuit ou pour toutes les vacances. Les camping-caristes trouverons sans détour les nombreuses aires, tantôt sauvages, tantôt urbaines, tantôt à la ferme. Les hébergements et les aires de camping-car sont recensés sur le site www.tourisme-lotetgaronne.com.

Visiter

Les férus d'histoire auront bien du mal à épuiser les ressources que compte le Lot-et-Garonne en monuments et patrimoine historiques. De nombreux édifices religieux ont été construits ou reconstruits à toutes les époques. Les petits villages conservent souvent une église médiévale romane, avec un clocher-arcade. Certaines villes abritent des constructions intimidantes comme l'église Saint-Catherine de Villeneuve-sur-Lot ou le château de Gavaudun. Des musées vous proposent d'en apprendre plus sur des sujets variés comme la fabrication des bouchons de liège Mézin ou la préhistoire Sauveterre la Lémance.

Les Raconteurs de Pays

Pour vous accompagner, le Lot-et-Garonne compte plus de 50 Raconteurs de Pays. Leur objectif ? Emmener les visiteurs hors des sentiers battus et partager l'amour qu'ils ont pour leur pays. Ils vous invitent à découvrir leur territoire à travers la petite ou la grande histoire et des anecdotes. Ils vous accueillent comme ils accueilleraient des amis et proposent un tourisme basé sur la rencontre. Les visites sont conçues au gré de leurs coups de cœur et de leur savoir-faire : sur le patrimoine souvent, mais aussi sur les produits du terroir, œnologie, jardins... Une balade racontée, c'est un voyage au cœur de l'identité du Lot-et-Garonne (www.raconteursdepays47.com).

LA VILLE D'AGEN, VUE DU COTEAU DE L'ERMITAGE

Pour découvrir Agen, cette balade est idéale, elle vous emmène d'abord autour du cœur historique à la rencontre de monuments emblématiques et de leur histoire. Dans un deuxième temps, vous monterez sur l'Ermitage pour profiter d'un large point de vue sur la ville. C'est sur ce coteau que la première ville fut fondée environ en 400 avant J.-C. par les Nitiobroges, un peuple celte allié de Vercingétorix. Cette promenade urbaine ne comprend aucune difficulté, elle est accessible à tous ceux qui pourront marcher pendant deux heures et demie. Des panneaux pédagogiques vous accompagnent le long du parcours et vous donnent des détails historiques sur les éléments rencontrés. Pour débuter cette balade, rendez-vous sur la place du Gravier (latitude : 44.2020125, longitude : 0.61010), c'est le lieu idéal pour entrer dans Agen avec un parking gratuit spacieux et facilement accessible par les grands axes routiers et avec la proximité directe du centre-ville.

Entre Garonne et le Gravier

Vous entamez cette balade devant la passerelle et donc face au fleuve Garonne. Ici, elle est une personne que l'on appelle directement par son nom, sans article. Garonne est tumultueuse, mouvante et lorsqu'elle sort de son lit elle peut envahir la ville. Devant vous, deux marques de crues du XXe siècle. L'une des crues les plus marquantes de l'histoire d'Agen se produisit en 1435, l'eau monta de plus de 12 mètres et l'on raconte que les bateaux passaient alors au-dessus des remparts de la cité. Le fleuve est à la fois un danger et un allié essentiel. Jusqu'à l'arrivée du chemin de fer, c'est par le port que se fait la plus grande partie du commerce, c'est même ce qui a donné l'appellation « Pruneau d'Agen » comme l'explique le premier panneau. Alors que vous descendez des escaliers, vous êtes au cœur du péristyle du Gravier. Cette esplanade accueille de nombreuses activités et fait le lien entre le fleuve et les Agenais.

Pont-Canal à Agen.

Des architectures de plusieurs époques

Après avoir traversé le cours Gambetta, vous vous dirigez vers le jardin de la place de Verdun. Tournez à gauche à l'angle des archives départementales, la brique rouge et la pierre de taille sont les matériaux de construction locaux, ici richement combinés. Vous arrivez à la préfecture qui était, à l'origine, le palais épiscopal de l'évêque Usson de Bonnac. Entre la préfecture et le palais de justice, vous traversez la place Armand Fallières avec son monument aux morts ainsi que des cèdres anciens remarquables. À la médiathèque, continuez sur la droite puis passez devant le Stadium municipal, construction moderne qui abrite aujourd'hui une salle omnisports et un espace dédié aux sports de combat. Au bout du cours Washington, sur la droite, une maison à la façade Art nouveau répond à une autre de la même époque sur le trottoir d'en face. À Agen, les époques cohabitent à travers l'architecture des bâtiments, vous rencontrez ensuite des maisons en briques et en pierres dont les structures à pans de bois sont aujourd'hui apparentes. La plupart de ces maisons datent de la fin du XVe siècle, elles appartenaient alors à des artisans ou à des commerçants, le rez-de-chaussée tenant lieu de boutique ou d'atelier et les étages supérieurs d'habitation.

Avenue de Monbran
Rue Henri David
Avenue de Vérone
D302
Avenue de Vérone
Rue de Gergovie
Route de Lavolte
Rue de Tibet
Rue de Fonroche
Avenue de Gaillard
Rue d. Courberieu
Rue de Cazemajou
Avenue Joseph Amouroux
Cimetière de Gaillard
Rue de Fouyte-Porc
Avenue Georges Delpech
Rue de Bellevue
Rue de la Falaise
Rue Listz
Avenue de Courpian
Avenue de l'Ermitage
Port d'Agen
Quai Docteur Calabet
Garonne
Quai du Canal
Quai de Dunkerque
Voie sur Berge
Rue de Contensou
Boulevard Sylvain Dumon
Boulevard Scaliger
Avenue du Général de Gaulle
Rue des Augustins
Boulevard du Président Carnot
Place Pierre Castex
Pont de la Libération
Place du Pin
Quai Baudin
La Garonne
Boulevard de la République
Rue des Autas
Rue Kléber
Cours du 14 Juillet
Rue Baudin
Office de tourisme
Place des Droits de l'Homme
Av. Jean Jaurès
Musée
AGEN
Mairie
Boulevard Eugène Pelletan
Rue Denfert-Rochereau
Départ - Arrivée
Cours Washington
Rue Montesquieu
Cours Victor Hugo
Esplanade du Gravier
Rue Mirabeau
Rue Palissy
Jardin de Jayan
Préfecture
Palais de Justice
Av. Maurice Luxembourg
Rue J. d'Arc
Rue Marceau
Rue Hoche
Boulevard de la Liberté
Rue Castera
Boulevard Édouard Lacour
Rue Montaigne
Rue René Cassin
Rue Roland Goumy
Rue Lisbonne
Rue de Sévin
D305
Imp. Morère
200 M
Avenue Docteur Jean Bru
PARCOURS GPX
Itinéraire (8 km)
Forêt
Sens de circulation
Point de vue
Edifice religieux
Curiosité

© CHRISTIAN PRÉLEUR - CDT47

Théâtre et Musée des Beaux-Arts d'Agen.

L'église Sainte-Foy

En tournant à gauche sur la rue André Mazeau, vous tombez sur un petit amphithéâtre marquant l'emplacement de l'ancien amphithéâtre romain d'Aginnum, vous trouverez beaucoup d'informations à son propos sur le panneau pédagogique implanté là. Ensuite, vous vous dirigez vers la gare qui fait face à la majestueuse église Sainte-Foy. Cette église porte le nom d'une jeune martyre qui fut tuée en 303 alors qu'elle était âgée de seulement 13 ans. Sa dépouille, jetée aux marais par les Romains puis récupérée par des chrétiens, est d'abord conservée dans une crypte sous l'église du Martrou. Un siècle plus tard, en 405, l'évêque d'Agen fait construire une première église de briques pour y accueillir les reliques de la jeune martyre. L'église doit être reconstruite au XIIIe siècle puis agrandie au XVe. Au XIXe siècle, de nouvelles modifications sont apportées pour des raisons pratiques comme le percement du boulevard Carnot qui mène à la gare. C'est aussi à cette époque qu'est construit le clocher, vous remarquerez d'ailleurs que la devise républicaine y est gravée, exigence des autorités d'alors.

Le coteau de l'Ermitage

Sur la droite de la gare, une rampe permet d'accéder à une passerelle qui franchit les voies du train. De là, vous profitez d'un bon point de vue sur l'Ermitage, alors distinguez-vous les maisons troglodytes ? C'est là que se cachèrent des chrétiens pour échapper aux persécutions des Romains. À l'époque, il s'agissait d'anciennes grottes préhistoriques. Au XIIe siècle est édifiée la chapelle Saint-Vincent qui donne aussi son nom au coteau. C'est alors que des ermites chrétiens aménagent des cellules dans la falaise. Les guerres de religion ont ensuite détruit l'Ermitage qui sera réhabilité au XVIIe siècle. Habité puis déserté, le lieu est vendu aux Carmes qui construisent l'église Notre-Dame ainsi que son clocher surmonté par une statue de la Vierge Marie. Après la passerelle, vous traversez un pont au-dessus du canal puis vous tournez à droite pour le longer. Ici, des bancs et des points d'eau permettent une halte agréable avec vue sur le port. En continuant votre route, vous pourrez admirer des photographies anciennes du quartier de l'Ermitage. Elles sont toutes en noir et blanc mais il faut savoir que c'est ici que fut prise la première photographie en couleurs au monde, par Louis Ducos de Hauron. Cet Agenais avait en effet inventé un principe de trichromie, pourtant il resta dans l'ombre toute sa vie et son œuvre est encore très peu connue. Le cliché le plus ancien en couleurs est donc une vue d'Agen depuis l'Ermitage sur laquelle se détache la cathédrale Saint-Caprais. Lorsque vous arrivez au niveau du port, tournez à gauche avant le pont et passez sous une arche. Vous entamez votre ascension vers le plateau de l'Ermitage. Après la partie la plus champêtre de la boucle, alors que vous entamez la descente, c'est toute la ville et la Garonne qui s'étendent 100 mètres plus bas. Devant l'entrée de l'église de l'Ermitage, aujourd'hui réhabilitée en lycée, vous attend une table d'orientation ; de là vous pouvez voir les clochers d'au moins quatre des principales églises d'Agen : le Sacré-Cœur, Sainte-Foy, la cathédrale Saint-Caprais et Saint-Hilaire.

Le Pont-Canal

Vous poursuivez ensuite votre descente jusqu'à rejoindre la voie verte que vous suivez pour atteindre le Pont-Canal. Avancez-vous jusqu'au panneau détaillant l'historique de la construction de cet ouvrage magnifique qui enjambe le fleuve. Puis, revenant sur vos pas, vous prenez un petit escalier pour quitter la voie verte. Vous passez alors devant le Café vélo pour ensuite traverser la voie verte et suivre un chemin de terre qui vous conduira sous la sixième arche du Pont-Canal. Après le skatepark, en montant sur la droite vous profitez d'un superbe point de vue sur l'Ermitage, le Pont-Canal et la Garonne que vous longez jusqu'à passer sous une arche en briques de la passerelle et vous retrouver à votre point de départ.

LES BONNES ADRESSES SUR LE PARCOURS

S'informer

Office de Tourisme Destination Agen
38, rue de Garonne
47000 Agen ✆ 05 53 47 36 09
En juin du lundi au samedi 9h-12h30, 14h-18h, en juillet et août du lundi au samedi 9h-19h, le dimanche 9h30-12h30. En septembre du lundi au samedi 9h-12h30, 14h-18h. D'octobre à mai du lundi au samedi 9h-12h30, 14h-18h (fermeture le mardi matin).
Posez toutes vos questions sur la capitale agenaise et son territoire dans ce bureau d'information, doublé d'une boutique de souvenirs et de produits du terroir.

Gîtes de France
169, boulevard de la République
47000 Agen ✆ 05 53 47 80 87
Ouvert toute l'année. Du lundi au vendredi 9h-13h, 14h-19h, le samedi 9h-12h, 14h-17h.
Une sympathique équipe qui saura trouver l'hébergement correspondant le mieux à vos attentes.

Se loger

Café Vélo
207, rue du Duc d'Orléans
47000 Agen ✆ 05 53 96 15 51
Toutes les informations utiles sur https://cafe-velo.net
Cyclotouristes, cette adresse vous est destinée ! Aménagé au pied du Pont-Canal dans l'ancienne usine de l'eau d'Agen, le Café Vélo répondra à toutes vos demandes par son caractère protéiforme. Il fait aussi bien gîte d'étape (dortoir de 12 couchages) que restaurant avec une cuisine à tendance bio et locale, espace détente, atelier de réparation, point de location de cycles…

Stim'Otel
105, boulevard du Président Carnot
47000 Agen ✆ 05 53 47 31 23
Ouvert à l'année sauf entre Noël et le jour de l'An. Accueil 24h/24. Chambre double à 89 € la nuit du lundi au vendredi et 69 € la nuit le week-end.
Labellisé Accueil Vélo, le Stim'otel est idéalement placé au cœur d'Agen, près des commerces et à 5 minutes à pied de la gare. Il fait rimer accueil et modernité. Ses 58 chambres sont toutes équipées de nouvelles salles de bains, mais aussi d'une belle literie et d'une insonorisation optimale. Restauration sur place élaborée par le chef au gré des saisons sur réservation avec assortiment d'entrées, plat chaud en cocotte, fromages, desserts.

Ibis Agen Centre
16, rue Camille Desmoulins
✆ 05 53 47 43 43
Ouvert toute l'année. Accueil 24h/24. Chambre de 64 € à 84 €. Petit-déjeuner buffet 9,90 €.
L'hôtel est situé en plein centre de la ville, à 400 m de la gare. Vous jouirez naturellement de tout le confort propre à l'enseigne. La chambre standard avec lit double est équipée de la nouvelle literie « Sweet Bed by ibis » et offre un confort absolu. L'équipe conviviale pourra vous préparer un « en-cas plat chaud et dessert » à n'importe quelle heure du jour ou de la nuit.

Appart'City Agen Centre
34, rue La Fayette
47000 Agen
✆ 05 53 98 88 30
Du lundi au vendredi 8h-12h, 15h-20h, samedi 8h-12h, 14h-17h, dimanche 8h-12h. 103 appartements de 1 à 6 personnes dès 60 € la nuit. Petit-déjeuner 11,90 €.
Une résidence hôtelière récente en centre-ville, du studio à l'appartement 3 pièces. Chacun offre un coin séjour, une salle d'eau ou de bains, et une kitchenette tout équipée. Proche de la gare mais aussi de nombreux restaurants et commerces, c'est l'hébergement pratique par excellence !

Se restaurer

Au P'tit Bonheur
Place du Pin
47000 Agen
✆ 05 53 96 72 63
Tous les midis 12h-14h et du lundi au samedi 18h-21h30. Réservation conseillée. Formule midi à partir de 15,90 €.
Une cuisine de brasserie dans ce qu'elle a de meilleur, mettant à l'honneur le terroir local et les circuits courts. De la soupe du jour à la salade composée, en passant par les jus, fromages et gâteaux, les ingrédients utilisés sont bio. Les végétariens trouveront sans mal leur bonheur dans la carte. Situé à côté du grand Cinéma CGR Agen, le lieu fait preuve de convivialité.

L'Affranchi
33, rue des Cornières
47000 Agen
✆ 07 50 72 35 30
Été : du mardi soir au dimanche soir.
Hors saison : du mercredi soir au dimanche soir.
Menu 35 € le midi, à partir de 42 € le soir.

Vous avez l'esprit d'aventure quand vous randonnez ? Faites preuve à table d'une même audace avec le concept osé de ce restaurant détenteur d'un Bib Gourmand. La volonté du chef Manu est de valoriser la créativité culinaire tout en surprenant le client avec des produits frais et locaux associés de façon inattendue. Vous ne saurez rien à l'avance du menu qui vous sera servi. La surprise sera donc totale de bout en bout. Laissez-vous tenter par l'inattendu !

L'Imprévu
7, rue Camille Desmoulins
47000 Agen ✆ 05 53 66 39 31
Du mardi au samedi midi et soir. Réservation conseillée. Formules à 10 €, 14 €, 18 € et 19 €. Carte 22 €. Sur place ou à emporter.
Ambiance nature pour la déco de ce resto/bistrot à la cuisine généreuse. Les serveurs assurent un service souriant en salle, dotée de tables mange-debout et de bancs en ormeau, ainsi que sur la grande terrasse de 70 m², toujours à l'esprit jardin. Les assiettes généreuses et colorées sont des succès tout comme les burgers avec bun d'un Meilleur Ouvrier de France et 5 sortes de frites maison.

Point de ravitaillement

Marché Couvert
Place Jean-Baptiste Durand
47000 Agen
Boucherie, fromagerie, épicerie fine, traiteur… Sont rassemblés en ce marché animé tous les artisans de bouche nécessaires à la préparation de vos repas, ainsi qu'un Carrefour Contact.

Pause gourmande

L'Atelier de Coco
1, rue des Cornières
47000 Agen ✆ 06 01 07 28 11
Le meilleur moyen de résister à la tentation est d'y céder. Dans le cas présent, il suffit de voir les parfums de ce glacier artisanal pour avoir envie de tous les goûter. Un incontournable à Agen !

Les Simonettes
99, boulevard de la République
47000 Agen ✆ 05 53 66 89 33
Du mardi au samedi 10h-18h.
Vous raffolez des cookies ? Voilà qui tombe bien, c'est la spécialité de cette pâtisserie ! Chocolat au lait et fleur de sel, citron chocolat blanc et eau de rose, fudge caramel cacahuètes et chocolat au lait, thé matcha et chocolat blanc… Leurs goûts sont irrésistibles. De plus, la boutique est coquette comme tout.

Labo Artisan du Chou
2, place Jean-Baptiste Durand
47000 Agen ✆ 05 53 99 06 73
Du mardi au samedi 9h-19h30.
On ne parle plus ici de gâteaux mais de pépites en pâte à chou ! Les parfums sont renouvelés au gré des inspirations saisonnières. Les glaces maison sont pareillement incroyables. Laissez-vous tenter enfin par la délicieuse brioche feuilletée nature, à la fleur d'oranger, à la pâte à tartiner maison ou au caramel au beurre salé.

Livres

Librairie Martin Delbert
85, boulevard de la République
47000 Agen ✆ 05 53 77 07 47
Du lundi au samedi 9h30-19h.
Le must en matière de librairie, sur 1 500 m² et 2 niveaux ! *Petit Futé* vous la recommande notamment pour sa section voyages richement achalandée en guides et beaux livres touristiques.

Activités

Walygator Sud-Ouest & Aqualand Agen
Château de Caudoin
47310 Roquefort ✆ 05 53 96 58 32
De mi-avril à fin octobre. Calendrier d'ouverture et tarifs sur walygatorparc.com
Il caracole en tête des sites les plus fréquentés du Lot-et-Garonne. Aux portes d'Agen, ce parc de loisirs propose des attractions pour tous les goûts, familiales ou à sensations. Il s'est vu adjoindre un second parc, aquatique celui-là, ouvert l'été. Le top !

Locaboat Plaisance
Port de la Gare du Pin
47000 Agen ✆ 05 53 66 00 74
Location de mi-mars à fin octobre, tous les jours. Pénichette à partir de 453 € le week-end et dès 1 057 € la semaine. Bateau électrique à l'heure 40 €, à la journée 160 €.
Avec 200 kilomètres de voies navigables, il va sans dire que les parcours dans le bassin de navigation du Lot-et-Garonne sont aussi riches que variés. En partance d'Agen, des locations de pénichettes pour un week-end ou à la semaine sont possibles avec Locaboat. Elles conviennent pour 2 à 12 personnes. Vous êtes le seul maître à bord et naviguez suivant vos envies. L'équipe est évidemment à votre disposition pour la prise en main de votre embarcation. Il existe aussi une barque électrique à louer à l'heure ou à la journée. Une belle idée de sortie !

MOIRAX, SUR LA ROUTE DES PÈLERINS DE SAINT-JACQUES-DE-COMPOSTELLE

Au sud d'Agen se trouve Moirax, bourg modeste mais remarquable par son prieuré clunisien du XIe siècle situé sur l'itinéraire de Saint-Jacques-de-Compostelle. Grâce à cette agréable balade d'une heure quarante-cinq, vous partirez à la découverte de ce village magnifiquement conservé. Vous traverserez des bois enchanteurs en compagnie des ruisseaux de Toumbade et de la Jorle et vous profiterez d'un superbe point de vue sur la vallée de la Garonne. Un peu moins de sept kilomètres vous attendent entre nature et patrimoine, un circuit accessible à tous et qui devrait en intéresser plus d'un. Votre départ s'effectuera du parking du prieuré (latitude : 44.141516, longitude : 0.609308), devant lequel sont aménagées de très belles tables de pique-nique en pierre. Vous y trouverez aussi des sanitaires, un point d'eau et des poubelles, tout est pensé pour que le lieu soit confortable pour vous et qu'il le reste pour les visiteurs suivants.

Le Prieuré, cœur de Moirax

Avant de partir, n'hésitez pas à contempler cet ouvrage d'art roman qui s'impose à vos yeux. Le Prieuré de Moirax est l'une des plus anciennes implantations clunisiennes créées de ce côté de la Garonne. L'église Notre-Dame de Moirax fut plusieurs fois restaurée et elle est classée comme monument historique depuis 1846. Le cloître ainsi que les bâtiments du couvent qui accueillaient les moines ont été détruits. En traversant le village, vous vous projetez aisément dans le Moyen Âge qui a vu la fondation de ces maisons. À l'époque, Moirax était un point de passage obligé entre Bordeaux et Toulouse. La route, appelée alors la Peyrigne (ce qui signifie voie empierrée), permettait d'éviter la vallée de la Garonne très souvent inondée. Arrivés à la fontaine aux nénuphars, prenez la route sur la gauche et longez le mur d'enceinte. Alors que vous quittez la route pour prendre à gauche sur un chemin herbeux, un joli point de vue sur les champs vous offre des couleurs changeantes au fil des saisons. À Dourdé, vous franchissez la Jorle que vous retrouverez plus loin, puis vous continuez à monter sur la route jusqu'à emprunter un chemin sur la droite, qui grimpe après des enclos à chevaux. Là, le paysage est serein, aucun élément ne vient briser le calme de ce point de vue, et du sommet, le prieuré est visible.

À la fraîcheur du ruisseau

Vous marchez d'abord à la lisière du bois, puis vous vous y enfoncez par un chemin qui descend. Tournez à gauche juste avant le ruisseau de Toumbade que vous suivrez pendant un temps avant de le traverser à gué. À partir de là, c'est la Jorle que vous retrouvez et qui vous accompagne par la gauche. Arrivés à un pont, traversez la route pour continuer dans la forêt, sur votre gauche une retenue d'eau à la couleur bleue presque irréelle est formée par ce qui semble être les ruines d'un ancien barrage en pierre.

De superbes paysages

Après avoir marché en contre-bas de l'autoroute, vous remontez vers le village. Pensez à vous retourner pour ne pas manquer la vue imprenable sur Agen et la vallée de la Garonne. D'ici, on voit nettement un paysage dédoublé, entre ruralité et urbanité. En continuant, face aux premières vignes, le corps de bâtiments de Piques et son pigeonnier remarquable se trouvent sur votre gauche. Un peu plus loin, c'est le château de Las Boubées qui se laisse admirer. Vous prenez ensuite à droite et longez de nouveau l'enceinte du prieuré. Ne manquez pas les petits escaliers avant le stop qui vous ramènent au parking de départ. Là, prenez le temps de lire les panneaux pédagogiques qui retracent l'histoire du prieuré, des cloches de l'église, etc. Et bien qu'elle ne soit pas en accès libre, vous pourrez visiter l'église avec un guide en réservant auprès de l'office de tourisme Destination Agen (www.destination-agen.com).

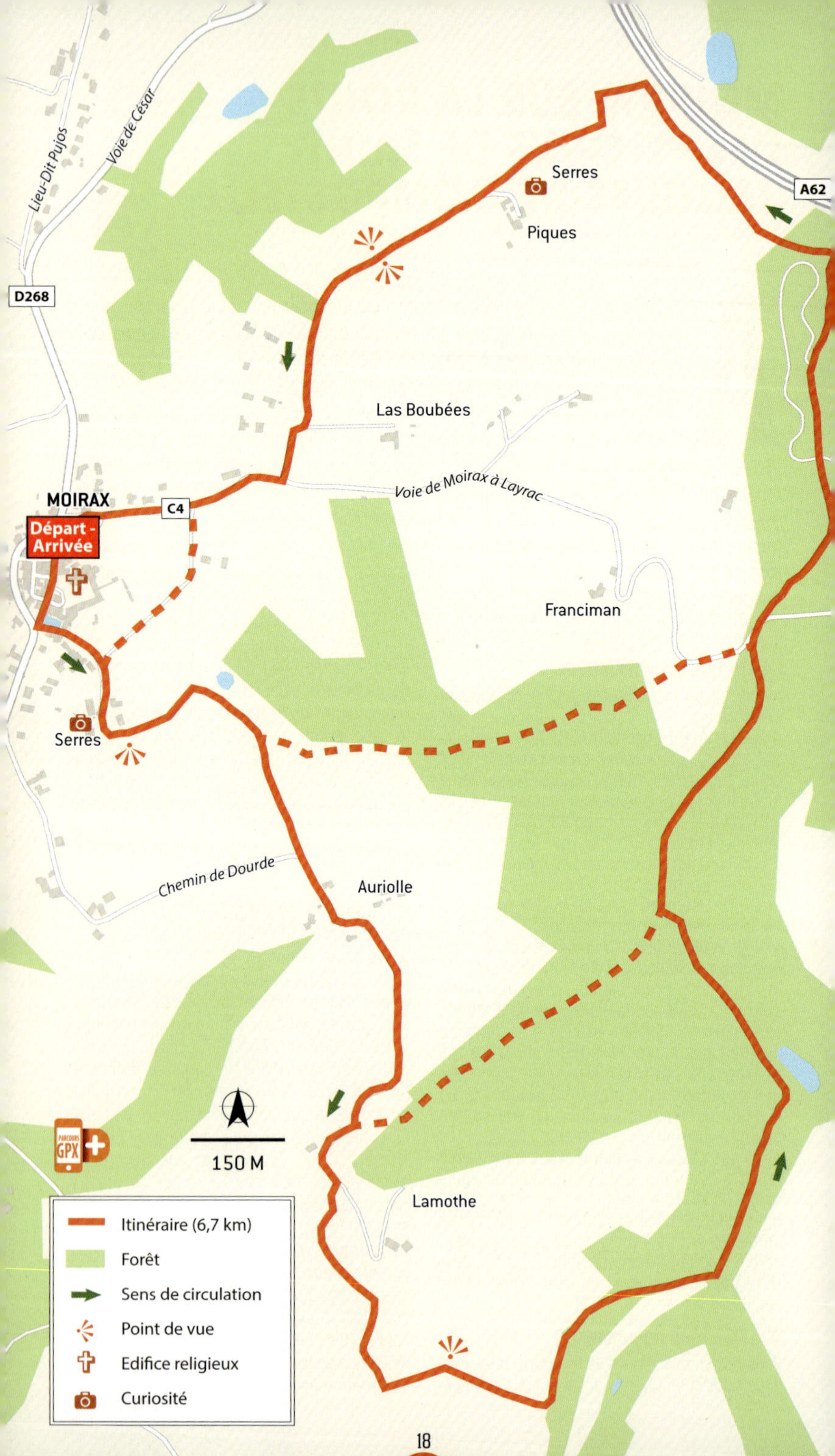
Lieu-Dit Pujos
Voie de César
D268
Serres
Piques
A62
Las Boubées
MOIRAX
C4
Voie de Moirax à Layrac
Départ - Arrivée
Franciman
Serres
Auriolle
Chemin de Dourde
150 M
PARCOURS GPX
Lamothe
Itinéraire (6,7 km)
Forêt
Sens de circulation
Point de vue
Edifice religieux
Curiosité

LES BONNES ADRESSES SUR LE PARCOURS

Se loger

Best Western Hôtel Agen le Passage
Lieu-dit Gaussens
47520 le Passage
✆ 05 53 68 15 95
Chambre standard à partir de 55 €.
Chambre supérieure dès 65 €.
Chambre familiale à partir de 98 €.
Un établissement au cadre stylé, dont la localisation à la sortie 7 (Agen) de l'autoroute A62 en fait un lieu de halte pratique. Les chambres disposent du confort inhérent à cette chaîne hôtelière et une restauration d'appoint est proposée.

Brit Hôtel Agen - L'Aquitaine
Lotissement Gaussens,
Centre Routier Le Passage
47520 Agen
✆ 05 53 96 36 35
Chambre dès 77 €. Petit déjeuner buffet 12 €.
Restauration : menus de 19 € à 23 €.
Un hôtel placé juste au niveau de la bretelle d'autoroute. Les chambres de ce 3-étoiles sont parfaitement insonorisées, climatisées et fort bien équipées. Le restaurant est ouvert du lundi au jeudi. La terrasse constitue un plus.

Petite restauration

Boulangerie La Parisienne
6, boulevard du Couchant
47310 Laplume
✆ 05 53 95 12 55
Ouvert du mardi au vendredi 7h-13h et 15h30-19h, le samedi 7h-13h.
Dans la commune voisine de Laplume, une boulangerie vous attend à côté de la poste et d'une pharmacie. Le château d'eau en face constitue un bon point de repère pour localiser ce commerce de village.

Boulangerie Aux Plaisirs du Pain
8, avenue Jean Coulom
47390 Layrac
✆ 05 53 87 01 82
Ouvert du lundi au vendredi 6h30-13h15 et 15h30-19h, samedi 6h30-13h15, dimanche 7h-13h.
Autre boulangerie possible, celle qui se trouve en façade de la nationale 21 dans le centre de Layrac, commune elle aussi limitrophe de Moirax.

Activités

Trotte-Lapin
47310 Moirax
✆ 05 53 47 97 91
En accès libre toute l'année avec animations payantes en supplément de 3,60 € à 9,80 €.
Calendrier sur :
www.agglo-agen.net/mes-loisirs/trotte-lapin/animations-trotte-lapin-614.html
Géré par l'Agglomération d'Agen, ce site a pour but la découverte et la compréhension de l'environnement pour mieux le respecter. De nombreuses animations ont lieu tout au long de l'année : ateliers pour se familiariser avec les végétaux, les insectes, les oiseaux, fabriquer des nichoirs, observer la faune, participer à des jeux de piste, observer les étoiles... En somme, se connecter à la Nature !

LF Karting
Lieu-dit Ramonde
47390 Layrac
✆ 05 53 87 84 52
Basse saison : du mercredi au dimanche 10h-18h. Pleine saison : 7j/7 10h-19h (20h le vendredi et samedi soir).
17 € les 10 minutes, 14 € (7-11 ans).
Un circuit de karting de 1 200 m en extérieur, rendu intéressant par ses dénivelés. Il convient aussi bien aux débutants qu'aux pilotes chevronnés avec deux gammes disponibles de véhicules de 9 et 14 chevaux. La conduite en biplace est possible. Les plus jeunes disposent d'une petite piste de karts électriques et d'une aire de jeux. Vous trouverez aussi sur place un snack avec des tables de pique-nique.

© J. DAUREL
Prieuré de Moirax.

SAUVAGNAS, LA TRAVERSÉE DU BOIS DE COURTIES

Vous partez pour une balade d'un peu plus de 13 kilomètres qui devrait vous occuper presque 3 heures et demie. Parsemé d'ouvrages d'eau anciens, ce circuit comprend aussi de nombreux paysages et il est indispensable d'emporter son appareil photo pour immortaliser ces images d'Epinal. Le bois de Courties que vous traverserez du nord au sud vous offrira une oasis de fraîcheur sur cet itinéraire majoritairement à découvert. Outre sa longueur, cette balade est accessible à tous grâce à des chemins larges et facilement praticables, vous pourrez même choisir de la faire à cheval ou en VTT, la difficulté n'en sera pas augmentée car les dénivelés sont faibles et les pentes toujours courtes. Historiquement, ces lieux sont chargés d'un passé ancien qui remonte au XIIIe siècle, vous le comprenez dès le départ, face à la salle des fêtes (latitude : 44.2489756, longitude : 0.73867888) qui porte une grande peinture d'un Templier et des armoiries de la ville.

Une histoire encore présente

Vous entrez dans un territoire façonné par les chevaliers Templiers à partir de 1235. C'est ce que perpétue le blason orné de la croix pattée rouge de l'ordre du Temple. Cependant, la commanderie de Sauvagnas fut plus longtemps contrôlée par les chevaliers Hospitaliers. Si vous êtes face à la salle des fêtes, suivez le balisage jaune et prenez la rue à votre droite qui se poursuit par un chemin descendant. Sur votre gauche, une ruine en pierre puis un lavoir en contrebas. Vous longez ensuite un court de tennis et une fois sur un chemin goudronné vous montez sur un chemin de terre à l'angle d'une bâtisse en pierre. Le toit de la partie nord à quatre pentes et surmonté d'un oiseau fut probablement un pigeonnier à une époque passée. Longez un champ en montant, une fois sur la crête, vous accédez à un point de vue verdoyant à près de 180 degrés. Une ancienne bâtisse dévoile alors ses poutres de bois et son arche en pierre. Après un ancien grenier, face à une vigne, un nouveau paysage digne de gravures d'un livre à reliures. Arrivés à la ruine en rénovation, descendez sur la gauche. Il n'est pas encore temps de ranger votre appareil photo. En bas de la colline, vous rejoignez la route face à un puits en pierre dont les anciens mécanismes sont fabuleusement conservés. Vous la quittez ensuite par la gauche en descendant dans un sous-bois dans lequel vous rencontrez le ruisseau de l'Aurandane dans une atmosphère rafraîchissante. Alors que vous rejoignez une crête, le panorama s'étale tout le long des champs que vous traversez. Vous arrivez alors au lieu-dit des Termes qui ne compte que des constructions anciennes en pierre, comme son puits toujours équipé.

Le Roudoulous

En descendant ensuite à gauche par un chemin empierré, vous rejoignez bientôt le bois de Courties en longeant le Riou Tort. Au milieu des arbres, de petites gorges creusées dans la terre meuble créent un relief inattendu. En sortant de la forêt, l'agriculture reprend ses droits, blé, maïs, colza, tournesol, les couleurs changent selon les saisons et s'intercalent dans une jolie géométrie sur les vallons. A la sortie d'un bosquet, le Roudoulous est là. Une grande bâtisse, un cimetière, les ruines d'une église dont on peut seulement distinguer le mur arrondi du chœur. Au fond du cimetière, une cloche est posée sur le muret, elle remplaça peut-être un temps la cloche en bronze de l'église détruite. Cette dernière date de 1592, elle est classée monument historique et se trouve maintenant dans le clocher de l'église de Sauvagnas. On peut aussi voir un puits qui a conservé sa poulie et de l'autre côté du chemin, un pigeonnier appartient à un autre corps de bâtiments. En contrebas du chemin, un lavoir est alimenté par une rigole en pierre, on reconnaît facilement les plans inclinés utilisés par les lavandières.

Retour au village

En sortant du Roudoulous, tournez à droite devant les maisons et suivez le chemin de terre sur la gauche le long du dernier jardin. Après une montée sur un chemin bordant un champ, une cabane de vignes vous renseigne déjà sur la culture présente ici. Quelques pas plus loin, se dégage en effet un panorama sur les vignes en lyre intercalées entre les champs. Puis, vous prenez à gauche le long d'une haie et le village de Sauvagnas apparaît, on reconnaît le clocher à pavillon de l'église. En arrivant, vous passez devant le cimetière et longez l'église. La ruelle que vous empruntez a gardé sa rigole centrale d'évacuation en pavés, elle vous guide jusqu'au parking en passant devant la place de l'église Saint-Salvy.

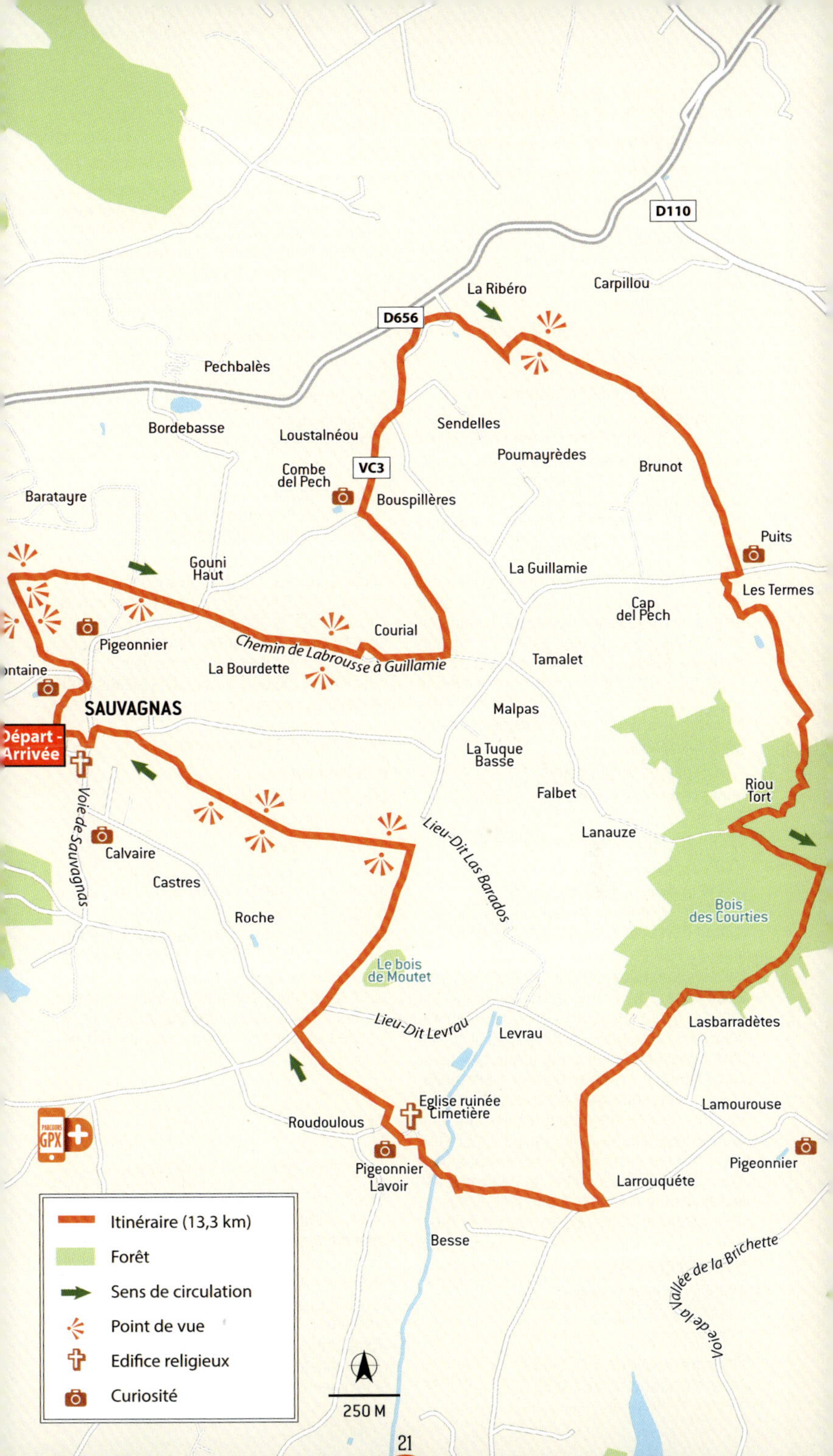
D110
Carpillou
La Ribéro
D656
Pechbalès
Bordebasse
Loustalnéou
Sendelles
Poumayrèdes
Brunot
Combe del Pech
VC3
Bouspillères
Baratayre
Puits
Gouni Haut
La Guillamie
Les Termes
Cap del Pech
Courial
Pigeonnier
Chemin de Labrousse à Guillamie
La Bourdette
Tamalet
ontaine
SAUVAGNAS
Malpas
Départ - Arrivée
La Tuque Basse
Falbet
Riou Tort
Voie de Sauvagnas
Lanauze
Lieu-Dit Las Barados
Calvaire
Castres
Roche
Bois des Courties
Le bois de Moutet
Lieu-Dit Levrau
Levrau
Lasbarradètes
Eglise ruinée Cimetière
Roudoulous
Lamourouse
Pigeonnier Lavoir
Pigeonnier
Larrouquéte
Besse
Voie de la Vallée de la Brichette
PARCOURS GPX
Itinéraire (13,3 km)
Forêt
Sens de circulation
Point de vue
Edifice religieux
Curiosité
250 M

LES BONNES ADRESSES SUR LE PARCOURS

Se loger

Gîtes le Rocal
Le Rocal
47340 Saint-Robert
✆ 06 84 85 72 13
39 € par nuit pour 1 personne,
10 € supplémentaire par personne.
Réservation de 2 nuits minimum.
En été, de 490 € à 770 € la semaine.

Bâti dans les années 1840, ce havre de tranquillité en pleine campagne est desservi par une voie sans issue à l'écart de la circulation. Les 2 gîtes ont été aménagés dans une ancienne métairie de 108 m² et une longère de 62 m². Chaque hébergement possède 2 chambres et peut accueillir jusqu'à 5 personnes. La métairie en particulier a conservé son caractère rural d'antan, quand l'intérieur de la longère fait plus récent. Piscine, table de ping-pong sous abri, terrain de badminton et boulodrome comptent parmi les équipements de loisirs. Outre leur proximité avec la randonnée autour de Sauvagnas, ces gîtes se situent sur une autre boucle pédestre, celle de Saint-Robert (circuit n° 359 de Tourisme Lot-et-Garonne).

La Ferme de Belle Combe
Impasse de Belle Combe
Lieu-dit Audubert
47480 Pont-du-Casse
✆ 06 25 90 47 01
Gîte pour 4 personnes maximum.
1 200 € par semaine l'été. 800 € par semaine en basse saison (possibilité de louer à partir de 3 nuits).

Pour vous, randonnée rime avec conscience écologique ? La Ferme de Belle Combe est l'endroit qu'il vous faut ! Consultante en développement durable, Flore a voulu avec son mari Sébastien ouvrir un gîte reflétant leurs convictions. Il est donc porteur d'une philosophie écoresponsable concrétisée par des toilettes sèches, un chauffe-eau solaire, une toiture végétalisée, une piscine naturelle... De la cuisine design aux 2 belles chambres avec douche à l'italienne et terrasse, tout est incroyablement simple et pimpant, dans une dominante de bois. Le lieu respire la quiétude.

Hôtel d'Occitanie
1936, avenue de Cahors
47480 Pont-du-Casse
✆ 05 53 67 62 84
Chambre simple de 58 € à 62 €,
chambre double de 62 € à 66 €.

Le lieu coche les bonnes cases pour faire étape en proche périphérie d'Agen : chambres simples et confortables avec douche ou baignoire, restaurant traditionnel réservé aux clients de l'hôtel, piscine en période estivale, parking privé gratuit. La propriétaire tient au calme de son établissement.

Se restaurer

Jardin de Sauvagnas
6, chemin des Jardins
47340 Sauvagnas
✆ 09 88 55 25 21
En basse saison : du mardi au samedi midi, le vendredi et le samedi midi et soir. En été : du mardi au samedi midi et soir.

Depuis fin 2021, le bourg a retrouvé un restaurant. De son ancien établissement (Le Panorama à Laparade), Frédéric Codron a conservé sa généreuse cuisine maison et en particulier sa recette phare, les raviolis de fromage gratinés à la crème de foie gras, qui plaisent toujours autant. Les menus sont renouvelés tous les 2 mois en fonction des produits de saison. Faites-vous plaisir, mangez en terrasse aux beaux jours.

Le Petit Lac
Lieu-dit Audubert
47480 Pont-du-Casse
✆ 05 53 95 02 35
Ouvert de mai à septembre du mardi au samedi le soir à partir de 19h30 et le dimanche midi.

Affilié au cabaret Le Petit Paradis, ce restaurant se trouve à 5 kilomètres de Sauvagnas en direction d'Agen. Vous profiterez en extérieur d'un cadre paisible au bord de l'eau, à l'ombre d'un saule pleureur majestueux. Viandes et poissons sont cuits au feu de bois.

Activités

Happy Forest
Lieu-dit Fourtis
47480 Pont-du-Casse
✆ 05 53 47 25 44
Jours, horaires d'ouverture et tarifs sur www.happyforest.fr

Un immense domaine forestier regroupant parcours d'accrobranche, parc animalier (avec lamas, daims, autruches, wallabies, aras, etc.), laser game en plein air, course d'orientation, escape game dans un décor ultra-réaliste de sous-marin… L'amusement et la détente à plus d'un titre !

COLAYRAC-SAINT-CIRQ, RANDONNÉE DANS LES COLLINES AGENAISES

Cette balade de presque 12 kilomètres devrait vous occuper un peu plus de 3 heures. Vous mettrez deux fois moins de temps si vous choisissez de la faire en VTT, mais attention, vous serez confrontés à des pentes importantes sur route mais aussi sur des chemins forestiers. Cela dit, le parcours compte beaucoup de chemins goudronnés ce qui le rend confortable pour les cyclistes. En contrepartie de montées et de descentes parfois raides, vous accéderez à des panoramas dignes de cartes postales qui se savourent différemment en fonction de la météo. Une paire de jumelles peut être utile pour mieux repérer les éléments des paysages. Selon la saison, vous profitez d'un environnement chamarré entre tournesols, vergers et blondes d'Aquitaine, ou bien vous évoluez entre des dizaines de nuances de vert, du plus solaire dans les champs au plus sombre à la cime des forêts.

Panoramas sur l'Agenais

Vous commencez au niveau du lavoir de Lary (Latitude : 44.228880, Longitude : 0.582466), sa particularité est d'être construit directement sur la rivière Ségone, un petit bassin sur la berge et un plan incliné facilitent le nettoyage du linge. Ce lavoir a été construit en 1923 et bénéficie depuis quelques années d'un élan de sauvegarde. Sur l'autre berge, une aire de pique-nique arborée permettra de se restaurer au retour de la balade. Prenez l'allée bitumée du Caillaou puis le chemin herbeux sur la droite. Vous traversez une zone résidentielle avant de virer à gauche à la dernière maison et de vous engouffrer entre des bambous. Première ascension entre vergers, prairies et jardins sur un chemin herbeux. Après un léger faux plat descendant, continuer sur une route montante que vous empruntez en direction d'un bois dans lequel vous pénétrez par un sentier grimpant sur votre gauche. Ici, le chêne, le laurier et l'hellébore témoignent d'une humidité constante, attention à ne pas glisser ! Arrivés à un replat, vous voilà dans de larges prairies et le panorama se devine à travers les arbres clairsemés. Pour atteindre la récompense d'un vrai point de vue, une dernière côte, longeant un grand champ vous ouvre les bras. Enfin, vous êtes sur la crête, tournez à gauche, au nord, voici les collines verdoyantes du Pays de Serres. Au sud s'étendent la vallée de la Garonne, puis les coteaux gascons et au loin les Pyrénées qui apparaissent les veilles de mauvais temps. En suivant la crête, juste après être passés sous une ligne à haute tension, vous croisez sur votre gauche une tour de moulin à vent qui regarde le fleuve de haut bien qu'elle ait perdu la tête. Les moulins à vent extrêmement présents dans le département étaient tous construits sur le même modèle, à l'origine, celui-ci devait être équipé d'un toit de forme conique qui était capable de pivoter afin que les quatre ailes fixées dessus puissent être orientées dans toutes les directions. Le meunier devait alors tirer très fort sur une perche descendant jusqu'au sol afin de tourner le toit. Il pouvait alors attacher la perche à l'un des douze piquets plantés autour du moulin. Il est important de préciser que ce moulin est d'une taille particulièrement modeste et devait constituer l'activité partielle d'une ferme alentour. Un peu plus loin, la route descend le long de vergers et de champs, quelques vignes complètent ce tableau de coteaux. Au croisement, vous remontez vers une nouvelle vue sur la vallée de la Garonne et sur Agen.

© CDT47

Château de Madaillan.

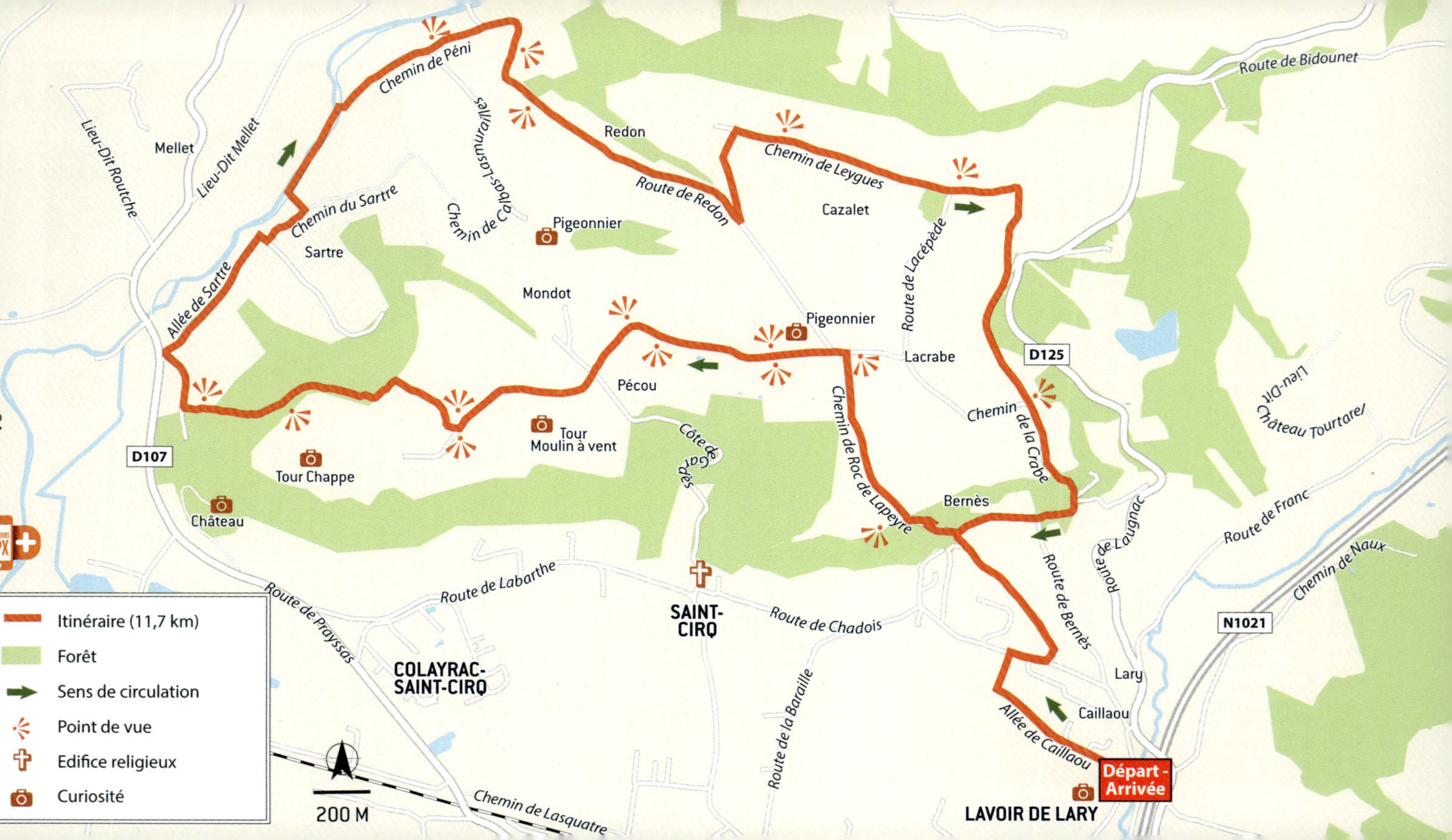
Départ - Arrivée
LAVOIR DE LARY
Allée de Caillaou
Caillaou
Lary
Route de Bernès
Route de Laugnac
N1021
Chemin de Naux
Route de Franc
Lieu-Dit Château Tourtarel
Route de Bidounet
D125
Chemin de la Crabe
Bernès
Lacrabe
Route de Lacépède
Cazalet
Chemin de Leygues
Redon
Route de Redon
Pigeonnier
Chemin de Roc de Lapeyre
Pécou
Côte de Gardès
Tour Moulin à vent
Mondot
Pigeonnier
Chemin de Calbas-Lasmurailles
Chemin de Péni
Chemin du Sartre
Sartre
Mellet
Lieu-Dit Mellet
Lieu-Dit Routche
Allée de Sartre
D107
Tour Chappe
Château
SAINT-CIRQ
Route de Chadois
Route de la Baraille
Route de Labarthe
Route de Prayssas
COLAYRAC-SAINT-CIRQ
Chemin de Lasquatre
200 M
Itinéraire (11,7 km)
Forêt
Sens de circulation
Point de vue
Edifice religieux
Curiosité
PARCOURS GPX

© CHRISTIAN PRELEUR

Un circuit parsemé de patrimoine

Après une rangée de thuyas, à travers une haie, prenez à droite sur un chemin qui descend entre les champs. Devant vous, une tour de Chappe sur la crête, cette vision pittoresque, avec le saule pleureur et la haie mérite au moins une photo si vous n'avez pas le temps de sortir vos pinceaux. D'autant que ces vestiges d'un autre mode de communication sont peu nombreux à résister au temps. Comme bien d'autres, celle-ci a perdu son mécanisme : 3 bras noirs articulés et fixés sur un mât bleu ciel. Ce système inventé en 1793 par les frères Chappe est le premier télégraphe, appelé aussi sémaphore. Il s'agit d'un principe optique où un code est affiché par un premier sémaphore qui est reproduit par le suivant et ainsi de suite jusqu'à parcourir des centaines de kilomètres. Les tours étaient disposées tous les 15 kilomètres afin que le signal puisse être lu à la lunette. La première ligne entre Paris et Lille est testée avec succès en 1794, elle compte 25 tours. Le sémaphore de Colayrac appartenait à la ligne Avignon-Bordeaux, dernière établie en France puisque onze ans plus tard commence l'installation du télégraphe électrique. En 1855, la dernière ligne du télégraphe Chappe est abandonnée. Le chemin continue en s'élargissant et en se bordant de frênes, sur la droite, un ancien lavoir s'est totalement intégré au milieu naturel. Juste après, vous suivez un chemin à la lisière d'un bois de chênes avant de vous y enfoncer par une forte descente, prenez garde à ne pas glisser, en particulier les jours humides. En bas, vous cheminez entre les prés et le ruisseau du Bourbon. Vous aurez là à franchir des clôtures et des chicanes qui ralentiront les cyclistes les obligeant à mettre pied à terre. Lorsque vous rejoignez le chemin goudronné de Péni, se dresse devant vous le château féodal de Madaillan. Son architecture particulière est due au fait qu'il fût bâti par vagues successives entre le XIIe et le XVe siècle, répondant à des fonctions tour à tour défensives et résidentielles.

Des paysages agricoles en coteaux

Vous suivez ensuite la route de Redon qui monte vers un grand virage à gauche au milieu duquel un panorama à plus de 180 degrés se dégage. Champs et prairies laissent ensuite la place à quelques parcelles de vignes qui profitent de l'inclinaison idéale de ces pentes pour mûrir leur raisin. Sur la gauche, les serres de la ferme de Redon laissent place à un défilé calcaire à la fin duquel vous tournez à gauche sur un chemin herbeux qui monte entre les champs. Arrivés à hauteur d'une haie, retournez-vous : dans ce paysage la géométrie joue avec la nature, les lignes droites des crêtes font écho aux parcelles carrées soit cultivées soit en friche. Les routes et les haies viennent s'ajouter comme des lignes de fuites. Alors que vous avez regagné une route bitumée, vous distinguez de mieux en mieux le château de Madaillan sur la gauche et juste après c'est une crête entière qui apparaît au sommet de ses reliefs doux. Au milieu du paysage apparaît aussi le domaine Notre-Dame de Lacépède qui accueille des laïcs pour des retraites spirituelles. Après avoir descendu une route sinueuse, vous la quitterez dans un virage en épingle pour rejoindre un chemin boisé où vous ne manquerez pas d'avoir la politesse de saluer les ânes qui habitent en bordure. Vous retrouvez de nouveau le goudron pour le quitter au niveau de la première maison que vous rencontrerez. Prenez alors le chemin de terre boisé sur la droite, soyez particulièrement prudent les jours de pluie surtout si des feuilles mortes recouvrent le sol, les risques de chutes sont importants. En descendant ensuite sur la route, vous croisez des ruches sur votre droite puis vous retrouvez le chemin de l'aller. Il vous suffit ensuite de le suivre en sens inverse pour retourner au départ.

LES BONNES ADRESSES SUR LE PARCOURS

Se loger / Se restaurer

Camping du Moulin de Mellet
204, Route de Prayssas
Lieu-dit Mellet
47450 Saint-Hilaire-de-Lusignan
✆ 05 53 87 50 89

Du 1er avril au 10 octobre. Forfait emplacement 1 personne + 1 véhicule de 12,95 € à 24,90 €, 2 personnes + 1 véhicule de 15,50 € à 24,90 €. Cocosweet : de 50 € à 80 € la nuit, de 260 € à 490 € la semaine. Chalet : de 75 € à 175 € la nuit, de 285 € à 730 € la semaine.

A proximité de la boucle de randonnée, ce terrain de camping fait champêtre avec son étang de pêche, son petit canal et le ruisseau qui coule à côté. Vous pouvez louer un emplacement ou l'un des 6 chalets, à moins que vous ne préfériez l'originalité d'une cocosweet ! En plus des 2 grandes piscines, vous trouverez sur place une pizzeria. La carte contient des valeurs sûres comme la Marguarita, la Royale, la Calzone, mais aussi l'Agenaise aux pruneaux, la Périgourdine au magret et foie gras, l'Indienne au curry... En dessert sont également proposées des pizzas en chausson sucrées, base banane ou ananas.

Clos de Lusignan
Chemin de Saint-Martin
47360 Lusignan-Petit
✆ 06 27 86 24 75

Gîte : de 170 € à 190 € la nuit, réservation 2 nuits minimum hors saison et à la semaine en juillet/août. Chambre d'hôte : 85 € la nuit, petit déjeuner inclus.

Bienvenue chez Emilie et Fred ! Entouré d'arbres, ce ravissant ensemble de bâtiments en pierre dont les origines remontent au XIIIe siècle vous offre la quiétude de la campagne… si ce n'est le chant du coq ! Le petit déjeuner, la table d'hôte et les planches de tapas à partager bénéficient du potager et du verger de la propriété, complétés par des produits en circuit court.

Petite restauration

La Panetière Ancienne
810, Avenue de la Libération
47450 Colayrac-Saint-Cirq
✆ 05 53 99 54 13

Pour se caler l'estomac d'un sandwich, un croque-monsieur, une quiche, une tartine, vous trouverez bien utile cette boulangerie-pâtisserie sur la D813.

Vittorio Pizza
421, Route de Catoy
47450 Colayrac-Saint-Cirq
Du jeudi au dimanche 18h-21h30.
✆ 06 22 34 97 83 pour passer commande.

Si une envie de pizza vous prend, faites votre choix parmi une trentaine de variétés base tomate ou base crème. La cuisson se fait dans un four à bois traditionnel. A emporter.

Agenda

A Colayrac-Saint-Cirq, les marchés gourmands nocturnes d'été portent l'amusant nom de « JEUDînes en musique ». Vous l'aurez compris, c'est le jeudi soir que ça se passe, au Théâtre de Verdure, derrière la salle des fêtes ! L'offre à manger est variée. Des groupes locaux assurent l'animation musicale et dansante.

Lavoir de Colayrac.

GRAYSSAS/NÈGUEVIEILLE, LA RONDE DE L'HIRONDELLE...

À une vingtaine de kilomètres à l'est d'Agen, à Grayssas, vous partez du parking de l'église pour découvrir une balade au cœur des paysages du Pays de Serres. Vous profiterez de points de vue diversifiés, sur une mosaïque de cultures agricoles, sur des trésors du patrimoine lot-et-garonnais, qui ne permettent aucune lassitude. Partez à la découverte du ruisseau de Nèguevieille et de sa légende. C'est un parcours qui demande quelques efforts mais qui ravira tous types de randonneurs. Durant le circuit, de nombreux oiseaux vous survolent mais l'hirondelle du nom de cette balade, ne se trouve pas en l'air mais bien à terre et cela fait bien longtemps que celle-ci n'a plus d'ailes et qu'elle se laisse approcher. Vous êtes perplexe ? Mais de quelle hirondelle est-il question ici ? Aventurez-vous avec hâte le long de ce chemin de randonnée, vous ne serez pas déçu ! Coordonnées GPS du départ, latitude : 44.16536, longitude : 0.87384.

Du départ à la chapelle Saint-Martin

Après avoir contemplé l'église romane Saint-Pierre-ès-Liens construite au XIIe siècle sur l'emplacement d'un temple païen et sa chapelle dédiée à la vierge, engagez-vous, en suivant le balisage jaune, sur la route des Lavandes jusqu'à la sortie du village. Vous longez des champs qui s'étendent à perte de vue. Avant la route départementale, prenez le chemin à côté d'une ruine et rentrez dans le bois. Suivez le chemin en herbe, vous alternez entre lisière de champ et chemin forestier étroit très agréable bordé de chênes. Vous sortez du bois et longez une toute petite portion de la départementale puis bifurquez sur la route des châtaigniers. Au niveau du lieu-dit du Bois de Larché, quittez la route et descendez le chemin dans le champ le long du ruisseau Saint-Martin, faites tout de même attention, certaines zones sont humides. Vous arrivez face à la chapelle Saint-Martin, elle semble perdue en bas d'un champ, la végétation a pris le dessus sur son cimetière. Vous pouvez admirer sa belle cloche qui donne un certain charme à la chapelle. Franchissez ensuite le ruisseau Saint-Martin et continuez le circuit.

L'hirondelle est dans le bois

Ce chemin très bucolique, entouré de champs aux nombreuses couleurs remonte sous les feuillus. Vous retrouvez une petite route goudronnée ainsi que la vue sur l'ouvrage de Golfech et sur la vallée de la Garonne. Sur la route des Coquelicots que vous suivez sur un peu moins d'un kilomètre, vous passez devant des ruines où seuls quelques murs tiennent encore debout. Après la route d'accès au château privé de Bernède, prenez le chemin de terre entre forêt et champs en enfilade. Enfoncez-vous dans le bois privé où seuls les randonneurs sont autorisés. Vous naviguez en appréciant la qualité du balisage qui empêche toute erreur. Vous sortez du bois en face d'une grande culture pour entrer à nouveau dans un autre avant de descendre le long de la parcelle agricole. Dans une partie boisée, vous tombez nez à nez avec cette magnifique mécanique. Elle est là, cette fameuse Simca Aronde ! Le mot « aronde » signifie « hirondelle » en vieux patois, un beau clin d'œil à l'emblème de la marque et à son slogan « un appétit d'oiseau ». Pour les amateurs de vintage, sortez vos appareils photo, il y a des clichés intéressants à faire. Cette voiture rongée par les sévices du temps donne un grand charme à cette balade. Reprenez le sentier jusqu'à la sortie du bois.

Ruisseau de Nèguevieille, point de vue et retour

Vous rejoignez une route goudronnée, vous bifurquez à droite juste avant le pont qui enjambe le ruisseau de Nèguevieille. Vous le longez, mais connaissez-vous la légende qui l'entoure ? Une paysanne et sa fille seraient allées, un lendemain de fortes pluies, au marché de Valence à pied pour y vendre des poulets. Elles seraient tombées dans le ruisseau en essayant de le traverser, la jeune fille plus alerte aurait survécu mais pas la vieille dame. Le ruisseau s'appelle depuis Nèguevieille, « negar » signifiant « noyer » en occitan. Cette légende est-elle vraie ? Est-elle fausse ? A-t-elle été amplifiée ? En tout cas, c'est celle qui se raconte encore ici. Franchissez le ruisseau et prenez une partie de la départementale sur environ 300 mètres et suivez la direction du village. Vous entamez l'ascension en profitant des couleurs des champs de la vallée jusqu'au plateau offrant une formidable vue à 360 degrés. Vous retombez au lieu-dit Le Bois de Larché et prenez un ultime chemin en terre à gauche qui passe devant une grange en ruine et qui vous ramène sur la route en direction du village.

GRAYSSAS
Eglise Saint-Pierre-ès-Liens
Départ - Arrivée
Pigeonnier
Route des Lavandes
D128
Saltré
Bourdette
Testas
Route des Iris
Longueville
Lieu-Dit Passaga Haut
Passage Haut
Pont
Ruines
Bedeyroux
D11
D127
Pont
Groussous
Lasalle Bertrand
Le Bois de Larché
Route des Iris
L'Aronde
Lieu-Dit Grange Haut
Chapelle Saint-Martin
Chemin de la Chapelle
Cousteau
Larché
Pigeonnier
La Geyre
Favard
La Plane
Tucole
Mateau
Bernède
Château
Pigeonnier
200 M
Itinéraire (11,8 km)
Forêt
Sens de circulation
Point de vue
Edifice religieux
Curiosité

LES BONNES ADRESSES SUR LE PARCOURS

Se loger

Chambre d'hôtes Val de Coste

Moulin de Contes
47270 Saint-Maurin
✆ 05 53 96 30 81

4 chambres. 90 € par nuit (réservation pour 2 nuits minimum), petit-déjeuner inclus.

Le charme de la campagne à perte de vue ! Tenue par Angela (au délicieux accent anglais) et son mari Heico, cette maison de maître en pierre datant du milieu du XIXe siècle a beaucoup d'allure, d'autant qu'elle a été rénovée en 2012. Chaque chambre est dotée d'un grand lit (180x200) et d'une salle de bains ou de douche privative. La jolie piscine, complétée par une terrasse où bronzer, donne envie de s'y attarder. Le petit-déjeuner avec ses confitures maison permet de bien attaquer la journée. Angela et Heico se montrent attentionnés. Vous repartirez conquis.

Espeye Gîtes & Camping

Lieu-dit Espeye
47270 Saint-Urcisse
✆ 05 53 87 56 22

Camping : 6 € la place + 4 € par personne, électricité 3 €. Gîtes de 2 à 8 personnes. Juillet/août à la semaine uniquement, de 495 € à 895 €. Pour les autres périodes 2 nuits minimum, de 100 € à 170 €.

Dans un coin de nature enchanteur, sur une propriété de 21 hectares, vous attendent 8 grands emplacements pour une tente, une caravane ou un camping-car ainsi que 3 gîtes fonctionnels avec entrée privative et terrasse. L'accueil peut se faire en plusieurs langues. Philippe parle français, anglais, néerlandais, allemand et espagnol. Bienvenue, *welcome, welcom, willkommen, bienvenidos* !

Domaine du Noble

1471, route de Garonne
47270 Saint-Jean-de-Thurac
✆ 05 53 67 69 59

4 chambres, 1 suite. Nuitée basse saison : de 85 € à 95 € (chambre triple 60 € par lit). Haute saison : de 90 € à 180 €.

A une douzaine de kilomètres de Grayssas, le Domaine du Noble présente l'avantage de côtoyer la voie verte du canal latéral à la Garonne. Cette maison du début du XVIIe siècle est tout aussi ravissante que le parc qui l'entoure, avec des arbres et un pigeonnier magnifiques. Les propriétaires, Christine et Yvon, vous réserveront un accueil chaleureux. Ils ont décoré sobrement et avec goût les chambres (toutes situées à l'étage) où l'on respire le charme d'antan des lieux. Le petit-déjeuner est compris.

Produits du terroir

Château Labastide Orliac

38, route du Bourg
47 270 Clermont-Soubiran
✆ 06 08 69 02 27

Accueil tous les jours en juillet et août 10h-18h, le reste de l'année sur rendez-vous. Visite gratuite.

Le domaine possède une histoire. Il est tenu depuis 7 générations par la famille Orliac, fournisseur de la cour de France du temps du roi Louis XVI, dont un laissez-passer est d'ailleurs exposé sur place. Depuis 10 ans, la famille fournit à nouveau le château de Versailles. Ses rouges sont réputés. La preuve en est leur présence sur les cartes de prestigieux restaurants gastronomiques. Sont également produits des blancs et des rosés. Les recommandations de Catherine et Isabelle Orliac : la bien nommée cuvée des Deux Sœurs, le Château Labastide et, en très haut de gamme, Royal Héritage en monocépage cabernet franc.

© JÉRÔME MOREL

Château Labastide Orliac.

BEAUVILLE, FRESPECH, D'UN PROMONTOIRE FORTIFIÉ À L'AUTRE

A une trentaine de kilomètres d'Agen, c'est une balade pour bons marcheurs avec 620 mètres de dénivelé cumulés, les lieux d'exception ça se mérite ! Un itinéraire qui vous emmène à la découverte de Beauville, des églises de Blaymont et de Massels ainsi que le village fortifié de Frespech, quatre formidables sites classés. Une façon agréable de partir à la rencontre des grands paysages du Pays de Serres et de la vallée de la Séoune. Vous passez par plusieurs villages présentant chacun un patrimoine typique. N'hésitez pas à pousser les portes de l'office de tourisme de Beauville avant de commencer votre parcours, vous récolterez quelques informations sur les lieux alentour et d'autres circuits découverte proposés. Ces promontoires fortifiés remplis d'histoires méritent tous une attention particulière. En partant de la place du Foirail de Beauville (latitude : 44.276927, longitude : 0.882015) ce circuit peut également se faire à VTT ou à cheval.

Du départ à Blaymont

En suivant le balisage bleu, prenez la ruelle à droite de l'Office de Tourisme au pied de la maison à colombage qui semble penchée. Après la route goudronnée, vous dévalez le chemin caillouteux bordé de chênes, traversez la rue de la tour pour le poursuivre dans le bois. Face à vous, le premier panorama offre une vue sur la colline de Marcoux où le feuillage expressif cache les constructions. Tout le long du parcours sont disposés des panneaux thématiques proposés par le département du Lot-et-Garonne dans le cadre du PDESI (Plan Départemental des Espaces, Sites et Itinéraires). Vous êtes au pied du village de Beauville. Rejoignez la route, empruntez une petite partie de la départementale jusqu'au pigeonnier, tournez à gauche et franchissez le ruisseau de la Petite Séoune. Vous prendrez la seconde route sur votre gauche qui se transforme après environ deux cents mètres en chemin en pierre sous les chênes. Vous circulez le long des champs, des arbres et des prés en contemplant les doux reliefs alentour caractéristiques des paysages du Pays de Serres. Pensez à vous retourner régulièrement pour admirer le pech du village. Vous passez entre une haie de mûriers et une réserve d'eau. Vous naviguez dans ces grands espaces jusqu'à rejoindre le goudron, au niveau de la bâtisse en pierre, engagez-vous sur le chemin de terre qui se transforme en pierrier accompagné d'une belle vue sur le mélange de bosquets et de champs. Vous longez des talus calcaires et arrivez au premier point d'exception : le village de Blaymont. Ce lieu marqué par l'époque gallo-romaine est situé à proximité d'une voie antique reliant Agen à Cahors. Contournez l'église romane Notre-Dame de l'Assomption construite au XIIIe siècle et inscrite à la liste des monuments historiques. Vous pouvez faire une petite halte au parc du Monument aux Morts avant de poursuivre le parcours. Traversez prudemment la départementale, en suivant le balisage, vous passez sous les silos à grains. Vous suivez le chemin qui vous replonge dans la nature. Vous longez un champ et après un petit passage technique, vous retrouvez une route goudronnée qui traverse le hameau en pierre de Monplaisir en descendant et vous ramène face à tous ces vallons verdoyants. Vous arrivez devant un nouveau panneau sur les églises romanes du territoire. Il vous racontera l'histoire de celle de Saint-Pierre-Ès-Liens inscrite également au titre des monuments historiques de Massel, présente face à vous. Sur la gauche, prenez la grande montée sous les arbres le long d'une paroi en calcaire trouée. Après un passage devant une ruine et la traversée d'un lotissement, vous empruntez une portion de la route de Ribatel et amorcez une descente en voyant au loin le prochain objectif : la forteresse ! Au bout de la route sinueuse, au niveau d'un panneau qui caractérise le Pays de Serres et son agriculture, vous pouvez éviter l'ascension du pech en prenant le chemin le long du champ. Si vous êtes motivé, montez et profitez du paysage magnifique qui vous entoure. Au sommet, il est fortement conseillé de rajouter quelques pas au circuit pour découvrir le village de Frespech.

Frespech
Fontaine Lavoir
Lamouthe
Massels
D246
Fontaine
Doumenq
Pigeonnier
Monplaisir
D656
Tambouret
St.-Foy
Blaymont
Fontaine
D80
Le Touron
Astié
D224
Lastuquettes
Genève
Laborie
Lapeyrotte
D215
Noyers
D402
La Séoune
Monplaisir
D122
Départ - Arrivée
BEAUVILLE
200 M
PARCOURS GPX
Itinéraire (16,5 km)
Forêt
Sens de circulation
Point de vue
Edifice religieux
Curiosité

© CDT47
Vue sur Beauville.

Un détour par Frespech

Après une dernière montée, entrez dans le village par la porte Nord-Est, un vestige de la porte fortifiée servant à l'époque de poste de défense. Vous pouvez également accéder à la plateforme supérieure pour connaître la fonction de chaque bâtiment visible depuis la cour. Vous avez également une table d'orientation qui retrace les paysages et lieux déjà parcourus. En descendant du promontoire, sous l'arche de la porte d'entrée fortifiée c'est le meilleur point de vue pour une photo souvenir. La grande pelouse face à vous est idéale pour la pause pique-nique sur la table présente ou à même le sol en étant évidemment propre et responsable de ses déchets. Avant de repartir, faites le tour de cette cité remplie de charme, observez le puissant clocher-tour carré de l'église romane Notre-Dame. Vous serez forcément ravi d'avoir poussé l'expérience sur cet éperon rocheux et d'avoir pénétré dans les impressionnants remparts datant du XIIIe siècle. Après cette pause très agréable et une dernière supervision de la vallée du Pays de Serres il est temps d'effectuer la seconde partie du trajet.

Retour et village de Beauville

Vous récupérez le sentier balisé enherbé qui descend en direction d'un ravissant lavoir laissé dans son jus. Vous retrouvez ces champs où les parcelles s'assemblent tel un patchwork. L'édifice métallique servant à stocker le maïs marque la jonction de votre trajet et de la variante qui a évité l'ascension du pech. Vous retrouvez une route goudronnée qui passe en contrebas d'un pigeonnier. Vous reprenez de la hauteur et commencez à apercevoir le village de Beauville. Traversez avec prudence la départementale et descendez le chemin accidenté fortement pentu au niveau du lieu-dit Berny. Vous dévalez agréablement au pied des vallons du Pays de Serres. Après le retour du goudron et le passage devant une petite ferme, vous poursuivez le chemin qui redevient terre jusqu'à une grande réserve d'eau. Vous avez alors un très beau panorama avec le village en fond dans le prolongement du bassin. Vous longez le bord de l'eau sur la grande esplanade, terrain de jeu de nombreux oiseaux. Au bout du lac, suivez la voie de droite jusqu'à la route. Sur votre gauche, suivez la route qui passe devant une ruine et qui va vers le village fortifié. Franchissez la Séoune et traversez la route. Préparez-vous à la dernière ascension. Avant le lieu-dit Lagarenne, bifurquez sur le chemin en herbe qui vous amène sous la petite tour située sur les remparts du château. Vous les longez, c'est une fin de parcours très agréable. Vous rentrez dans le village pour clôturer ce circuit. S'il vous en reste un peu dans les jambes, vous pouvez visiter le village. Allez voir ce château construit au XIIIe siècle, la vue alentour ou pourquoi pas passez par le jardin des Indiens, ce petit bout de terre appartenant à une tribu amérindienne. Avant de partir, pour reprendre des forces, n'hésitez pas à boire ou manger quelques bons produits proposés par les commerces présents sur la place au pied de la tour. Profitez de cette pause au milieu de ces magnifiques maisons de pierres et de celles à colombages.

LES BONNES ADRESSES SUR LE PARCOURS

A visiter

Musée du foie gras de la Ferme de Souleilles

Lieu-dit Souleilles
47140 Frespech
05 53 41 23 24

Janvier, février, mars : du lundi au samedi 10h-18h. D'avril à juin, septembre à décembre : du lundi au samedi 10h-19h, dim 15h-19h. Eté : 7j/7 10h-19h. 5 € (gratuit - de 12 ans). Groupe à partir de 10 personnes : 3,50 € par personne. Visite guidée en juillet et août le mardi et mercredi matin : 12 €.

Pourquoi les oies et les canards se gavent-ils naturellement à l'état sauvage ? Comment le Sud-Ouest est-il devenu la première région productrice de foie gras dans le monde ? Voici deux questions parmi d'autres qui trouveront réponse chez Yves et Geneviève Boissière. Leur musée ludique, installé dans une grange, retrace toute l'histoire du foie gras de l'Antiquité à nos jours. La boutique gourmande met l'eau à la bouche avec des produits typiques comme le foie gras mi-cuit parfumé aux pruneaux et à l'eau-de-vie de prune, le cassoulet de canard flambé à l'armagnac, les effilochés de canard au piment d'Espelette et à l'ail de Garonne… Chaque vendredi de l'été de 9h à 14h sont organisés depuis bientôt 30 ans des marchés gourmands à la ferme. *« La grande messe de la gastronomie paysanne de chez nous »* comme les décrit si bien Yves avec son accent chantant. L'apéro local est offert pour l'occasion.

Se loger

Camping Les 2 Lacs

47470 Beauville
05 53 95 45 41

Ouvert d'avril à octobre. 58 emplacements : 8,50 € + 5 € par personne à partir de 11 ans et par nuit en hors saison, 13 € + 7 € par personne à partir de 11 ans et par nuit en juillet et août. 7 bungalows toilés de 190 € à 530 € la semaine. 3 mobil-homes de 265 € à 670 € la semaine.

Son nom est explicite. Ce camping possède bien deux plans d'eau : un grand pour la pêche et un petit pour la baignade avec en été canoës, toboggan, structures gonflables. Autre option afin de se rafraîchir, la piscine ! Le restaurant est ouvert les week-ends hors saison et tous les jours en période estivale, le soir uniquement. On y sert une cuisine classique mais efficace pour remplir les estomacs affamés.

Gîte de Merline Basse

Lieu-dit Merline Basse
47470 Blaymont
06 37 93 76 99

Toute l'année. Les week-ends (du vendredi au dimanche) de 600 € à 900 €. La semaine en juillet/août de 2 500 € à 4 000 €.

Un hébergement de grande capacité. Cette élégante métairie du XVIIIe siècle rénovée en 2013 peut en effet accueillir jusqu'à 16 personnes. Elle compte 4 belles chambres doubles et 2 dortoirs de 4 couchages superposés. De nombreux atouts sont à signaler : piscine en plein air, cuisine d'été équipée d'un barbecue et d'une plancha, bain bouillonnant intérieur, grange de 400 m² aménagée en salle de jeux (billard, ping-pong, trampoline, château gonflable, terrain de foot, etc.). Tout autour, que de la verdure pour un effet apaisant garanti !

Se restaurer

Chez Khadi

Lieu-dit la Cardayre
47140 Massels
05 53 95 40 85

Ouvert tous les midis. Le samedi et le dimanche sur commande. Menu du jour : 16 €.

Sur la route départementale 656, un restaurant routier apprécié dans le secteur. Un menu du jour unique est servi du lundi au vendredi. Le week-end, vous pouvez commander des plats traditionnels comme la poitrine de veau farcie, la poule au pot et surtout les couscous et tajines qui ont fait la réputation de Chez Khadi.

Activités

Dquads Djets

Lieu-dit Pechambert Bas
47470 Cauzac
06 08 52 58 24

Toute l'année 7j/7 sur réservation. 1h/72 €, 2h/120 €, 3h/150 € (+10 € par passager supplémentaire et par heure).

Enfant du pays, David Dufaure invite les gens à découvrir au cours d'une randonnée en quad les beautés et les richesses patrimoniales du Pays de Serres tout en vallons et douces collines. Les circuits se font à la carte, en fonction des aptitudes de sa clientèle à piloter les engins. Les débutants sont évidemment les bienvenus.

NÉRAC, UNE BALADE DE LA GARENNE AU CHÂTEAU HENRI IV

Vous êtes à Nérac, sous-préfecture du Lot-et-Garonne à une trentaine de kilomètres d'Agen. Cité médiévale et Renaissance, la ville de Nérac a été la résidence des rois de Navarre et de la famille d'Henri IV (les Albret). Cette balade s'adresse à tout le monde. Vous découvrirez de nombreux lieux emblématiques du Pays d'Albret. Tout d'abord, vous traverserez le Parc de la Garenne avec ses arbres centenaires et ses fontaines. Vous passerez par le Château Musée de Henri IV pour ensuite vous diriger vers le port fluvial qui sépare les deux rives entre Nérac et le vieux Nérac et finirez par un formidable point de vue sur la ville et sa rivière. Cette liste exhaustive de points d'intérêts n'est qu'une infime partie de toutes les merveilles que vous verrez avec cette balade. Il est conseillé de combiner cette randonnée avec une petite sortie sur la Baïse, allez flotter sur la magnifique couleur verte de cette rivière. Pour le départ, rendez-vous sur le parking du parc de la Garenne (latitude : 44.1347825, longitude : 0.34185290).

Parc de la Garenne et Château Henri IV

Ce parc est le lieu de promenade préféré des Néracais. Suivant l'heure de votre balade, vous pouvez casser la croûte sur les tables de pique-nique mises à votre disposition. Plusieurs panneaux explicatifs vous accompagneront le long de votre parcours dans le parc. Vous suivrez le balisage bleu. Après quelques mètres, vous arrivez face à une mosaïque d'une grande villa, vestige de l'époque gallo-romaine. Vous longez la Baïse et atteignez une petite grotte abritant une statue. Vous connaissez tous l'expression « conter Fleurette », mais savez-vous son origine ? En 1572, Henri IV a à l'époque 19 ans, il tombe fou amoureux de Fleurette la fille de son jardinier. Dès qu'il en a l'occasion, il part rejoindre sa chère et tendre pour la séduire et la charmer. Son histoire d'amour avec la jeune fille sera intense mais courte, effectivement Henri doit se rendre à Paris pour se marier avec Marguerite de Valois, la reine Margot. Il promit à Fleurette un ultime rendez-vous galant dans les jardins de Nérac, malheureusement le futur roi de France, bloqué par les festivités données pour son départ, ne rejoignit jamais Fleurette. D'après la légende, la fille se jeta dans l'eau de la Baïse par tristesse et désespoir. La statue de marbre du XIXe siècle sculptée par Daniel Campagnac représente la pauvre Fleurette noyée. Juste à côté, la fontaine Saint-Jean fait jaillir l'eau de la bouche de trois reliefs difficilement reconnaissables représentant des masques. Reprenez la large piste, de nombreux bancs sont disposés le long de la Baïse. Vous êtes en pleine nature au milieu de la ville. Le parc abrite une faune variée, soyez attentif ! Vous passez devant la fontaine aux Marguerites qui rend hommage aux nombreuses Marguerite du royaume (la reine Margot, la fille de François 1er et celle de Navarre). Dépassez la fontaine monumentale de Delphino Francesco V et, au niveau du joli kiosque coloré et du chalet de la Garenne, prenez la passerelle qui enjambe la Baïse. Vous suivez l'autre rive, sur le chemin de halage en direction des jardins aux couleurs variées et du pavillon octogonal des bains du Roy construits au milieu du XVIe siècle à la demande du grand-père de Henri IV. Ils servaient de lieux de collation pendant les promenades de la Cour. Vous passez sous le Pont Neuf et le long du quai du port de Nérac (un lieu dynamique en été) pour ensuite prendre une rue pavée sur la gauche en suivant le balisage bleu, le long des murs de pierre, vous arrivez devant le célèbre Château Musée Henri IV, l'emblème de la cité. Admirez son esplanade et son architecture unique avec les magnifiques colonnes torsadées visibles sur la façade. Ce château est un bijou de l'Albret, il a été construit au XVe siècle par l'arrière-grand-père du futur roi. Il sera la résidence principale de Henri IV et de sa femme la reine Margot. Il marque l'apogée de la famille des Albret, un monument chargé d'histoire qui n'a cessé d'évoluer. Pour en savoir plus sur les Albret, Henri IV, sa famille ou sur la vie durant la Renaissance, poussez les portes de ce musée. Après avoir découvert le château, profitez derrière vous de la vue sur le vieux Nérac. Vous pouvez rejoindre le point de départ de cette balade ou vous engouffrer dans le village.

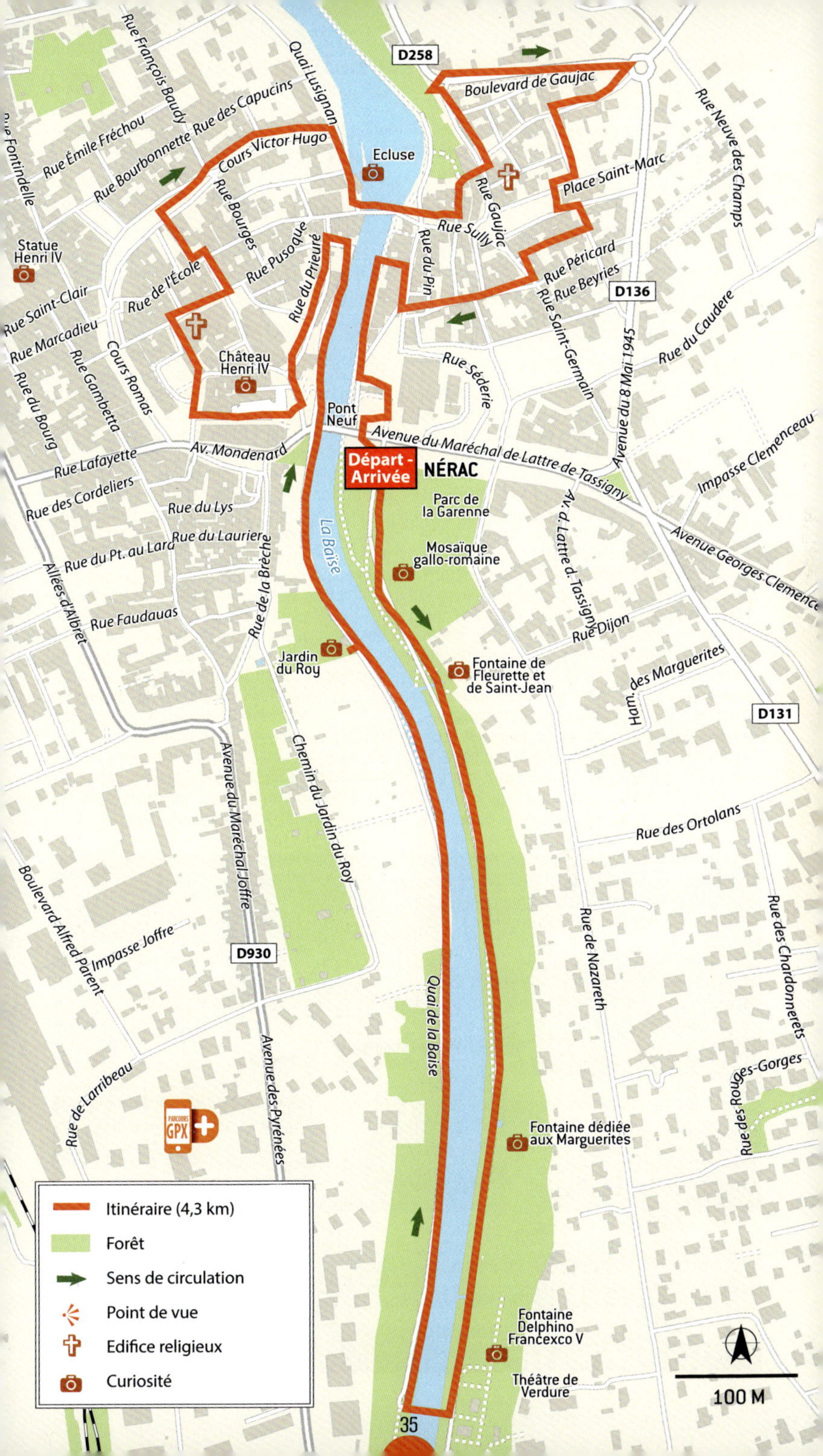
D258
Boulevard de Gaujac
Rue Neuve des Champs
Place Saint-Marc
Rue Gaujac
Rue Sully
Rue du Pin
Rue Péricard
Rue Beyries
D136
Rue Saint-Germain
Rue du Caudere
Rue Sédérie
Avenue du 8 Mai 1945
Impasse Clemenceau
Avenue Georges Clemenceau
Ecluse
Quai Lusignan
Rue François Baudy
Rue des Capucins
Cours Victor Hugo
Rue Émile Fréchou
Rue Bourbonnette
Rue Fontindelle
Rue Bourges
Rue Pusoque
Rue du Prieuré
Statue Henri IV
Rue de l'École
Rue Saint-Clair
Rue Marcadieu
Rue Gambetta
Cours Romas
Rue du Bourg
Château Henri IV
Pont Neuf
Avenue du Maréchal de Lattre de Tassigny
Départ - Arrivée
NÉRAC
Av. Mondenard
Rue Lafayette
Rue des Cordeliers
Rue du Lys
Rue du Laurier
Rue du Pt. au Lard
Allées d'Albret
Rue Faudauas
Rue de la Brèche
La Baïse
Parc de la Garenne
Mosaïque gallo-romaine
Av. d. Lattre d. Tassigny
Rue Dijon
Jardin du Roy
Fontaine de Fleurette et de Saint-Jean
Han. des Marguerites
D131
Chemin du Jardin du Roy
Avenue du Maréchal Joffre
Rue des Ortolans
Rue de Nazareth
Rue des Chardonnerets
Boulevard Alfred Parent
Impasse Joffre
D930
Quai de la Baïse
Rue de Larribeau
Avenue des Pyrénées
Rue des Rouges-Gorges
PARCOURS GPX
Fontaine dédiée aux Marguerites
Fontaine Delphino Francexco V
Théâtre de Verdure
100 M
Itinéraire (4,3 km)
Forêt
Sens de circulation
Point de vue
Edifice religieux
Curiosité

Vous choisissez de continuer, alors contournez le château et engagez-vous dans la petite ruelle à côté de l'hôtel de ville. Dirigez-vous vers la maison des Conférences, l'hôtel particulier où a été signé en 1579 un traité de paix entre les catholiques et les protestants par Catherine de Médicis et Henri III de Navarre (Henri IV). En suivant le balisage, vous arrivez devant l'écluse et le moulin sur le bord de la Baïse. Un beau point de vue sur le pont et les maisons de caractère appartenant au vieux Nérac.

Vieux Nérac

Vous traversez le Pont Vieux en pierre datant du XVIe siècle, au milieu de celui-ci, profitez de la vue sur le port, sur le Pont Neuf et sur les façades des deux rives. Vous suivez la rue et passez devant la maison à la très belle façade de style Renaissance où Sully vécut vers 1580. C'était le baron de Rosny, un gentilhomme de la Chambre du roi de Navarre. En suivant le balisage, vous déambulez à travers les petites ruelles pavées remplies de charme. Vous arrivez au Belvédère, un panorama qui mérite la photo. Vous dominez la Baïse avec une vue dégagée sur les toits des maisons de Nérac, sur ses bâtiments historiques, particulièrement sur les deux tours clochers de l'église Saint-Nicolas datant du XVIIIe siècle dont les peintures intérieures et les vitraux sont remarquables. La table d'orientation vous aide à tous les repérer. Reprenez la suite de la visite en longeant le Boulevard Gaujac, la première rue à droite au rond-point vous amène vers l'église Notre-Dame construite au XIXe siècle dans le style néogothique sur une ancienne église du Moyen Age. Elle aussi possède de splendides vitraux qui représentent des scènes du Nouveau et de l'Ancien Testament. Selon le plan et le balisage, vous suivez les quelques dernières ruelles du parcours jusqu'à la Capitainerie « Les croisières du Prince Henry ». Vous passez devant l'Espace d'Albret (le Centre Culturel) et montez l'escalier pour rejoindre la fin de cette balade.

En bateau sur la Baïse

Il est également possible de combiner cette agréable balade avec une croisière, qui vous permettra de naviguer en toute quiétude sur l'eau verte de la rivière de la Baïse. C'est l'occasion de bénéficier d'un nouveau regard sur la ville de Nérac, son parc, la rivière et ses berges ainsi que sur tous les autres joyaux du patrimoine d'Albret, mais aussi de vivre la belle expérience du passage de l'écluse de Nazareth. C'est une façon plus douce et reposante qu'à pied de déambuler dans la ville. Pour cela, vous pouvez soit louer un bateau sans permis, soit profiter d'un moment complètement insolite sur une péniche authentique avec une visite commentée et même y manger. Vous êtes alors sur la rivière où circulaient à l'époque des produits agricoles et industriels qui ont fortement favorisé l'économie du Pays d'Albret. Un peu oubliée à l'arrivée des chemins de fer, elle fait maintenant plaisir à tous les capitaines de bateau d'un jour ou d'une vie. Cet environnement a su rester naturel, la Baïse est d'ailleurs surnommée « la Petite Amazone ». Pour toute navigation sur la Baïse, rendez-vous au port de Nérac !

© EMMANUEL BERTHIER

LES BONNES ADRESSES SUR LE PARCOURS

S'informer

Office de tourisme de l'Albret

7, avenue Mondenard

47600 Nérac ✆ 05 53 65 27 75

Du 7 juillet à fin août du lundi au samedi 9h-12h30 et 13h30-18h, le dimanche 9h30-12h30. De septembre à début novembre du mardi au samedi (fermé le vendredi matin) 9h-12h et 14h-18h. De novembre à mi-avril du mardi au samedi (fermé le vendredi matin) 9h-12h et 14h-17h. De mi-avril à début juillet du mardi au samedi (fermé le vendredi matin) 9h-12h et 14h-18h.

A visiter

Château Henri IV

Du 1er juin au 18 septembre. Fermé dimanche et lundi. Mardi 13h30-18h. Du mercredi au samedi 10h-12h30 et 13h30-18h. 4 € (gratuit jusqu'à 12 ans).

C'est la visite patrimoniale à faire absolument quand vous passez par la capitale de l'Albret ! Au château-musée Henri IV, grande Histoire de France et petite histoire locale se superposent. L'ancienne demeure royale des Albret a accueilli entre autres la cour prestigieuse d'Henri de Navarre, futur roi de France sous le nom d'Henri IV, et de son épouse Marguerite de Valois dite la Reine Margot. Les collections présentées retracent l'histoire de l'édifice, permettant de découvrir l'esprit de la cour de Navarre et la vie quotidienne au temps de la Renaissance.

Se loger

Hôtel Henri IV

4, place du Général Leclerc

47600 Nérac ✆ 05 53 65 00 63

Ouvert toute l'année.

Chambre de 70 à 115 €. Petit déjeuner 11 €.

Ancien relais de diligence, cet hôtel au charme certain vous permet de loger dans le centre-ville de Nérac. La décoration, moderne et choisie, contribue au confort des lieux, tout comme le salon-bibliothèque. Le plus : la petite piscine avec ses buses de massage. L'hébergement idéal, en somme, pour profiter de la capitale de l'Albret et de ses alentours.

Les Gîtes du Château

11 ter, rue Henri IV

47600 Nérac ✆ 06 03 53 04 30

Toute l'année. 2 appartements de 75 m² et 110 m² pour 4 à 8 personnes. De 75 € à 110 € la nuit (minimum 2 nuits). En été à la semaine uniquement : de 665 € à 770 €.

Confortables, élégants et fonctionnels : voilà les principales caractéristiques des Gîtes du Château ! Ces 2 superbes appartements, avec le charme de l'ancien, promettent aux hôtes de passage un lieu de vie enchanteur en plein Nérac. Le loft Henri IV a la capacité d'accueillir 6 à 8 personnes et l'appartement du roi 4 à 6 personnes. Les deux peuvent être privatisés ensemble. Le point fort du loft demeure sans nul doute son balcon avec vue sur le château Henri IV. Un hébergement unique en ville de par sa situation et son confort.

Se restaurer

Le Vert Galant

11, rue Séderie

47600 Nérac ✆ 05 53 65 31 99

Fermeture annuelle de novembre à mars. Ouvert tous les jours sauf le mardi d'avril à juin et en septembre, octobre, 7j/7 l'été.

Depuis la terrasse de ce bar-glacier-restaurant sur les quais, vous profiterez d'une jolie vue sur la rivière Baïse. La carte vous interpellera par ses propositions surprenantes comme ces glaces salées tomate et basilic, reblochon, poivron piment, pouvant accompagner votre salade ou votre tartine. Ici, la boule foie gras se déguste avec un verre de blanc moelleux local dans un accord parfait ! Côté sucré, les parfums se comptent par dizaines. Empruntez donc les sentiers classiques du citron, du pamplemousse, du melon, de la mandarine… sauf si vous optez pour des itinéraires moins balisés tels agrumes/cactus/gingembre, litchi/framboise/rose, cannelle/pomme/raisin. La satisfaction reste au final la même, pleine et entière !

Se restaurer / Boire un verre

L'escadron Volant

7, rue Henri IV

47600 Nérac ✆ 05 53 97 19 04

Ouvert toute l'année (sauf 3 semaines au moment de Noël). De mai à septembre du lundi au samedi 9h-15h et 18h-minuit. Fermé le lundi soir hors saison.

Le point fort de ce restaurant et bar à vin, c'est bien sûr sa terrasse face au château Henri IV. Un endroit irrésistible où se retrouver à l'apéritif pour déguster plancha, tapas, et une bonne bouteille comme un château Pierron Alternative, coup de cœur du patron. Côté table, l'Escadron propose une cuisine du marché avec un filet de canard aux baies rouges, du poisson à la vapeur ou à la plancha, de délicieux hamburgers maison et une jolie carte de crêpes l'été en dessert. Un véritable lieu de convivialité au cœur du Nérac historique où Jean-Michel Ceruti assure un accueil parfait.

Produits du terroir

Distillerie du Grand Nez

406, route de Nomdieu
47600 Nérac
✆ 06 75 35 93 71

Point de vente ouvert du lundi au vendredi 8h-12h et 14h-18h.

Parce qu'elle produit des gins bio d'exception plusieurs fois médaillés, la Distillerie du Grand Nez créée en 2019 est parvenue en peu de temps à se faire un nom au pays de l'armagnac. Le Gin Attribut n° 1 présente des saveurs d'agrumes, kiwis et verveine citronnée. Le Gin Attribut n° 2 se distingue par son parfum de fruits caramélisés. Il existe aussi une édition spéciale à la truffe d'été et à la vanille de Madagascar. La subtilité de la palette aromatique, les ingrédients naturels, sans colorants ni additifs, contribuent au succès de ces boissons de caractère.

Le Château du Frandat

970, route d'Agen
47600 Nérac

Accueil du lundi au samedi 9h-12h, 13h30-18h. Juillet et août : possibilité de visites guidées dès 5 €. Réservation conseillée.

Laetitia et son époux Mickaël sont membres des Vignerons indépendants. Le château du Frandat est un très joli domaine qui a le privilège de revendiquer trois Appellations d'Origines Contrôlées : Buzet (vins rouges et rosés), Floc de Gascogne (blancs et rosés) et Armagnac Ténarèze. Pendant l'été, une promenade commentée à travers le vignoble est organisée à bord d'une sympathique remorque tractée. Après cette belle découverte, laissez-vous tenter par une dégustation et par le jeu à énigmes dans les vignes et les vergers de pruniers.

Activités

Les Croisières du Prince Henry

Port de Nérac
47600 Nérac
✆ 05 53 65 66 66

D'avril à octobre.
Jours et horaires des croisières sur le site www.croisieresduprincehenry.com

Vous allez sillonner Nérac sur la Baïse à bord d'un rutilant coutrillon en bois de 75 places. Ces robustes embarcations traditionnelles servaient jadis au transport des marchandises. La croisière d'1h vous fera passer sous le Pont Neuf dont la construction fut commandée par le baron Haussmann, longer l'immense Parc de la Garenne, passer par l'écluse de Nazareth… N'hésitez pas à prolonger le plaisir de votre croisière par un déjeuner du terroir.

Lud'O Parc

Avenue de Plaisance
47600 Nérac
✆ 05 53 65 77 50

Ouvert l'été tous les jours de 11h à 19h30. Adulte et enfant de + de 1,40 m : 7 €. Enfant de 1,10 m à 1,40 m : 5 €. Gratuit pour les enfants jusqu'à 1,10 m.

Plongez dans l'univers balnéo-ludique du Lud'O Parc ! Pour la détente et la baignade, les possibilités s'avèrent nombreuses entre les grands bassins balnéo, banquettes à bulles, jeux d'eau, lagune avec enrochement, pataugeoire. Pour le fun, tentez les toboggan spirale, pentagliss, rivière à bouées ! Au milieu d'un parc verdoyant, dans un décor sympa de vestiges gallo-romains, le Lud'O Parc comblera petits et grands.

Chemin de Fer Touristique du Pays de l'Albret

14, avenue du 19 Mars 1962
Gare de Nérac
47600 Nérac
✆ 06 98 16 55 33

Du 1er mai à fin novembre. Départs de Nérac. Mai, juin, septembre : les mercredis et dimanches 15h. A partir du 11 juillet et en août : lundi 15h, du mardi au vendredi 10h30, 15h et 17h20, dimanche 15h. Octobre : le dimanche à 15h. Pas de départ le 14 juillet le matin. Aller-retour : 16 €, 10 € (4-12 ans). Aller simple : 14 €, 8 € (4-12 ans). Tarifs famille 2 adultes, 2 enfants : 48 € aller-retour, 40 € aller simple. Tarifs famille 2 adultes, 3 enfants : 57 € aller-retour, 47 € aller simple. Groupe (à partir de 20 personnes) : 12 € par personne aller-retour, 10 € aller simple.

L'ancienne voie reliant Nérac à Mézin a repris du service en 2015. Elle fait revivre les gares et surtout un des plus jolis trajets qu'il vous sera donné de faire, à douce allure. 14 km commentés qui comprennent plusieurs passages sur des viaducs, l'impressionnante traversée du long tunnel de Lamothe-Douazan, la découverte de la faune, de la flore et de l'histoire de la région. Châteaux et rivières longent aussi le parcours. Comptez 2h15 pour effectuer l'aller-retour. Le lundi midi et le jeudi soir (à quai) hors saison, le wagon restaurant L'Albret Express peut accueillir jusqu'à 30 personnes dans un décor distingué. La cuisine est préparée par le traiteur de la région David Chaves. Téléphonez pour plus de renseignements et les tarifs.

MÉZIN LA MÉDIÉVALE VERS POUDENAS L'ITALIENNE

Véritable plongée dans le passé, ce circuit vous emmène à la rencontre de plusieurs époques. Ces fragments d'histoire, superposés, font de nos villages ce qu'ils sont aujourd'hui. Mézin et Poudenas en sont de précieux exemples. En moins de 4 heures de marche, vous traverserez neuf siècles en suivant les balises jaunes depuis le boulevard Armand Fallières de Mézin. La nature ne sera pas oubliée puisque vous cheminerez dans la forêt landaise, pays de sable et que la Gélise, sous-affluent de la Garonne, sera aussi du voyage. Aucune difficulté n'est à signaler pour cet itinéraire et vous profiterez d'un agréable ombrage sur sa majeure partie. Le peu de dénivelé qu'il comprend en fait un excellent trajet d'1 heure 45 à vélo, d'ailleurs, les 4 premiers kilomètres s'effectuent sur la voie cyclable de la Scandibérique. Il est aussi tout à fait accessible aux cavaliers en 2 heures et demi. Coordonnées GPS du départ, latitude : 44.056869, longitude : 0.258593.

Mézin, ville d'histoire et de savoir-faire

En partant du parking devant la poste ou de celui de l'église, vous traversez la place Armand Fallières, du même nom que le boulevard voisin. Ce nom est largement utilisé par ici, la place principale du village de Sos, distant d'une dizaine de kilomètres porte le même. Pour ceux qui n'auraient pas la mémoire assez longue, ce monsieur, natif de Mézin, exerça la fonction de président de la République française de 1906 à 1913. Mais il n'est pas le seul sur cette place à avoir sa place dans l'histoire. L'église Saint-Jean-Baptiste de Mézin fut probablement construite sur les ruines d'une villa gallo-romaine et de deux précédentes églises. À la fin du XIe siècle, les moines de l'abbaye de Cluny établissent un prieuré. Ils érigent aussi une première version de l'église, plus petite que l'actuelle, accolée à leur monastère. Les habitants et les consuls de la ville firent agrandir le bâtiment en doublant sa superficie et en y ajoutant un clocher. En tout, il faudra 350 ans pour terminer cette église mais les guerres de religions et deux incendies modifièrent tour à tour son aspect. Aujourd'hui, complètement rénovée, elle porte fièrement le savoir-faire de toutes les époques qu'elle a traversées, conjuguant arts roman et gothique. Si vous prenez le temps de la visiter, ne manquez pas ses vitraux, l'orgue d'un facteur agenais et le visage d'Aliénor d'Aquitaine sur l'un des chapiteaux.

Mézin.

Vous rejoignez la rue Saint-Cauzimis depuis laquelle on accède au musée du liège et du bouchon, vous le verrez, la forêt des Landes abrite des chênes liège. Vous descendez jusqu'à la porte Anglaise par la rue des Capots et empruntez la D656 vers la droite. Vous passez devant la cave des coteaux du Mézinais. S'il est trop tôt pour une dégustation, n'hésitez pas à y repasser à la fin de votre balade pour découvrir les fiertés locales, l'Armagnac et le Floc de Gascogne. Le premier est né au Moyen-Âge après l'importation des alambics par les Maures. On commença à distiller le vin blanc pour, en faire des remèdes. Plus tard, on le mit à vieillir dans des fûts de chêne qui le transformèrent en la boisson délicate que l'on connaît. C'est au XVIIe siècle que la production s'intensifia et qu'Eauze et Condom en devinrent les deux centres majeurs. Aujourd'hui, les savoir-faire qui permettent l'élaboration de l'Armagnac sont inscrits à l'Inventaire du patrimoine culturel immatériel français. Le Floc lui, est plus léger, c'est un mélange de moût de raisin rouge ou blanc et d'Armagnac jeune. Sa recette fut élaborée au XVIe siècle et resta longtemps une simple tradition paysanne locale. Alors qu'on l'appelait « le Pineau d'Armagnac », les Charentais déposèrent leur appellation, privant les Gascons du mot « Pineau ». Comme l'Armagnac combine des arômes de prune, de violette et de rose, la boisson fut nommée « Lou Floc de Nouste » en occitan, ce qui signifie, « Le bouquet de fleurs de chez nous ». C'est en 1976, qu'il prit officiellement le nom que nous lui connaissons à l'occasion de la première commercialisation officielle de 150 hectolitres, une quantité qui est encore très modeste. Juste avant le carrefour de la D5, suivez le panneau indiquant Le Batiment vers la gauche. Vous vous engagez sur le ballast de l'ancienne voie ferrée, aujourd'hui voie verte. Ici, des tables de pique-nique vous accueillent pour un casse-croûte énergisant.

© ADRT47

Mézin.

Poudenas, gardienne de la vallée de la Gélise

Vous suivez cette voie jusqu'à Poudenas et profiterez d'un ombrage constant grâce aux frênes, aux chênes et aux aulnes, entre autres. Comme beaucoup de voies déferrées, celle-ci constitue un itinéraire cycliste de choix et fait partie du tracé de la Scandibérique, tronçon français de la vélo-route EuroVélo3 reliant Saint-Jacques-de-Compostelle en Espagne à Trondheim en Norvège. Vestiges du chemin de fer, des garde-corps et des ponts font subsister le métal dans la verdure. La ligne de presque 94 kilomètres partait de Nérac et se poursuivait jusqu'à Mont-de-Marsan. À l'entrée d'un champ, une balise jaune propose de tourner à gauche comme le GR 654. Il s'agit d'une variante qui rallonge la balade de plus de 10 kilomètres, pour rester sur le tracé, continuez tout droit en restant sur la voie verte. Vous passez un ancien passage à niveau, sur votre droite, la Gélise s'éloigne et se rapproche de vous au gré de ses méandres. Cette rivière représente la frontière entre les deux paysages de la région de l'Albret : les Landes et le sable qui en couvre les sols et les coteaux calcaires à l'est et au sud. Elle est classée site Natura 2000 et elle est très appréciée pour la pratique du canoë. Tournez à droite dans le hameau de Pebresque, puis, vous apercevez le château de Poudenas sur son promontoire. Vous prenez à droite, une allée bordée de platanes et, avant le pont, découvrez un ancien travail à ferrer les chevaux et les bovins. Vous traversez la Gélise sur un pont roman de 1777, tout jeune à côté de l'ancien moulin de quatre siècles son aîné qui trône sur la droite. Traversez ensuite la D656 avec la plus grande prudence. Vous vous engagez en face dans la rue montant vers la droite (les cyclistes et les cavaliers préfèreront celle plus à droite pour éviter les escaliers). N'hésitez pas avant cette escalade de profiter de la fraîcheur des arcades et de l'ancien relais de poste devenu café. Vous arrivez au niveau de l'église. De là, un large point de vue sur la vallée de la Gélise et bien au-delà s'ouvre à vous. L'édifice roman du XIVe siècle s'est vu adjoindre un clocher des dizaines d'années après sa construction et de nombreuses modifications y ont été apportées au XIXe siècle.

Vous pourrez remplir vos gourdes dans le cimetière adjacent. Si vous prenez la route bordée de buissons taillés et de cyprès, vous contournez le château par derrière. Idéalement placé entre la forêt landaise dans son dos et la vallée de la Gélise en dessous, il s'agissait, à son origine au XIIIe siècle, d'une place défensive militaire. Les fortifications furent démolies au XVIe siècle et d'importantes modifications du XVIIe donnèrent au château des airs de villa italienne. Vous longez le cimetière et vous vous dirigez vers la forêt entre un champ et le parc du château.

Pichanet
Perrin
Togue
Sabla
Moulin de Courbian
Lasalle
Couston
Lac de Lislebonne
D149
La Tuilerie
Fabas
Château Pigeonnier
La Cieuse
Moulin de Lasserrea
La Ruau
Rouède
Fontaine
Monplaisir
Choisy
Musée du Liège
Départ - Arrivée
La Barthète
Route de Poudenas
Le Moulin du Port
MÉZIN
Gougaine
La Barthe
Saint-Catherine
La Tuilerie
Coupeau
Peyre
Soubiran
Natalès Gagnet
D656
Renard
Le Moulias
POUDENAS
Pebresque
La Gélise
Route de Fources
Moulin Pont romain
L'Auzoue
Coulinat
Saint-Marc
D5
GPX
Itinéraire (14,3 km)
Forêt
Sens de circulation
Point de vue
Edifice religieux
Curiosité
300 M

LES BONNES ADRESSES SUR LE PARCOURS

S'informer

Office de Tourisme de l'Albret - Bureau d'Information de Mézin

Place Armand Fallières ✆ 05 53 65 27 75

Ouvert du 7 juillet au 31 août, lundi 14h-18h, mardi et jeudi 9h-12h, dimanche 10h45-13h.

A visiter

Musée du Liège et du Bouchon

Rue du Puits Saint-Côme

47170 Mézin ✆ 05 53 65 68 16

Avril, mai, juin, octobre : du mardi au vendredi 13h-17h. De juillet à septembre : du mardi au vendredi 10h -18h et du samedi au lundi 14h-18h. 4 €, gratuit - de 12 ans.

Ce musée original retrace d'une part la vie du président de la République Armand Fallières (1841-1931), originaire de Mézin, et d'autre part l'histoire d'une activité ayant marqué l'Albret : l'exploitation du chêne-liège et l'industrie du bouchon. Récompensé par le label « Musée de France », le lieu conserve une collection unique composée d'outils, de machines, de fonds photographiques, qui témoignent d'un savoir-faire, des évolutions techniques et des usages du liège.

Se loger

Le Relais de Gascogne

3, avenue Max Grosselle

47170 Mézin ✆ 05 53 65 79 88

Ouvert toute l'année (sauf pendant les vacances de Noël). Chambre de 48 € à 59 €. Restaurant fermé le dimanche soir. Menus 21,50 € et 28 €. Formule du jour 13,50 €.

Valérie tient depuis plus de 20 ans cette auberge familiale à l'excellent rapport qualité-prix. Le confort est assuré et la restauration proposée mise sur les produits régionaux : le canard se trouve à l'honneur et les desserts comme le moelleux au chocolat ou la charlotte aux fruits rouges sont maison.

Camping du Lac de Lislebonne

3224, route de Mézin

Lieu-dit Le Bétous

47170 Réaup-Lisse ✆ 05 53 65 65 28

Ouvert de début avril à fin septembre. Emplacement dès 15 €/nuit, chalet dès 42 €/nuit.

L'attractivité du camping doit beaucoup à son emplacement dans un parc boisé de 16 hectares classé Natura 2000. Le lac, doté d'une plage de sable fin, est ouvert à la baignade. Sans oublier la piscine couverte chauffée. Vous pouvez louer un emplacement pour votre tente ou bien occuper un chalet, un mobil-home, un bungalow en toile. Un bar et un restaurant-snack à base de produits frais sont présents. Si vous vous souciez de l'environnement, sachez que les propriétaires, Thomas et Audrey, ont adopté une démarche écoresponsable pour leur camping.

Château de Poudenas

2, rue du Château

47170 Poudenas ✆ 06 80 01 27 42

4 gîtes. Week-end de 520 € à 2 900 €, semaine de 1 120 € à 3 920 € selon le type d'hébergement.

Les accueillants propriétaires de ce château classé monument historique ont ouvert sur leur grandiose propriété 4 gîtes raffinés pouvant héberger jusqu'à 4, 8 et même 16 personnes. Une expérience haut de gamme avec piscine, court de tennis, practice de golf et green d'approche.

Boire un verre / Point de ravitaillement

L'Epicafé

Place Armand Fallières

47170 Mézin ✆ 05 53 65 70 64

Ouvert du mardi au samedi 7h30-12h30 et 15h-19h30, le dimanche 7h30-13h.

En plein cœur du village, le lieu tenu par Alexis fait office à la fois de bar et d'épicerie. Posez-vous le temps d'un verre, avant de faire vos petites courses.

Produits du terroir

Ferme de Gagnet

Gagnet

47170 Mézin ✆ 05 53 65 73 76

Du lundi au samedi 9h-13h et 15h-19h, le dimanche sur RDV. Il est conseillé de téléphoner avant de passer.

L'exploitation familiale de Marielle comporte une dizaine d'hectares de vigne et un élevage de canards. Aménagé dans une petite pièce à l'atmosphère rustique et chaleureuse, le point de vente propose des produits haut de gamme comme de l'armagnac Ténarèze, de la blanche de Gagnet ou du floc de Gascogne qui a reçu 3 ans de suite la médaille d'or au Concours Général Agricole. Le même niveau qualitatif se retrouve dans les foies gras entiers ou mi-cuits, confits de canard, rillettes, pâtés.

Agenda

Les soirs de marché gourmand à Mézin tombent les lundis. Ils se tiennent sur la place du Club.

Château de Poudenas.

À travers la forêt landaise

À un croisement, prenez le chemin en face qui devient sableux et s'entoure de plus en plus de pins. Entre eux, vous pouvez apercevoir quelques chênes liège, facilement reconnaissables à leurs troncs grêlés, torsadés. Bien qu'aujourd'hui ils ne soient plus que quelques spécimens épars entre les pins, ces arbres firent prospérer le territoire de l'Albret pendant près de deux siècles. À Mézin, le musée du liège et du bouchon retrace l'histoire de ce savoir-faire dans la région. On y trouve une collection d'outils et de machines ainsi que de nombreuses photographies d'époque, mais le musée abrite aussi sa propre suberaie, nom donné à une forêt de chênes liège. On y apprend le processus de fabrication des bouchons qui occupaient 35 entreprises rien que dans la ville de Mézin au début du XXe siècle. Aujourd'hui, le département ne compte plus que quatre sites de transformation du liège importé d'Espagne ou du Portugal. Alors que vous avancez sur un terrain de plus en plus sableux, vous croisez de hauts pins anciens puis de plus petits, plantés plus récemment. Si les chênes liège disparaissent au profit des pins maritimes, c'est le choix des collectivités locales. Les résineux sont implantés depuis le XVIIIe siècle pour endiguer la désertification des landes où le sable pouvaient gagner 40 mètres par an sur les terres. Jusqu'à cette époque, il s'agit d'un territoire hostile peuplé majoritairement de bergers. L'intérieur des terres est principalement constitué de marécages grouillant de moustiques, où se propagent des maladies, notamment le paludisme. Le pin maritime drainera ces sols et assainira les milieux. C'est sous l'impulsion de Napoléon III qu'une véritable campagne de plantation est lancée avec une loi promulguée en 1857. D'abord exploités pour leur résine, les pins ne sont plus utilisés que pour leur bois aujourd'hui, mais l'on voit à travers les jeunes plantations qu'il s'agit d'une activité qui perdure. Après la ferme de Rouède, vous marchez sur une route rejoignant la D149 que vous prenez vers la gauche. Devant vous apparaît l'église de Notre-Dame de Cieuse, aussi nommée Notre-Dame des bienheureux. Elle fut construite vers 1200 et manqua d'être détruite en 1795 au profit de la construction des culées de deux ponts. Elle échappa de toute évidence à ce triste sort. À l'époque, le pèlerinage annuel depuis Mézin, instauré une centaine d'années plus tôt suite aux épidémies de peste, fut supprimé puis rétabli au siècle suivant. Aujourd'hui, les pèlerins se font plus rares. En haut d'une montée goudronnée, vous retrouvez des chênes liège entre d'autres variétés de Quercus. De là, le point de vue s'étend en direction de la Gélise et de la Cieuse, son affluent. Alors que vous redescendez, tournez complètement à droite sur un chemin sableux s'enfonçant entre les pins. Vous y trouverez aussi des châtaigniers, des fougères et ensuite des chênes et des acacias. Au niveau d'une palombière, suivez le chemin sur la gauche puis engagez-vous sur la route vers la gauche. Vous retrouvez la Gélise, bien vive et traversez le passage à niveau du train touristique reliant Mézin et Nérac. Vous traversez le pont et descendez à droite. Vous tournez alors immédiatement à gauche sans passer sous le pont de la voie ferrée. Vous montez jusqu'au lieu-dit de La Gaité le long des champs. De là, vous apercevez le clocher de l'église de Mézin, puis tout le village. Vous continuez jusqu'au village dans lequel vous entrez par la rue d'Enghien qui vous mène au boulevard Armand Fallières que vous empruntez vers la gauche pour revenir à votre point de départ.

BARBASTE : LA GÉLISE, FRONTIÈRE DES SABLES

Dans le Pays d'Albret, à quelques kilomètres de Nérac, c'est au pied du plus grand moulin fortifié de France que cette balade vous emmène. Le Moulin des Tours est un lieu emblématique du Lot-et-Garonne. Cette belle propriété appartenait à la famille des Albret et était très appréciée de Henri IV. Partez à la découverte de ces quatre tours fortifiées et de son magnifique pont roman à dix arches qui enjambe la Gélise. Ce circuit agréable et verdoyant se jouera de vos sens et vous fera fouler les sols des derniers reliefs de la forêt landaise. Vous parcourrez une partie de la balade les pieds dans le sable. Vous passerez devant d'autres bâtiments qui mériteront également un peu d'attention. Le long de ce trajet, vous aurez la possibilité, si vous le souhaitez, de faire des activités de loisir à Cap Cauderoue. Pour commencer ce circuit, rendez-vous au parking du Moulin des Tours (latitude : 44.1682454, longitude : 0.29034376).

Du départ au château de Cauderoue

Partez du parking en suivant la route et le balisage jaune. Après le petit puits, prenez à droite sur la départementale. Bifurquez après 500 mètres dans un petit chemin, derrière vous, vous apercevez le clocher de l'église du village de Barbaste. Continuez sous les chênes, vous surplombez un petit verger à côté d'une bâtisse. Vous foulez un court instant une belle pelouse verdoyante avant le retour de la terre. Vous vivez un moment bucolique dans la forêt. Vous sortez du bois et dépassez une cabane pour ensuite amorcer une descente. Sur votre droite, une volière semble être complètement avalée par la nature. Le chemin se transforme en route goudronnée jusqu'à la départementale que vous traversez prudemment. Vous abordez un joli sentier enherbé, il traverse les champs. Profitez de l'ombre des quelques arbres qui jalonnent le chemin pour vous abriter du soleil. Au loin, vous commencez à apercevoir une tour, suivez ce cap ! Effectivement elle se rapproche, il s'agit du château gascon de Cauderoue datant du XIIe siècle. Faites quelques pas au-delà du circuit pour aller au pied de cet édifice avant de reprendre la route descendante jusqu'au pont qui enjambe la Gélise. Vous remontez la route en passant devant le lavoir. Vous arrivez au niveau de Cap Cauderoue. C'est le moment de sortir les boules du sac ! Comment ça, vous ne les avez pas sur vous ? Dans ce cas, vous pouvez vous laisser tenter par une autre activité ou alors suivre à gauche le chemin qui longe le boulodrome et s'engouffre dans la forêt.

Moulin des Tours de Barbaste.

Passage dans la forêt landaise

Une fois dans le bois, regardez le sol, il se recouvre de sable au fur et à mesure de vos pas. Ce n'est pas si étonnant, vous venez de pénétrer dans les dernières dunes du massif forestier des Landes. Cette grande forêt artificielle longe l'océan Atlantique et forme un triangle sur les Landes, la Gironde et le Lot-et-Garonne. Vous circulez sur le même itinéraire que la célèbre « Course des sables ». Tout d'abord vous faites une première partie sous les chênes pour ensuite, toujours en suivant le balisage, entrer dans une partie plus typique du paysage landais avec de grands pins. Prenez le temps d'observer cette nature qui vous entoure, vous y verrez sûrement de beaux oiseaux comme par exemple des pics, ceux qui martèlent les troncs de la forêt. Sous ces grands arbres qui touchent presque le ciel, vous vous sentez minuscule.

LAVARDAC
D655
Itinéraire (10,3 km)
Forêt
Sens de circulation
Point de vue
BARBASTE
Moulin des Tours
Route de Nérac
Départ - Arrivée
Barbaste
Rue du Général Nismes
Moliage
PARCOURS GPX
D109
Cité Marfaud
Château
Lagrangette
Bordeneuve
La Baleste
Micouleau
Route des Martinets
Lac du Martinet
Le Martinet
Le Béas
D408
Maitresse
Nébout
Lamothe
Cap Cauderoue Acrobranches
Lavoir
Maison Forte
200 M

LES BONNES ADRESSES SUR LE PARCOURS

S'informer

Office de Tourisme de l'Albret - Bureau d'Information de Barbaste
Rue du Moulin des Tours
47230 Barbaste ✆ 05 53 65 27 75

Aux vacances de Pâques et de la Toussaint du mardi au samedi 14h-17h30. Entre Pâques et début juillet et de septembre à la Toussaint : le mercredi et le samedi 14h-17h30. En juillet et août du mardi au vendredi 10h-18h, le samedi, dimanche et lundi 14h-18h.

À visiter

Le Moulin des Tours
Rue du Moulin des Tours
47230 Barbaste ✆ 05 53 65 27 75

Visite guidée du 16 avril au 6 juillet et du 1er septembre au 5 novembre le mercredi 15h, du 7 juillet au 31 août du lundi au vendredi 15h, visite spéciale famille du 21 juillet au 25 août le jeudi 10h30. 5 €, 3 € pour les 12-18 ans.

Sandra et Pierre de l'Office de Tourisme de l'Albret sont vos guides pour explorer cette imposante forteresse médiévale défensive et son pont roman sur la rivière Gélise. Un ensemble architectural tout à fait exceptionnel. La visite dure 1h15. Elle passe par différentes salles du moulin, dont une, impressionnante, par sa hauteur de plafond de 15 mètres. Les parties demeurant inaccessibles, comme les tours, se découvrent virtuellement sur une borne tactile.

Se loger

Le Relais du Moulin Neuf
210, route de Bordeaux - Lieu-dit Moulin Neuf
47230 Barbaste ✆ 05 53 97 68 00

Toute l'année. Tarifs sur demande.
Possibilité de nuitée hors saison, à la semaine uniquement en juillet/août.
Pension complète et demi-pension proposées.

Ce village vacances au cadre bucolique représente une excellente solution d'hébergement à Barbaste, à 2 kilomètres environ du site du Moulin des Tours. Cinq pavillons occupent le parc, regroupant 65 chambres. Les activités (sportives, culturelles) et animations (autour du vin par exemple) sont nombreuses. Le site dispose en prime d'une grande piscine et d'une pataugeoire pour se détendre.

Pot de Lèbe
Pot de Lèbe
47230 Barbaste ✆ 06 16 45 19 53

Ouvert toute l'année. Pour 6 personnes dès 600 € la semaine. Animaux acceptés (sup. de 4 €/nuit).

Une très jolie maison de type landais qui saura vous séduire par son charme authentique. Les colombages ajourés, les briquettes et le torchis lui assurent beaucoup de charme. Au milieu d'une clairière, protégée par la forêt, elle semble sortie d'un conte de Perrault. La baignoire sabot en cuivre, assortie aux tomettes de terre cuite, produit sa petite impression. Vous pourrez aussi profiter de la piscine privative ouverte à la belle saison, atout bien-être de ce lieu enchanteur.

Se restaurer

Le Moulin des Saveurs
4, rue du Moulin des Tours
47230 Barbaste ✆ 05 53 97 06 60

Du mardi au dimanche midi et mardi, mercredi, vendredi, samedi soir. Menus de 30,50 € à 50 €. Formule midi 23,50 €. A la carte : entrées de 11 € à 24 €, plats de 14,50 € à 25 €, desserts de 6,50 € à 9,50 € Réservation recommandée.

Le restaurant de Sébastien Gilbert et Laurent Mames est établi dans un ancien moulin à vapeur. En ce cadre pittoresque en partie troglodyte vous seront servies des farandoles de saveurs. La cuisine gastronomique faite maison a pour plat emblématique la fricassée de ris de veau et noix de Saint-Jacques. Côté desserts, difficile de choisir entre un tiramisu aux fraises et pistaches ou un Dôme chocolat framboise cœur coulant au cassis. L'été, privilégiez la terrasse !

Activités

Cap Cauderoue
Lieu-dit Pin
47230 Barbaste ✆ 05 53 65 52 74

Ouvert des vacances de février à celles de la Toussaint. Jours et horaires variables selon la saison, à consulter ainsi que les tarifs sur www.cap-cauderoue.com

Les parcours d'accrobranche adaptés à tous les âges dès 3 ans constituent le point fort de ce parc en pleine forêt. Ils ne doivent pas cependant faire oublier les nombreuses autres activités proposées : tir à l'arc et laser game (pour les groupes de 6 personnes minimum), VTT, mini-golf, karting à pédales (pour les - de 12 ans), balade équestre, en canoë ou en trottinette électrique... La catapulte, qui vous propulse dans les airs jusqu'à 20 mètres de hauteur, vous donnera des frissons. Nouveautés 2022 : disc golf, corde game, archery tag.

Agenda

Les marchés gourmands nocturnes estivaux ne manquent pas en Lot-et-Garonne, mais ceux de Barbaste le samedi soir ne doivent se manquer sous aucun prétexte compte tenu du lieu où ils se tiennent, le Pré du Curé, avec le Moulin des Tours en toile de fond.

© ADRT47

Pont roman et village de Barbaste.

Passez la barrière en bois et poursuivez le chemin sur lequel, au-delà des palombières, la couche de sable devient épaisse. Vous franchissez, grâce à la passerelle, le cours d'eau du Béas. Vous parcourez une dernière partie boisée avant d'arriver sur une route qui, en suivant le plan, vous ramène au village. Vous atteignez le pont qui est sur le point de vous faire retraverser la Gélise. Vous pouvez également, avant de vous diriger vers ces quatre belles tours, entrer dans le village pour voir la vieille façade du XVIIe siècle de l'ancien château de Barbaste.

Pont roman, Gélise et Moulin des Tours

Vous êtes sur le magnifique pont roman à dix arches, il a été construit au XIIe siècle. Mesurant presque 100 mètres de long, ses becs pointus cassaient le courant. Il était à l'époque un vrai point stratégique qui servait de péage pour collecter les recettes de l'octroi, la taxe prélevée par les seigneurs de Nérac lors de la traversée de la rivière. Pour un cliché parfait, deux options sont possibles, soit au début du pont pour bien voir les formes de ses brises lames en pierre, soit sur la grande esplanade de verdure en contrebas de la route. C'est d'ailleurs l'endroit idéal pour pique-niquer sur les tables ou à même le sol au bord de la rivière devant ce joyau médiéval. Contemplez cette petite chute d'eau du barrage érigé sur la Gélise qui, après son passage au moulin, ira tranquillement rejoindre la Baïse. Il est temps d'entrer dans ce formidable moulin qui attise votre curiosité depuis le début de cette balade. Ce haut lieu touristique du département n'attend plus que vous. Ce moulin, dont la construction a évolué au fil des siècles, a eu de multiples casquettes : moulin à farine, foulon à draps, producteur d'électricité et fabricant de bouchons en liège. Il a réussi à traverser l'histoire en s'adaptant constamment à la diversité économique locale. Les premières pierres des fondations datent du XIIe siècle, vous pouvez imaginer un pont-levis en amont du pont. Grâce à sa fortification, le Moulin des Tours avait également des grands pouvoirs défensifs. Au XVIe siècle sont ajoutés le barrage, les turbines et le moulin annexe. Au XIXe l'ensemble s'agrandit avec une forge et des silos. Grâce à cette visite, vous serez réellement plongé dans le passé. Le moulin appartenait à la grande famille des Albret, il entre donc dans le patrimoine de Henri IV. Le roi de France développe un grand attachement envers cet ouvrage, il y passe très régulièrement en se rendant dans sa réserve de chasse, il veille au bon entretien du site. Le roi signe aussi certains actes officiels par « Henri, le meunier des tours de Barbaste ». Le moulin est racheté en 1848 par Antonin Bransoulié, fils du meunier de Nérac, qui modernise le site en le faisant passer dans l'ère industrielle. Il subit en 1937 un incendie provoqué par un court-circuit dans un des systèmes électriques, sa restauration sera très longue et en plusieurs phases qui se terminent en 2010. N'hésitez pas à profiter d'une expérience personnalisée grâce à une visite guidée ou libre du moulin et de passer par l'office de tourisme présent sur place. Avant de clôturer cette balade vous pouvez suivre la quête proposée par le programme Terra Aventura. Il ne vous reste que quelques pas à faire, vous passez devant une belle façade baroque aux décors néogothiques construite à la demande de M. Bransoulié pour cacher l'ancienne carrière qu'il voyait depuis son balcon. Vous pouvez tout de même prendre un dernier moment de pause le long de la Gélise en contrebas de la route.

VIANNE, UNE BASTIDE SUR LA BAÏSE

À 10 kilomètres de Nérac et au cœur de l'Albret, venez découvrir l'histoire de la bastide de Vianne dont les remparts ont su défier le temps et rester intacts, un beau et authentique témoignage de son passé médiéval. Dans son enceinte, vous découvrirez l'art du verre qui, depuis 1929, est soufflé à la bouche et connu dans le monde entier. Cette balade vous emmène également au village de Mongaillard, à la rencontre de son village, son église ainsi que les ruines de son château du XIIIe siècle. Profitez des panoramas sur la vallée de la Baïse et dominez celle de la Garonne. Vous rallierez ces deux lieux d'exception en passant à travers les célèbres vignobles de Buzet. C'est un parcours surprenant autant par ses points de vue que par son patrimoine. Cette balade mérite amplement sa place parmi les plus belles du Lot-et-Garonne. À faire à pied ou à VTT, son point de départ est au parking du Boulevard des remparts (latitude : 44.197941, longitude : 0.323238).

Des remparts de Vianne au château de Montgaillard

Vous commencez cette balade devant les remparts et le cadre est immédiatement posé. En suivant le balisage bleu, vous longez l'imposant mur d'enceinte que vous lâchez pour prendre la direction de l'école. Vous traversez la voie ferrée et poursuivez la route de campagne. Bifurquez rapidement sur votre gauche pour suivre une longue ligne droite qui vous amènera au village de Montgaillard. Vous passerez au milieu de cultures, prairies et vergers. Après une légère montée, vous quittez la route pour marcher à travers l'or rouge de l'Albret. Dans les vignobles de Buzet profitez du panorama magnifique à 360 degrés autour de vous, dont la bastide et la vallée de la Baïse à perte de vue. Vous commencez à apercevoir face à vous le château d'eau et les premières habitations du village. Juste avant d'y arriver, une variante est possible en prenant le chemin de Brian. Toutefois, si vous souhaitez découvrir le village, continuez la route. Vous entrez dans la cité par la porte attenante à l'église. Un charmant petit bourg fortifié, site de défense construit à la fin du XIIe siècle. Ce castelnaud culmine à 158 mètres d'altitude et domine la vallée de la Garonne. Un lieu emblématique et une position stratégique pendant la guerre de 100 ans. La plus ancienne propriétaire du château était Vianne de Gontaut-Biron. Après avoir prêté allégeance au roi Louis IX, elle légua son bien à son neveu Jourdain de l'Isle en 1275, il passa de ce fait en main anglaise. Inscrit au titre de monument historique depuis 1926, ce morceau d'histoire en phase de restauration, n'est visible que de l'extérieur.

Retour et histoire de la bastide

Vous sortez de la cité en contournant les remparts et descendez la route. Après quelques mètres, engagez-vous sur le chemin de terre de Brian (également le point d'arrivée de la variante). Face à une maison bardée de bois, empruntez le chemin en herbe le long d'un jeune vignoble, vous traversez la départementale et le poursuivez. Vous marchez le long de grands champs vallonnés. Jetez un dernier coup d'œil derrière vous sur le village de Montgaillard avant de prendre une portion goudronnée qui devient en terre après une maison. Le chemin bordé d'arbres s'engouffre dans la vallée et suit une ligne de crête, vous passez à côté d'un réservoir d'eau enterré puis du château de Laroche. Vous arrivez à la route pour franchir une nouvelle fois la voie ferrée. Vous rentrez par la porte Ouest dans la magnifique bastide. Elle a été édifiée en 1284 par le seigneur gascon Jourdain de l'Isle accompagné du roi Edouard 1er d'Angleterre en mémoire de Vianne, la tante du seigneur. Vous arrivez sur la place centrale de la bastide et, comme le guetteur de l'époque, vous pouvez voir les quatre portes. Vous traversez la place en diagonale et sortez par la porte Sud. Durant la période estivale vous pouvez librement monter sur la tour. Vous pouvez faire une pause devant l'écluse et le port de la Baïse. Rentrez une dernière fois dans la bastide par la rue des Martyrs de la Résistance pour passer devant l'église romane Saint-Christophe. Cet édifice, plus ancien que la bastide, faisait partie du village de Villelongue qui dépendait du fief de Montgaillard. Vous sortez par la porte Est pour rejoindre le parking. Avant de partir, allez à la rencontre de la Verrerie d'Art, cet art ancien se perpétue encore aujourd'hui. Vous pouvez également faire un tour en famille dans la bastide en réalisant, à l'aide de l'application ou de la feuille de route, la chasse aux trésors proposée par « Terra Aventura ».

Itinéraire (7,3 km)
Forêt
Sens de circulation
Point de vue
Edifice religieux
Curiosité
PARCOURS GPX
Mongaillard
Labatisse
Rosine
V1
Chemin de Vianne
Pigeonnier
Puymartin
Lieu-Dit Marçon
Pigeonnier
Bourdineau
Chemin du Marcon
Route du Maréchal
D642
D141
Voie de Lavardac à Baqué
Pigeonnier
Vide Bouteille
La Cantine
Grand Bourdieu
La Roche
Pigeonnier
Chemin de la Trappe
Latrappe
Avenue de la Gare
D141
Départ - Arrivée
VIANNE
Verrerie
Avenue de la Verrerie
Boulevard des Remparts
La Baïse
D642
Port
Ecluse
D141 E
150 M

LES BONNES ADRESSES SUR LE PARCOURS

S'informer

Office de Tourisme de l'Albret - Bureau d'Information Touristique de Vianne
Place des Marronniers
✆ 05 53 65 27 75
Ouvert en juillet et août du lundi au samedi 10h-12h30 et 14h-18h.

À visiter

Verrerie d'art Dino Glass
Boulevard de la Gare
47230 Vianne
✆ 07 86 88 80 50
Ouvert du mardi au samedi 9h30-12h et 14h-19h. Le dimanche et le lundi 14h-19h.
L'atelier-boutique de Dino Diaconescu, souffleur de verre, occupe l'ancienne gare de Vianne à l'extérieur des remparts de la bastide. L'artiste d'origine roumaine possède un talent rare. Les objets exposés se composent de formes gracieuses, de couleurs chatoyantes. Outre les vases, lampes et autres flûtes à champagne, les sculptures d'animaux (oiseaux, dauphins, tortues, etc.) suscitent le ravissement de par leur grâce et leur poésie. Magnifique !

Le château de Xaintrailles
De Pâques à la Toussaint, visite libre gratuite.
A 5 kilomètres de Vianne environ, faites une halte pour voir ce majestueux édifice du XVe siècle bâti par Jean Poton de Xaintrailles, compagnon de Jeanne d'Arc, sur des fondations du XIIe siècle. Classé monument historique, il est habité par la même famille depuis les années 1860. Seuls les extérieurs et le parc se visitent suivant un parcours fléché et documenté.

Musée de l'Abeille
Lieu-dit Jeandouillard
47230 Xaintrailles
✆ 07 67 42 80 10
Du 1er juillet au 31 août les lundis, mercredis, vendredis 15h-18h30. Pour les groupes de plus de 20 personnes, téléphonez avant de passer. Ouvert sur rendez-vous le reste de l'année. Gratuit.
Ce petit musée propose une découverte passionnante de l'apiculture au cours des siècles. Il explore l'univers des abeilles et répond aux questions que vous vous posez sur l'organisation sociale de ces insectes et la production de miel. La récolte vous sera expliquée à travers le matériel utilisé au fil du temps par les apiculteurs et par l'observation d'une ruche vitrée (sauf en période d'extraction du miel à partir de la mi-août environ). Vente directe des produits de la ruche.

Se loger

Château de Laroche
Lieu-dit Laroche
47230 Vianne
✆ 06 80 41 00 35
4 suites à partir de 190 €.
Table d'hôtes de 28 à 35 €.
Cette splendide demeure du XIIIe siècle abrita l'écrivain Marcel Prévost, mort à Vianne en 1941. Le propriétaire se fait toujours un plaisir de raconter à ses hôtes l'histoire du

© ADRT47

Vianne.

Balade à Vianne.

château et du village. Quatre suites de grand standing sont proposées, chacune avec sa salle de bains privative. Deux d'entre elles disposent d'une vaste terrasse. Trois salons sont réservés aux pensionnaires pour la détente et le divertissement. La piscine est dotée de deux bassins, dont une pataugeoire pour les enfants. Les petits déjeuners sont servis aux beaux jours en terrasse ou dans la cour. Le parc vous paraîtra calme et magnifique. La classe à l'état pur !

Gîte Gardette en Albret

Lieu-dit Gardette
47230 Vianne
✆ 06 12 29 14 14

810 € la semaine en mai, juin et septembre. 1 280 € la semaine en juillet et août.

Une gracieuse résidence du XVIIe siècle dans un parc clos de 8 hectares que vous pourrez explorer à loisir. Catherine vous réservera un accueil engageant assorti de surprises de bienvenue. Le gîte est un véritable cocon harmonieux, partagé entre inspiration historique avec meubles d'époque et évocation d'horizons lointains à travers les nombreux souvenirs de voyage ramenés par Catherine. La baignoire en mode bain romain est superbe. Quant à la grande piscine extérieure au sel, une fois dedans, on n'a plus envie d'en sortir !

Se restaurer

L'Atypik

18, place des Marronniers
47230 Vianne
✆ 05 53 65 09 74

Ouvert toute l'année du mardi au samedi le midi et le soir ainsi que le dimanche midi. Réservation recommandée. Menus de 15 à 30 €.

Le rendez-vous culinaire à ne pas manquer à Vianne ! Ce restaurant occupe une charmante maison en pierre donnant sur la place centrale de la bastide. Aux beaux jours, il dispose d'une large terrasse d'une centaine de couverts. Elodie Cordina, enfant du pays, concocte en cuisine des plats généreux, emplis d'attention. La règle d'or tient en deux mots : fait maison. Les produits sont frais, indiscutablement. L'ardoise est sans cesse renouvelée. Côté vins, on trouve essentiellement des Buzet, dont les meilleurs références bio. L'Atypik a tout bon !

Agenda

Les vendredis soir en été, la place des Marronniers se transforme en marché de producteurs géant. L'occasion d'y retrouver par exemple les fameux escargots de Jean-Marie Bitaubé, un traiteur local.

LE FRÉCHOU, LE PAYS DES FRÊNES

À 8 km de la ville de Nérac, dans le pays d'Albret, vous découvrirez le village du Fréchou. Son nom s'inspire du mot frêne en latin, un village qui porte bien son nom car le frêne est un arbre très fréquent dans la vallée de l'Osse. Le Fréchou, habituellement connu pour ses melons de qualité et pour son championnat aussi fou que réel des cracheurs de graines de melon, peut aussi vous proposer une belle virée dans la nature. À travers cette balade, vous foulerez des sentiers ombragés de grands chênes, avec le but d'atteindre un lieu idyllique : le pont romain. Idéalement situé à mi-parcours, il vous offrira une halte au bord de l'eau. Il est conseillé de faire cette balade un vendredi d'été pour profiter le soir, sous la halle, des marchés de producteurs de pays pour déguster des produits du terroir dans une ambiance festive. Pour débuter cette balade faisable à pied ou à VTT, garez-vous le long de la halle et partez vers la mairie (Latitude : 44.084725, Longitude : 0.321846).

De la halle au pont romain

Pour cet itinéraire vous suivrez le balisage bleu. Tournez le dos à la halle et partez en direction de la mairie. Vous marcherez durant les cent premiers mètres sous des platanes avant de franchir le fossé à l'aide de deux traverses de chemin de fer. Vous remontez sur un chemin herbeux entre deux champs en longeant le cimetière sur votre gauche. N'hésitez pas à vous retourner pour apercevoir au loin le clocher de l'église Saint-Christophe du Fréchou datant du XIIe siècle. Suivez le chemin de droite qui monte légèrement pour ensuite marcher le long d'une haie jusqu'à une petite portion de route. Engagez-vous sur le petit chemin qui descend sur la droite en direction du pont romain. Vous entamez une descente sur un chemin de terre sous les chênes, vous croiserez une petite ruine sur votre gauche et une petite réserve d'eau sur votre droite. Dans une ambiance olfactive agréable, vous quittez désormais le chemin en passant sur le petit ruisseau de Saint-Martin pour effectuer ensuite les derniers 300 mètres afin de rejoindre le pont romain.

Pont romain à trois arches

Vous découvrez un lieu très agréable, idéal pour faire une petite pause et se rafraîchir au bord de l'eau. En fonction de la météo et des événements, l'eau passera ou pas à travers ces trois arches de pierre taillée. Le pont enjambe le cours de l'Osse, l'affluent droit de la Gélise. Vous pouvez voir les traces des roues sur le pont qui montrent bien son utilisation fréquente. À l'époque, il servait de passage aux troupeaux de vaches. Le pont romain, malmené par les crus, le temps et les embâcles a fait l'objet d'une longue et délicate restauration pour faire peau neuve. Datant du XIIIe siècle, la fonction de ce pont n'est pas avérée et plusieurs hypothèses émergent à son sujet. Serait-il un barrage pour dévier l'eau du l'Osse vers le Moulin du Fréchou ? Un passage permettant de rejoindre la villa gallo-romaine de Niné ? Ou encore une des bretelles du chemin de Compostelle destinées aux pèlerins ? Choisissez l'hypothèse qui vous semble la plus probable et revenez sur vos pas pour rejoindre l'itinéraire de la suite de la balade.

Retour au village par le château

Vous suivez le chemin principal, toujours sous les chênes qui vous offrent une belle toiture végétale. À plusieurs endroits, entre les arbres s'ouvriront des fenêtres sur le paysage, vous verrez les jolies couleurs que proposent les différentes cultures aux alentours. Vous arrivez sur la route avec une très belle vue en contreplongée sur le château du Fréchou. Effectivement, trônant sur un éperon rocheux naturel, ce château du XIIIe siècle possède un style architectural bien à lui, un joli mélange entre les styles médiéval et Renaissance. Il fait partie des castrums du pays d'Albret. Dans son parc romantique d'inspiration italienne, il dispose d'une vue d'exception sur les coteaux. Vous finissez le parcours en passant à travers le village, devant l'église Saint-Christophe et devant la porte d'entrée majestueuse du château. Le village du Fréchou a été le théâtre insoupçonné d'un événement : un certain François de Monpezat, seigneur du Fréchou, a envoyé les Cadets de Gascogne en 1588 assassiner le Duc de Guise, un sérieux concurrent à la couronne. Suite à cette mort, le célèbre Henri IV devient roi de France et François de Monpezat se réfugie dans son château au Fréchou. Vous retrouvez la halle. Si vous y êtes un vendredi soir d'été, la halle doit commencer à s'animer grâce au Marché des Producteurs de Pays, pour le régal de vos papilles.

ÉGLISE
FRÉCHOU
Départ - Arrivée
Rue Traversière
Voie de Toubair
Lacoste
Cabusse
L'Osse
Lieu-Dit Loussane
Le Saint-Martin
Pont Romain
PARCOURS GPX
Itinéraire (4,6 km)
Forêt
Sens de circulation
Point de vue
100 M

LES BONNES ADRESSES SUR LE PARCOURS

À visiter/Se loger

Château du Fréchou

62, rue du Château - 47600 Le Fréchou
✆ 05 53 65 05 10

Visite en été sans rendez-vous du lundi au vendredi 12h-18h, sur réservation hors saison. 5 € (extérieur), 8 € (extérieur + intérieur). Logements : 2 suites jusqu'à 4 personnes chacune, de 150 € à 300 € la nuit, petit déjeuner inclus.

Dans le village même, un somptueux château dont le caractère tenant à la fois du Moyen Âge et de la Renaissance se retrouve dans l'atmosphère des chambres. Y dormir revient à remonter le temps ! La visite extérieure du charmant parc à l'italienne se fait librement. Le propriétaire des lieux, Jean-Michel Reynaud, vous guidera lui-même à travers les pièces du château. Vous verrez la prison et son oubliette, la grande salle d'honneur médiévale, le plafond décoré d'un appartement… Un lieu en tout point superbe !

Se loger

Gîte de Baraton

Lieu-dit Baraton
✆ 47600 Nérac

Toute l'année. Réservation via Gîtes de France (référence 1100) : 05 53 47 80 87.

À 5 kilomètres du Fréchou, sur la route de Condom, ce gîte moderne et décoré avec goût peut loger jusqu'à 6 personnes dans ses 3 chambres. Parmi ses nombreux attraits, citons le cadre naturel qui s'apprécie aussi bien depuis la terrasse où le moment des repas se savoure que dans le bain bouillonnant intérieur, idéal pour se délasser après une journée de marche.

© ADRT47

Château du Fréchou.

Se loger / Se restaurer / Produits gourmands

L'Auberge des Contes d'Albret

Route des Contes d'Albret - 47600 Nérac
✆ 05 53 65 18 73

Chambre de 45 € à 68 € la nuit. Appartement de 380 € à 540 € la semaine. Camping 5 € par emplacement + 6 € par personne (2,50 € pour les - de 12 ans) la nuit. Électricité : 2,50 € par nuit.

Restaurant ouvert les week-ends d'avril à juin et de septembre à novembre, du lundi soir au dimanche midi en juillet et août. Menus à 19,50 €, 23,50 €, 26,50 €. Réservation obligatoire et recommandée à l'avance.

Entouré de prairies avec une vue adorable sur les alentours, cette ferme au caractère authentique a été transformée en lieu d'accueil. Karin et Fabien y fabriquent leurs propres conserves (confit, foie gras, pâté d'Albret) vendues sur place. Question hébergement, 2 chambres sont disponibles ainsi qu'un appartement (minimum 3 nuits) et une aire naturelle de camping de 20 emplacements (tente, caravane, camping-car) avec douches, toilettes, bac à vaisselle. Le restaurant fait la part belle à une cuisine paysanne. Vous prendrez plaisir à manger aussi bien dans la salle rustique qu'en terrasse. La piscine est réservée aux personnes logeant sur place.

Agenda

Le championnat du monde de cracher de pépins de melon

Lancée en 1977, la fête du melon (autrefois produit en quantité dans le secteur) a donné naissance à cette manifestation qui rivalise d'originalité avec le sacre du Roi des Menteurs dans la commune voisine de Moncrabeau. Elle a lieu lors de la fête estivale du Fréchou l'avant-dernier week-end du mois d'août. Pendant 2 jours, animations musicales et dansantes, concours de pétanque, jeux intervillages attirent nombre de locaux et de touristes. Poulet en crapaudine figure au menu du repas du samedi soir, tandis que celui du dimanche soir est baptisé « demoiselles gasconnes », nom donné aux carcasses de canards.

Marchés des Producteurs de Pays du Fréchou

Ils ont lieu chaque vendredi soir de l'été au cœur du bourg.

MONCRABEAU, LE MONT DES CHÈVRES

Une balade qui permet de découvrir la nature et les grands espaces. Par contre, ne vous méprenez pas, vous ne verrez pas de chèvres sur cette balade. D'après une légende, celles-ci passaient, il y a bien longtemps, sur ce mont couvert de salpêtre. Ce circuit ne démérite pas pour autant. Vous découvrirez durant votre balade de nombreux panoramas typiques des paysages du pays d'Albret : une occasion de voir de très beaux châteaux, des églises, des pigeonniers, des puits ainsi que des grandes fermes. La fin du circuit vous plongera au cœur du village de Moncrabeau où le mensonge est roi ! Si vous en doutez, il vous suffit de faire le circuit des menteurs. Cette balade peut autant se faire à pied, en VTT ou à cheval. Vous pouvez la réaliser à n'importe quelle saison, il faudra juste penser à vous munir de votre plus beau couvre-chef durant l'été. L'idéal pour commencer cette balade est de se garer sur le parking de la salle des sports (latitude : 44.035237, longitude : 0.371781).

Paysage gascon et petit patrimoine

À la sortie du parking de la salle des sports, suivez le balisage jaune en empruntant la route montante et prenez sur votre gauche la direction de l'ancien cimetière. Empruntez le chemin bordé de haies. Au lieu-dit Riquet, on aperçoit le clocher du village sortir des arbres. Engagez-vous sur le chemin enherbé et profitez de l'odeur des chênes qui vous abritent. Franchissez le pont qui enjambe le Drot, traversez la route et suivez le chemin qui monte. Sur votre droite, les deux tours rondes du château du Casteron-Haut se dévoilent au sein d'un très beau parc. À travers les arbres, vous aurez une vue plongeante sur un petit point d'eau. Vous marchez maintenant à découvert avec une grande panoplie de couleurs. Après avoir traversé le lieu-dit Armagnac en contrebas du hameau de Gardère, vous déambulerez entre de belles façades en pierre et les vestiges de l'ancienne église. Admirez particulièrement le pigeonnier et sur le bord de la petite route de campagne, l'ancien puits gavache datant du Moyen Âge dont sa manivelle qui traverse son dôme de pierre est encore visible. Ce petit patrimoine a su garder un certain charme. Après quelques pas, vous voyez l'église du hameau de Saint-Cirice. Avant d'arriver à la grande départementale, ne ratez pas l'embranchement enherbé bordé par des tilleuls. Vous traversez une ferme et descendez jusqu'à la route, vous vous retrouverez alors face à l'immensité du château du Péron. Une centaine de mètres après, prenez le chemin entre les cultures, le château reste visible sur votre gauche. Vous longerez la frontière du Gers au milieu de parcelles parfois abritées par des longues rangées d'arbres. Il faudra savoir se faire discret et être attentif, car vous n'êtes pas à l'abri de croiser peut-être des chevreuils. En continuant de suivre le balisage jaune, vous traversez un autre corps de ferme. Ici sont travaillés dignement la terre et la vigne (qu'on appelle localement l'or rouge). En bas de la forte pente en pierre deux options s'offrent maintenant à vous : soit rentrer directement au village sur la droite, soit prolonger l'expérience d'environ un kilomètre. Dans ce cas, descendez dans la vallée et suivez une portion de la Baïse, après la station de pompage remontez dans le village. Il est vivement conseillé maintenant de découvrir le beau village de Moncrabeau.

L'académie des Menteurs

Mais quelle est donc cette histoire ? En effectuant le tour du village et le circuit des menteurs, vous comprendrez. Vous lirez des histoires rocambolesques sur les lieux les plus importants du village comme à la « Porte de la Mentherie » où vous découvrirez le goût qu'avait Henry IV pour la menthe, ou encore, au Jardin Public vous apprendrez pour quel ouvrage en 1848 les pompiers ont été mobilisés nuits et jours afin d'assécher la rivière. Vous finirez la visite du village par le fauteuil des menteurs, le site sans doute le plus emblématique du village. Au XVIIIe siècle, des bourgeois désœuvrés se rejoignaient sous la halle et se racontaient des histoires abordant des thèmes d'actualité, ou de la vie locale. Certains, pour rester au centre des conversations en inventaient même avec quelques mensonges. Ainsi naquit la réputation des menteurs de Moncrabeau et l'Académie des Menteurs qui sévit toujours. Elle perpétue la tradition en organisant le festival international de Menterie et en élisant chaque premier dimanche du mois d'août « le Roi des Menteurs ». Le jury note avec des cuillerées de sel (en référence au salpêtre du mont des chèvres) les histoires des prétendants au titre. Et comme disent ces derniers en guise de serment : « Je jure de travestir la vérité, toute la vérité, rien que la vérité ! ».

MONCRABEAU
Départ - Arrivée
C3
Chem. de Riqué à Augé
Lieu-Dit Riqué
Chemin de Casteron
Château
Gardère
Trouillac
V4
Voie de Terrette
D137
C1
Villandrau
Ricoulet
D163
Lieu-Dit Souléris
C13
Route de Li
200 M
PARCOURS GPX
Itinéraire (13,4 km)
Forêt
Sens de circulation
Point de vue

LES BONNES ADRESSES SUR LE PARCOURS

Se loger

Camping le Mouliat
Lieu-dit le Mouliat
47600 Moncrabeau
✆ 05 53 65 43 28
Infos tarifs sur www.camping-le-mouliat.fr
Un site verdoyant avec piscine et activités de plein air à foison. Vous avez la possibilité d'y louer une cabane, un mobil-home, un bungalow en toile ou simplement un emplacement pour planter votre tente. Restauration sur place.

Se restaurer

Le Phare de Jeanne.
Place Dubarry
47600 Moncrabeau
✆ 05 53 65 21 46.
Services midi et soir sauf le mercredi, le mardi et le dimanche soir. Menus de 23 € à 55 €.
Ici, la cuisine se veut traditionnelle, à base de produits frais. Poissons et viandes sont cuits à la plancha. Fruits de mer toute l'année. L'établissement fait aussi bar à vin.

Petite restauration

Le Fournil de Lamarque
Lieu-dit Lamarque, sur la route de Mézin
47600 Moncrabeau
✆ 06 07 89 69 99
Du mardi au vendredi 11h-12h30 et 17h-18h30.
Dans cette boulangerie de campagne tenue par Isabelle, les pains au levain bio sont cuits dans un four à bois. Sont également proposées des viennoiseries, pâtisseries (tartelettes de saison, cannelés, financiers, etc.) et des pizzas maison. Vous avez la possibilité de manger sur place.

Boire un verre

Lou Veratous
Place Dubarry - 47600 Moncrabeau
✆ 09 73 17 52 30
Du lundi au samedi, horaires variables.
Faites une halte dans ce café associatif de village à l'ambiance conviviale, et commandez un jus de fruit, une boisson chaude, une bière, un verre de vin.

Produits gourmands

La Palombière
Lieu-dit Peyroutet
47600 Moncrabeau
✆ 06 08 33 64 44.
Vendredi et samedi 9h-12h, les autres jours sur rdv.
Vente à la ferme de pâtés, saucissons, bières artisanales, floc en apéritif et armagnac en digestif, farine, lentilles, miel…

Château de Lagrangerie
Route de Moncrabeau
47170 Lannes
✆ 05 53 65 70 97
Sur rdv tous les jours sauf le mercredi matin et le dimanche.
Depuis les années 1950, la famille de Langalerie produit sur ce domaine du floc de Gascogne, de l'armagnac, des pruneaux (à l'armagnac notamment). Après vos achats, vous aurez droit à une visite du chai installé dans une chapelle de la fin du XIIe siècle et du cloître d'un ancien monastère.

Agenda

Le Festival International de Menteries
La réputation de Moncrabeau doit beaucoup à cet événement folklorique qui existe depuis un demi-siècle. Chaque année, le premier dimanche d'août voit se dérouler le sacre du « Roi des Menteurs ». Chaque candidat raconte une histoire amusante où la frontière entre mensonges et vérités est floue. Les membres du jury de l'Académie des menteurs jugent de la qualité du récit en versant des cuillères de sel dans des petits sacs de jute. Le plus lourd désigne le vainqueur. Marché gourmand, messe, danses folkloriques : la fête se répand dans tout le village. Haut en couleur !

© ADRT47

Fauteuil des Menteurs de Moncrabeau.

SOS, LA PROMENADE DE CAMPET

Par sa courte durée et son terrain très facile, la promenade de Campet est accessible à tous. Une bonne partie est ombragée, ce qui ne doit pas vous empêcher d'emporter un chapeau pour les tronçons au soleil, les jours d'été. Les 8 kilomètres se parcourent aisément en 2 heures et demi ou en 1 heure de VTT. Les cavaliers sont les bienvenus sur ce parcours qu'ils boucleront en 1 heure 20, ils apprécieront que les tronçons bitumés soient peu nombreux. Bien que cette balade commence dans le village de Sos, elle n'en fait pas le tour, ne manquez pas cette visite avant ou après votre excursion. Notamment la visite de l'Église Saint-Barthélémy de Gueyze, du nom de la rivière voisine, qui présente de fabuleux chapiteaux sculptés. Vous pouvez aussi prévoir, au milieu de la balade, une visite et une dégustation au domaine de Campet, producteurs d'Armagnac et de Floc-de-Gascogne. Coordonnées GPS du départ, latitude : 44,0420018, longitude : 0.1408110.

En traversant Sos

Depuis le parking de départ, partez en direction de la place Armand Fallières en suivant le balisage jaune et passez sous les cornières. Vous tournez ensuite deux fois à droite pour longer le cimetière et prendre ensuite à gauche sur un chemin herbeux qui s'ombrage ensuite. Vous prenez un tronçon de route jusqu'à la station d'épuration où vous bifurquez à droite sur un nouveau chemin herbeux. Alors que l'herbe laisse place au gravier, se dressent à votre gauche de grandes peupleraies géométriques. Ces plantations se sont beaucoup développées ces soixante dernières années, le sol du Lot-et-Garonne y étant particulièrement favorable grâce à sa forte teneur en eau et en nutriments. Les cultures encore éparses au siècle dernier, deviennent toujours plus nombreuses, n'apportant pas avec elles que des avantages. Après être passés en contrebas de la Ribérote, un nouveau bosquet vous amène de la fraicheur, au croisement, prenez le chemin de gauche puis à droite en sortant du couvert boisé et traversez des champs. Les bois s'intercalent de plus en plus entre les cultures alors que vous suivez une lisière par la droite. Remontez ensuite le ruisseau en le gardant à votre gauche jusqu'à un pont de bois où vous le traversez.

À l'ombre du couvert boisé

Engagez-vous alors dans le bois. Vous suivez ce petit affluent de la Gueyze qui prend sa source non loin de là. Ses berges creusées dans la terre sablonneuse friable dessinent un serpent au milieu de la forêt. Ici, les chênes cohabitent avec les pins de chaque côté des hautes herbes peuplant les marécages. Vous empruntez ensuite une large voie sur la droite. Entre les arbres, vous verrez les vignes du domaine de Campet à droite. Le raisin, majoritairement blanc est utilisé pour élaborer deux boissons spécifiques du territoire de l'Albret : l'Armagnac et le Floc-de-Gascogne. Le premier est un spiritueux renommé depuis des siècles, alors que le second est un mélange commercialisé depuis moins de cinquante ans. Le Floc contient un tiers d'Armagnac et deux tiers de moût de raisin. Il peut être blanc ou rosé et la recette, élaborée au XVIe siècle s'appela d'abord « le Pineau d'Armagnac ».

Les chênes-lièges

À la fin de l'allée, engagez-vous sur la route vers la droite, vous passez devant l'entrée du domaine puis vous rejoignez la D109 que vous suivez prudemment à gauche. Prenez ensuite à droite au Mazère et Peboy. Arrivés à l'angle d'une clôture pour chevaux, vous êtes face à un très ancien chêne-liège. Après l'enclos, dirigez-vous à droite vers la maison située au bout de l'allée, contournez celle-ci par la droite puis descendez à gauche en longeant la clôture, passez un ruisseau et montez sur un chemin ombragé. Les habitations se font plus fréquentes, vous retrouvez la D109 et la D656 vous rentrez dans le village par la rue des Capots et la rue du cimetière. Vous tournez ensuite à gauche et revenez à la place départ.

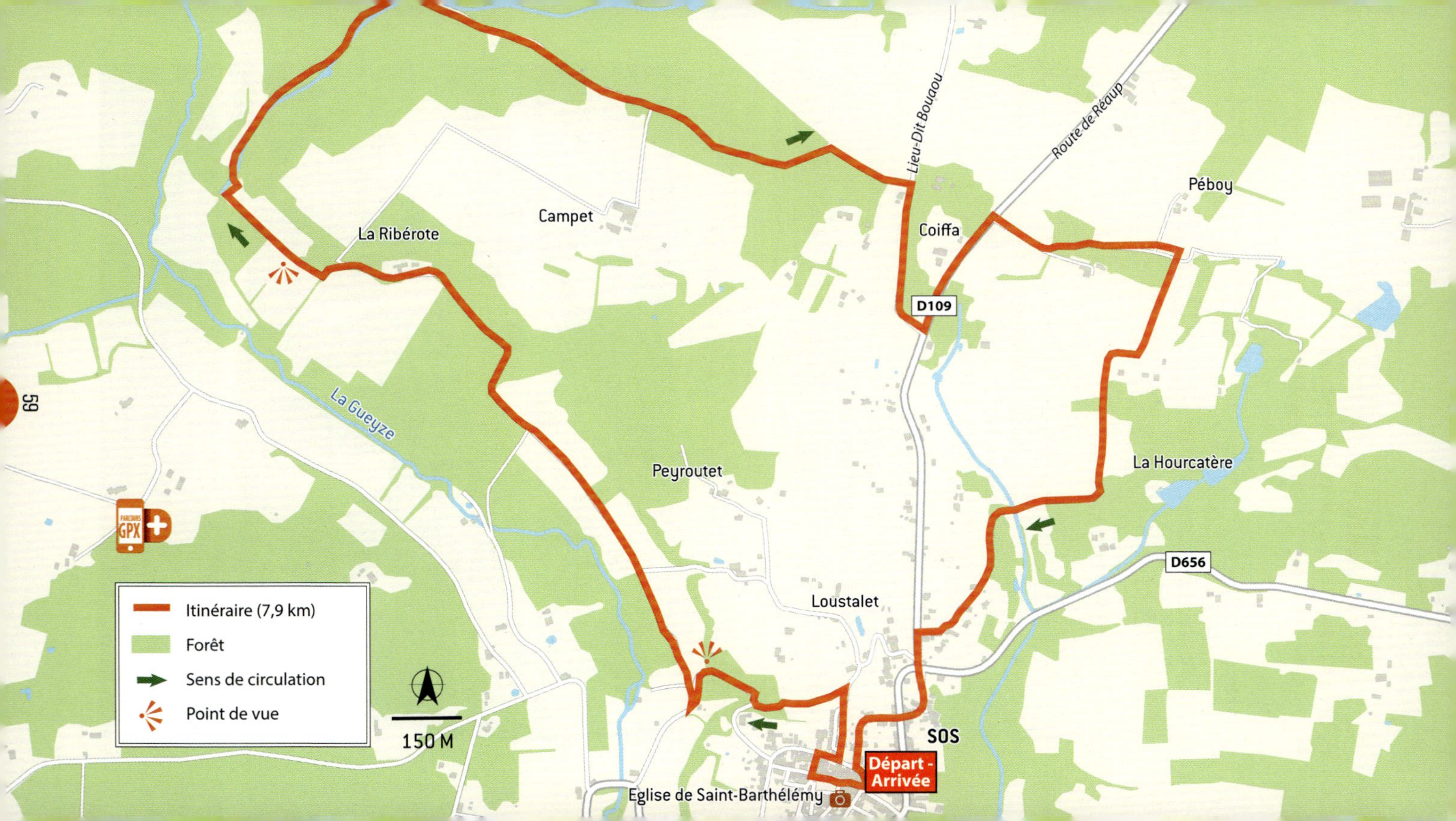
Lieu-Dit Bouaou
Route de Réaup
Péboy
Coiffa
D109
Campet
La Ribérote
La Gueyze
Peyroutet
La Hourcatère
D656
Loustalet
SOS
Départ - Arrivée
Eglise de Saint-Barthélémy
PARCOURS GPX
Itinéraire (7,9 km)
Forêt
Sens de circulation
Point de vue
150 M

LES BONNES ADRESSES SUR LE PARCOURS

Se loger

La Ferme du Boué

578, Chemin de Capet
47170 Sainte-Maure-de-Peyriac
✆ 06 24 23 80 59

4 gîtes de 1 chalet en bois entre 3 et 5 personnes : 100 € la nuit, à partir de 505 € la semaine l'été. 1 gîte de 11 personnes : 400 € la nuit, 1910 € la semaine l'été.

Non loin de Sos, les bâtiments d'une ancienne ferme ont été aménagés en gîtes rustiques dotés du confort moderne. Le petit chalet en bois vous fera l'effet d'être franchement mignonnet. La piscine est attirante mais peut-être préférez-vous aller pêcher au bord d'un petit lac sur l'exploitation ? A moins que vous ne vouliez partir avec Sidonie en randonnée à cheval (en supplément : 20 €/1h, 30 €/2h). En tout cas, laissez-vous bercer par le chant des oiseaux, vous êtes à la campagne après tout !

Se restaurer

Bistro Sotiate

28, Place Armand Fallières
47170 Sos
✆ 05 53 65 12 82

Toute l'année. Basse saison : du mercredi soir au dimanche midi. Haute saison : 7j/7 midi et soir. A la carte : de 15 € à 30 €.

Une adresse située au cœur du village. Camille et David sont attachés à servir à leur clientèle une cuisine de famille, à l'ardoise, élaborée avec des produits en circuit court la plupart du temps. Les plats du jour varient constamment. Les grillades et les poissons restent plébiscités. Les desserts maison sont faits avec des fruits de saison.

Produits du terroir

La Ferme des 4 Chemins

Gueyze
47170 Sos
✆ 07 88 48 30 54

Au bord de la départementale 656, cette exploitation familiale traditionnelle comme on les aime en Lot-et-Garonne est labellisée « Bienvenue à la Ferme », gage de qualité. Nathalie et sa fille Olivia élèvent des brebis et cultivent leurs propres fruits et légumes de saison (asperges, tomates, fraises Mara des bois, etc.) vendus sur place d'avril à septembre. La viande ovine est disponible toute l'année sur commande.

Sos.

CAUBEYRES, LA FONTAINE BOUILLONNANTE

Au cours de près de 11 kilomètres, vous traverserez des forêts de chênes et de pins où les futaies bien alignées alternent avec des zones plus sauvages sur des sols sableux parfois couverts de fougères, typiques de la forêt landaise. Les mois d'octobre et de novembre, ces forêts deviennent le théâtre de la chasse à la palombe, si vous souhaitez quand même vous balader pendant cette période, il est conseillé de siffler à l'approche d'une palombière pour vous signaler. Cette balade ombragée et sans difficulté vous occupera un peu plus de 2 heures et demi pendant lesquelles vous profiterez du calme de la nature. Ponctué d'histoire, le chemin vous accompagne à travers les siècles vous offrant à voir églises, château et lavoir intacts ou en ruines. Les cyclistes comme les cavaliers peuvent emprunter cet itinéraire sans problème pour respectivement 1 heure 15 et 1 heure 40 de balade. En partant du parking de la maison de la forêt (latitude : 44.258375, longitude : 0.203835), vous suivrez le balisage jaune.

Une forêt, plusieurs biotopes

Derrière la mairie, un parking vous accueille comme point de départ. Rejoignez ensuite la D 285 sur laquelle vous tournerez à gauche en direction de Fargues. Prenez le chemin sur la droite au niveau du calvaire en pierre. Vous passez devant la charmante église Saint-Pierre datée du XIe ou du XIIe siècle selon les historiens. Son enceinte abrite un cimetière séculaire comme en témoignent d'anciennes sépultures. Très bien entretenu, il est toujours en service et si vous avez oublié de remplir votre gourde, vous y trouverez un robinet à droite en entrant. Le chemin continue entre des résidences pour déboucher dans une forêt où les pins cultivés en lignes droites font face aux chênes et aux fougères, deux ambiances se côtoient ici, la perfection pratique de l'humain et le chaos naturel. Après avoir traversé la route, vous pénétrez dans un bois où le sol est de plus en plus sableux. C'est la forêt landaise, plantée de pins maritimes à partir du XIIIe siècle pour assainir les marécages et stopper la progression du sable. Ici, l'humidité permanente favorise les mousses et les grimpantes qui engloutissent les arbres. Après les bâtisses du Pélahaut, en tournant à gauche sur la D 285, vous rejoignez un chemin où le sable se fait de plus en plus présent, la marche en est ralentie mais c'est un terrain qui a aussi des avantages, en scrutant le sol, vous pourrez y distinguer les empreintes de différents animaux sauvages.

© ADRT47

Forêt des Landes vers Caubeyres.

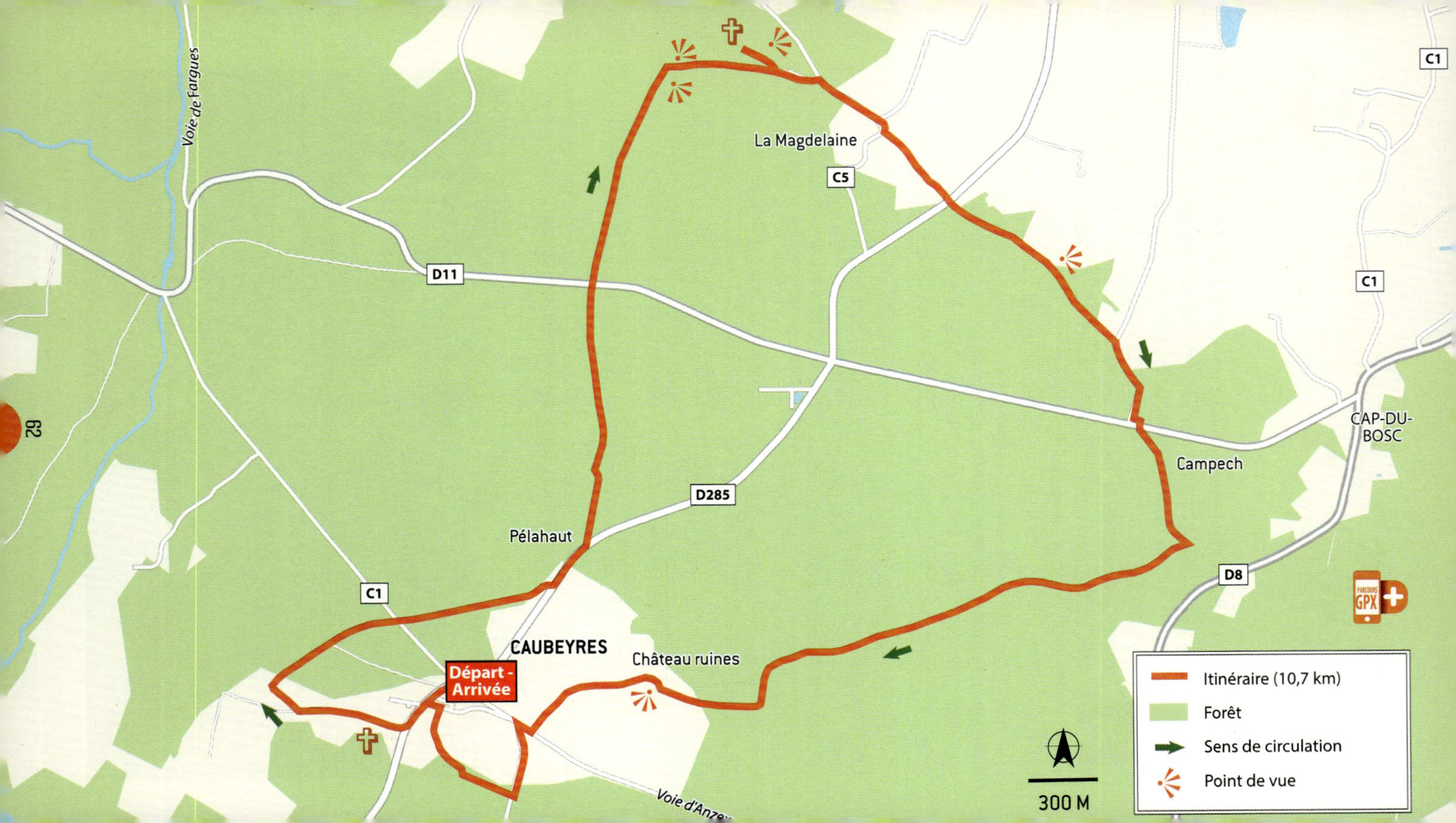
Voie de Fargues
La Magdelaine
C5
C1
C1
D11
D285
D8
CAP-DU-BOSC
Campech
Pélahaut
C1
CAUBEYRES
Château ruines
Départ - Arrivée
Voie d'Anze
PARCOURS GPX
300 M
Itinéraire (10,7 km)
Forêt
Sens de circulation
Point de vue

LES BONNES ADRESSES SUR LE PARCOURS

Se loger

Camping Le Moulin de Campech

1942, Route de Campech

47160 Villefranche-du-Queyran

✆ 05 53 88 72 43

Ouvert du 5 mai au 22 septembre 2022. Accueil 9h-12h/14h-21h (22h en juillet/août). Emplacement par nuit de 11,50 € à 14,50 € + de 5,25 € à 7 € par adulte et de 3,50 € à 4,50 € pour les 7-17 ans. Forfait 2 adultes de 26,50 € à 33 €.

Bordé par la rivière Ourbise, ce camping entouré de nature dispose d'un petit lac où pêcher la truite, une piscine chauffée, un bar restaurant aménagé dans un ancien moulin avec une chouette terrasse donnant sur le plan d'eau. Un site plaisant, donc.

Camping du Lac

Lac du Moulineau - 47160 Saint-Pierre-de-Buzet

✆ 07 56 05 46 51

Ouvert d'avril à octobre. Réservation recommandée. Emplacement tente dès 10,50 € en basse saison et à partir de 12 € en haute saison, caravane de 17,50 € à 19,50 €, camping-car de 22 € à 25,50 €. Restauration (le soir l'été).

Le camping en bordure du lac du Moulineau propose de nombreux emplacements dans un véritable havre de paix à l'ombre des chênes. Proche du canal de la Garonne et de sa voie cyclable, il est une halte bienvenue pour les cyclistes. Sont mis à disposition des campeurs une cuisinette, un réfrigérateur, une laverie et un garage à vélos. Un camping à taille humaine dans un état d'esprit très nature. Sur le site du lac, profitez de la baignade et du téléski nautique.

Le Hameau des Coquelicots

Route Goûte d'Or - 47160 Saint-Léon

✆ 06 27 62 32 61

3 maisons de 90 m² de 3, 4 et 5 personnes. Entre 70 € et 110 € la nuit.
Pas de petit déjeuner ni de restauration.

Des maisons d'hôtes de charme : une désignation qui leur convient à merveille. Ces trois bâtisses typiques sont élégantes extérieurement, confortables à l'intérieur. Chacune dispose de sa terrasse. La piscine naturelle (9 x 14 m) est commune aux résidents. Après une baignade, un autre bain, de soleil cette fois, s'impose dans un cadre si enchanteur !

Se loger / Se restaurer

Hôtel de la Confluence

62, avenue de la Confluence

47160 Damazan - ✆ 05 53 20 38 29

Chambres simples, doubles et triples de 59 à 89 € la nuit. Petit-déjeuner buffet 9 € par personne. Restaurant ouvert du lundi midi au vendredi soir, le week-end en haute saison. Formule midi 14,90 € et 20,90 €, à la carte le soir.

Les solutions hôtelières ne sont pas nombreuses dans le secteur. Cet établissement sur la commune de Damazan, à 8 kilomètres de Caubeyres, représente un très bon compromis. Membre du réseau The Originals, il se dresse à proximité de la sortie n° 6 (Aiguillon) de l'autoroute A62, à l'entrée d'un parc d'activités économiques. Il a a été inauguré en 2017. Ses installations sont donc encore fraîches. Son restaurant avec terrasse se fait fort de servir une solide cuisine (burger, entrecôte, parmentier de canard, etc.). Pour vos encas à emporter en randonnée, une boulangerie se trouve juste à côté de l'hôtel.

Se restaurer

Les Arcades

42, place Armand Fallières

47160 Damazan - ✆ 05 53 94 73 15

Fermé le mardi et le mercredi.

Vous allez voir, la place centrale de Damazan va vous plaire avec ses maisons à colombages, aux façades colorées... et son restaurant Les Arcades où les produits frais font de bons petits plats joliment présentés. Charmant !

Activités

Cascade Water Park

Lac du Moulineau

47160 Damazan - ✆ 05 53 83 16 99

D'avril à octobre. Hors saison du mercredi au dimanche 14h-19h. Haute saison : 7j/7. Voir les tarifs sur le site : www.cascadewaterpark.com.

La base de loisirs du lac de Damazan propose le seul téléski nautique du département avec un parcours à deux poulies pour l'initiation des débutants et un autre plus complet avec modules pour réaliser des figures. En plus de cette activité stimulante, des structures gonflables (toboggans, trampolines) sont installées l'été sur le plan d'eau. La location de paddles est aussi proposée. Restauration sur place.

Agenda

Depuis plus de 50 ans, la petite commune voisine de Fargues-sur-Ourbise est réputée pour sa célébration de l'asperge le troisième dimanche d'avril, en présence de nombreux producteurs locaux. Inutile de vous préciser que c'est alors la fête dans tout le village !

Les mardis soir de l'été à Damazan, rendez-vous sur la place Armand Fallières pour les marchés gourmands nocturnes en musique.

© ADRT47

Balade dans la forêt des Landes.

L'église de la Magdelaine

Après avoir traversé très prudemment la D 11, une légère montée vous conduit à une palombière sur votre gauche. Juste après, vous profiterez d'un point de vue sur l'est et sur l'ouest bien dégagés, l'occasion de prendre en photo ces panoramas. Peu après, en vous écartant du sentier d'environ 150 mètres vers la gauche, vous arrivez sur les ruines de l'église de la Magdelaine construite au XIIe siècle. Bien que les détails de son histoire ne soient pas tous connus, des écrits de 1890 la mentionnent déjà détruite. Ici, vous croiserez peut-être des pèlerins en partance pour Compostelle, la halle leur est dédiée, mais n'hésitez pas à y faire une halte vous aussi. En traversant le hameau de la Magdelaine, vous apercevrez plusieurs séchoirs à tabac, particularité régionale. Une forte descente à la sortie du hameau vous offre un tableau pittoresque de l'agriculture locale.

© ADRT47

La forêt habitée, entre constructions récentes et ruines d'antan

Plus loin, après avoir croisé une nouvelle palombière, vous traversez de nouveau la D 11, toujours avec la plus grande prudence et vous regagnez le sol sableux quitté plus haut. Ici, on retrouve la forêt de chênes et de pins agrémentée de nombreuses fougères et de mousse qui paraît impénétrable. Quelques châtaigniers luttent pour survivre à l'ombre des pins, témoins d'une invasion récente par cette essence résineuse. À la faveur d'une clairière, on distingue aisément quelques chênes liège qui ne finiront probablement pas en bouchons. Vous traversez ensuite une grande palombière avant de déboucher sur les vestiges d'un château. Situé au sommet d'une colline, il jouit d'une vue à presque 360 degrés, privilège des constructions militaires. Ce château est privé, il n'est pas autorisé d'y entrer mais le chemin en fait le tour, vous pourrez alors contempler ses tours massives faites de pierres aux nombreuses nuances, du gris sombre au rose en passant par le jaune. Sa construction date probablement du XIVe siècle mais les indices sont minces, cette datation est notamment basée sur l'archère en croix pattée de la tour nord-ouest. Le chemin descend ensuite à travers des clairières où les ajoncs se font soudain nombreux puis il traverse une zone d'habitation. Juste avant la route, sur votre droite, un jardin abrite un élevage de palombes. Vous longez ensuite la route avant de la quitter pour un chemin goudronné où vous attend une chantante clairière avec un petit lavoir et la fontaine bouillonnante sur la droite du chemin. Pas de risque de se brûler avec cette eau, c'est parce que la source jaillit par petites bulles qu'elle fût ainsi baptisée! Ici, le pique-nique peut être sorti du sac pour profiter de la douceur de l'endroit. En prenant à droite après le lavoir, vous regagnez rapidement la mairie et le parking de départ.

COCUMONT, UNE LONGUE RANDONNÉE VERS GOUTX

Cette randonnée de près de 19 kilomètres demande environ 5 heures de marche, elle ne comporte pas de difficulté majeure au-delà de sa longueur. Vous foulerez des terrains faciles, majoritairement de la route, des pistes, et de larges chemins herbeux entre les vignes. Car ce sont bien elles, les vignes, qui seront vos principales compagnes tout au long de cette excursion. Avant ou après avoir goûté les vins de la cave du Marmandais, vous découvrirez ce terroir de coteaux vallonnés. Vous y apercevrez quelques-uns des cépages majeurs de l'appellation et vous en apprendrez plus sur chacun d'eux grâce aux panneaux disposés le long du circuit pédagogique. Vous traverserez aussi l'histoire du village grâce à trois de ses églises : la vieille église, l'église du bourg et celle de Goutx, une histoire qui commence il y a 1 000 ans. Vous partez de la place des Vignerons où se trouve la mairie (latitude : 44.4485254, longitude : 0.02616763) et vous suivez le balisage jaune.

Vers la vieille église

À la sortie du village, vous traversez un petit bois qui débouche sur quelques vergers qu'il s'agit de longer en montant légèrement. Au point le plus haut, vous découvrez un panorama de coteaux de vignes : vous êtes en pleine zone d'appellation d'origine contrôlée du vin des Côtes du Marmandais. Celle-ci s'étend de part et d'autre de la Garonne jusqu'à Peyriere, on y élabore des vins rouges fruités et épicés et des blancs frais aux arômes de fruits jaunes. D'ailleurs, après un chemin boisé, en bordure des vignes, vous apercevez les immenses cuves de la cave coopérative. Juste à côté, l'église Saint-Jean de Vidailhac, classée monument historique et son cimetière. Le large clocher en bâtière se distingue par son toit à quatre pentes et toute l'architecture de l'édifice témoigne d'une vie rurale à l'époque de sa construction au XIe siècle. C'est en 1868 que l'église du bourg fut construite pour remplacer l'ancienne, son style néo-gothique est bien plus imposant avec une flèche atteignant 33 mètres d'altitude. Il y a quelques années, la vieille église menaçait de s'effondrer, la commune de Cocumont ne disposant pas des finances nécessaires pour assurer la rénovation du bâtiment, a fait appel à un financement participatif et à la médiatisation télévisuelle du concours « Fous du patrimoine ». Ainsi, depuis 2016, plusieurs phases de travaux ont été lancées pour redonner à l'église sa fraîcheur millénaire. Les peintures murales intérieures ont pu être consolidées et de nombreux travaux de maçonnerie ont permis de réhabiliter les façades.

© ADRT47

A62
Chatané
Séchoir à tabac
Michelotte
Labastide
Lambert
Puits
Barberin
Bouillo
Lagravette
Bonté
Bel-Air
D3
La Moulette
D264
La Cure
Calvaire
Sauveterre
Réglat
COCUMONT
Laclotte
Bellevue
Départ - Arrivée
Couroneau
Le Sérac
Bois de Bastard
D289
500 M
Ancien Moulin de Marquezines
Goutx
PARCOURS GPX
Itinéraire (18,7 km)
Forêt
Sens de circulation
Point de vue
Edifice religieux
Curiosité
D147
ROMESTAING
GUÉRIN

LES BONNES ADRESSES SUR LE PARCOURS

Produits du terroir

Les Marmandais !
Vieille Eglise
47250 Cocumont
✆ 05 53 94 50 21
Du 1er avril au 30 septembre : ouvert du lundi au vendredi 9h-12h, 14h-18h + le samedi matin 9h-12h en juillet et août. Du 1er octobre au 31 mars : du lundi au vendredi 9h-12h, 14h30-18h. Tarifs des visites sur le site www.cave-du-marmandais.fr

L'AOC Côtes du Marmandais est l'apanage de cette cave coopérative regroupant une centaine de vignerons. Des femmes et des hommes du cru, attachés à leurs terroirs pour produire des rouges, rosés, blancs de caractère, bio ou le plus naturel possible. La visite des installations vous fera découvrir toutes les étapes de fabrication. Suivez le parcours TerraAventura dans les vignes. Profitez aussi d'une truculente virée dans les vignobles en Combi Volkswagen (réservation 48h à l'avance), avant de profiter d'une dégustation et d'un passage par la boutique. A noter l'existence d'un second point de vente à Beaupuy (commune voisine de Marmande) où a été créé un escape game sur le thème… du vin, bien sûr !

Domaine Elian Da Ros
Laclotte
47250 Cocumont
✆ 05 53 20 75 22
Sur rendez-vous uniquement.

Reconnu dans le monde viticole pour son savoir-faire, Elian Da Ros propose une gamme au large spectre qualitatif : « Le vin est une fête » réjouit par son fruité immédiat, quand le « Clos Bacquey » évoque la profondeur et la complexité, et que dire du « Chante Coucou » à la fois structuré, complexe et frais ? Cette philosophie marquée du sceau de l'excellence bio se voit décuplée avec les cuvées de Sandrine Farrugia, son épouse, à la tête de son propre domaine.

Produits gourmands

La Ferme de Gassiot
Lieu-dit Gassiot
47250 Cocumont
✆ 06 43 69 63 60
Vente directe à la ferme tous les jours.

« Bien manger commence par bien élever » : telle est la philosophie avisée de la famille Menville. Leurs canards gras et leurs porcs noirs gascons sont élevés traditionnellement, en plein air et nourris aux céréales. L'atelier de transformation sur place donne des produits authentiques. Parmi les spécialités maison, les magrets fourrés au foie gras et les galantines rencontrent un succès fou. Sans oublier les cassoulets, garbures, rillettes… Les salaisons de porc noir révèlent un goût exceptionnel. Tous ces produits frais et conserves sont en vente sur l'exploitation.

Petite Restauration

Le Fournil du Coucou
12, Place de l'Eglise
47250 Cocumont
✆ 05 24 30 55 93
Ouvert du mardi au vendredi 7h-13h30, 18h-19h, le samedi 7h-13h, le dimanche 7h-12h. Sur place ou à emporter.

Des sandwichs aux pizzas, en passant par les quiches du jour, tout est fait maison. Une farine 100 % naturelle, sans additif ni gluten ajouté, est utilisée pour le pain. Les week-ends représentent l'occasion d'acheter des tourtières à l'armagnac aux pommes ou pommes et pruneaux. L'été sont vendus des petits pots de glace artisanale.

© OTVG

Visite en combi, Les Marmandais.

© ADRT 47

Vignes de Cocumont.

Le Marmandais, terroir de vin

Après avoir suivi l'enceinte du cimetière, vous parvenez à l'avant de la cave coopérative et au départ d'un cheminement entre les vignes, à la rencontre des cépages locaux. Peut-être avez-vous déjà remarqué les panonceaux explicatifs vous décrivant chacun d'entre eux. Pour les marcheurs d'août et de début septembre, la reconnaissance des cépages ou ampélographie peut être un défi à relever au cours du trajet, car ici ils sont variés et recouvrent environ 100 hectares. C'est la surface que ce vignoble représentait au XVIIe siècle. Au début du XXe, il était à son apogée avec 630 hectares, mais comme partout en France, le phylloxéra, cet insecte américain, a fait des ravages et a décimé les ceps. A cette époque, beaucoup de cépages anciens ont été perdus, ceux qui ont pu être sauvés doivent être greffés sur des vignes américaines pour perdurer. Ici, dans le Marmandais, on est fier d'avoir pu préserver l'Abouriou, un raisin rouge endémique de la région qui se reconnaît à ses feuilles rougeâtres dès le début de l'automne. Vous croiserez aussi l'Ugni blanc, incontournable dans le sud-ouest puisqu'il entre dans la composition de nombreux vins blancs secs, souvent associé au célèbre Sauvignon. C'est aussi majoritairement avec l'Ugni blanc que l'on élabore le Cognac et l'Armagnac. Pour les adeptes des vins sucrés, on trouve ici le Sémillon et la Muscadelle que l'on retrouve dans les Sauternes par exemple.

Avant de quitter Cocumont, un détour à la Cave du Marmandais vous permettra d'en savoir plus sur le travail des vignerons locaux et de goûter leurs produits élaborés dans une démarche de développement durable.

Un paysage agricole

Vous marchez successivement sur des chemins herbeux, des routes goudronnées, des pistes, en serpentant entre les parcelles de vigne. Au niveau d'une crête, un paysage de carte postale se déploie devant vous, avec les champs et les vignes autour de l'étang et l'horizon très lointain. Vous rencontrerez ensuite des brebis et une peupleraie, puis vous traverserez d'immenses prairies après avoir tourné à droite au niveau du Brouch en direction du bien nommé Grand Champ. Juste après être passés sous l'autoroute, vous vous engagez à droite sur un chemin herbeux. La végétation y est plus haute et plus sauvage. Dans ce bosquet, vous franchissez le Constans, à gué ou par un pont étroit. Puis vous rejoignez les vignes qui vous accompagnent un moment, jusqu'à l'entrée du bois de Bastard. Vous y entrez par une tranchée profonde où l'on côtoie les racines des arbres, se dégage ici la sensation d'être vraiment petit face à la nature. Le temps de traverser le carrefour de deux routes et de deux ruisseaux, des vergers s'intercalent dans les bois, créant un lieu d'ombre dégagé et frais propice à une halte méritée. S'ensuit une montée à travers une grande diversité d'essences végétales, ici se côtoient feuillus et résineux dans les cimes, faux-houx et fougères au sol et les ronces créent un lien uniforme entre tous.

Goutx et son église

En sortant du bois, vous surplombez les vallons alentour qui s'étalent sous vos yeux. Vous suivez la route montant vers Goutx qui offre un point de vue sur Cocumont, reconnaissable à la haute flèche de son clocher. C'est une autre église qui vous attend à Goutx, l'église Saint-Martin surmontée de son clocher-mur à deux cloches. Elle a été construite autour du XIIe siècle, mais son clocher ne date que de 1820. Le tertre sur lequel elle trône est artificiel, les historiens estiment son édification entre le Xe et le XIe siècle. Il est difficile d'affirmer que le tertre était destiné au départ à accueillir une église, ce que l'on sait en revanche, c'est que celle-ci fut successivement ruinée puis reconstruite. Aujourd'hui, elle est classée monument historique, mais elle a besoin de certaines rénovations pour ne pas disparaître à nouveau et les financements manquent. Cette église est très liée à nombre de familles italiennes ayant migré vers la France pendant le XXe siècle, la commune de Cocumont à laquelle est rattachée Goutx est d'ailleurs jumelée à Sarmede en Italie. Vous êtes passés devant la stèle de commémoration en entrant dans le hameau et vous pourrez la revoir en sortant de l'église, mais avant, n'hésitez pas à faire un détour par le cimetière pour remplir votre gourde. En sortant du village de Goutx, vous traversez une zone résidentielle puis vous vous engagez sur un chemin de terre. Au niveau de deux palombières, vous prenez une franche descente à travers un bois de jeunes arbres. En bas, vous traversez un ruisseau chutant bruyamment d'un ancien muret. Puis, vous remontez directement vers Cocumont à travers champs. Au sommet de la côte, un panorama à 360 degrés vous défie de le photographier. Avant d'entrer dans le village, vous êtes guidés par la flèche de l'église qui vous guide vers le centre du bourg.

MEILHAN-SUR-GARONNE, UNE ANCIENNE PLACE FORTE

Vous partez pour une balade ludique à la rencontre du Moyen Âge dans ce village en surplomb d'une quarantaine de mètres au-dessus des berges de la Garonne. Cet itinéraire est jalonné par 11 panneaux pédagogiques vous racontant l'histoire de la construction de la ville et celle de la domestication de la Garonne. Les enfants pourront facilement participer à cette balade d'une heure quarante-cinq pendant laquelle on joue et on apprend. Cet itinéraire semi-urbain se parcourt exclusivement à pied, car il serpente parfois dans des ruelles très étroites et rencontre des escaliers. Pour commencer, partez de l'esplanade de l'église (latitude : 44.520297, longitude : 0.033277), repérez la première balise bleue de l'autre côté de la rue et préparez-vous à une excursion à travers le temps.

La construction d'une défense efficace

Vous commencez par emprunter une ruelle sinueuse qui contourne un square puis vous atteignez le premier panneau du parcours face à la tour qui marque l'ancien emplacement des fortifications. Les maisons fortes ainsi disposées le long des remparts et à d'autres endroits stratégiques de la ville étaient contrôlées par des proches du seigneur ou des bourgeois. En continuant le tour du square, vous tombez sur une volée de marches pour arriver au niveau du deuxième panneau. Vous empruntez ensuite le Chemin de Ronde du Jardin, aujourd'hui, les habitations se trouvent de part et d'autre de ce chemin mais au Moyen Age, la maison forte de Bageran était l'un des seuls édifices de ce côté de la ville qui était alors beaucoup moins étendue.

Le tertre, un point de vue unique

En arrivant au tertre, la vue se dégage d'un coup vous offrant à voir la Garonne et le canal, s'écoulant côte à côte. Au loin, se détachent les doux reliefs des côtes nord du Marmandais. Ici, l'aménagement est confortable, bancs, kiosque, restaurant, vous pouvez profiter du paysage agréablement. Une église, aujourd'hui disparue, avait été érigée sur cet emplacement en 1126. Vous descendez ensuite par la rue de la Brèche des Anglais qui est une trace marquante du passé de la ville. A ce stade de la balade, vous connaissez les principaux atouts de cette place forte très difficile à prendre. Pourtant, l'histoire de cette brèche raconte comment l'ennemi a pu s'en emparer, détruisant la muraille et passant au travers. Le panneau numéro 5 détaille cette bataille et le siège qui l'avait précédée.

La Garonne et son canal latéral

En poursuivant votre descente, vous passez devant une chapelle puis sur un pont au-dessus du Tord et en tournant à gauche juste après, vous apercevez l'entrée d'un tunnel construit sous le canal. Une haute échelle de crue vous indique que le niveau de la Garonne peut monter dans le tunnel, il faut donc bien choisir la période pour l'emprunter. Si le temps vous le permet, vous vous retrouvez donc entre le canal et la Garonne suivant à droite un chemin de terre jusqu'au pont barrage sur le Baqueyron où se trouve le panneau numéro 7. Vous suivez ensuite la voie verte pour votre retour vers le village. Au niveau du pont Ferrand, vous pouvez choisir de traverser le canal ou de faire un détour par la halte nautique, ombragée et équipée de tables de pique-nique. Une fois sur l'autre rive, l'itinéraire vous propose de continuer la voie verte jusqu'à la Font d'Uzas, fontaine ancestrale. Vous remontez ensuite vers le village par le gymnase et la piscine, là, le chemin fait une dernière boucle par l'hôtel de ville pour revenir à l'église.

© ADRT47

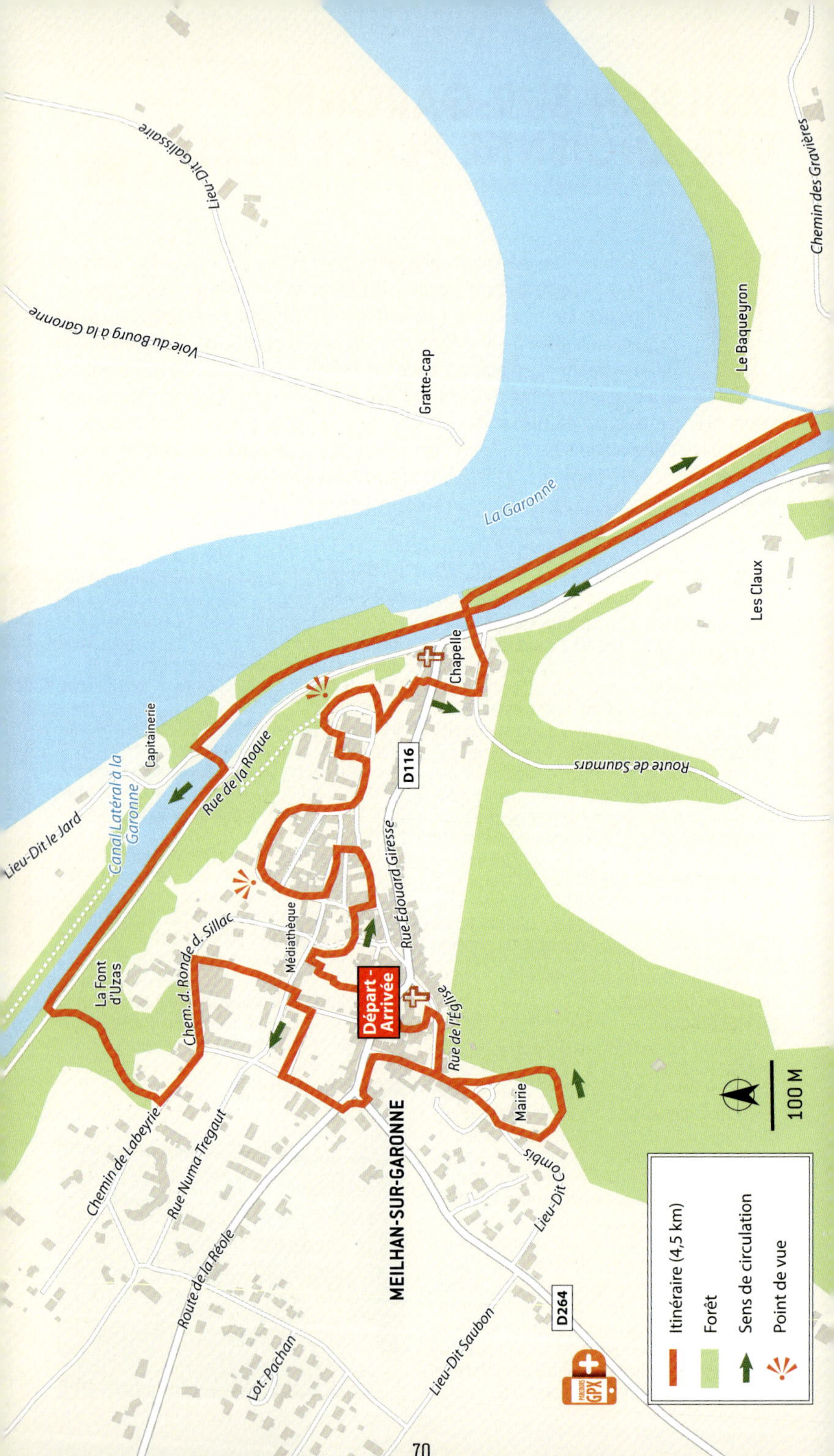

MEILHAN-SUR-GARONNE
Départ - Arrivée
La Garonne
Canal Latéral à la Garonne
Capitainerie
Lieu-Dit le Jard
Rue de la Roque
La Font d'Uzas
Chem. d. Ronde d. Sillac
Médiathèque
Rue Édouard Giresse
D116
Chapelle
Rue de l'Église
Mairie
Chemin de Labeyrie
Rue Numa Tregaut
Route de la Réole
Lot. Pachan
Lieu-Dit Saubon
Lieu-Dit Combis
D264
Route de Saumars
Les Claux
Le Baqueyron
Chemin des Gravières
Gratte-cap
Voie du Bourg à la Garonne
Lieu-Dit Galissaire
100 M
Itinéraire (4,5 km)
Forêt
Sens de circulation
Point de vue
PARCOURS GPX

LES BONNES ADRESSES SUR LE PARCOURS

Se loger

L'Auberge Meilhannaise

1, rue des Anciens Combattants
47180 Meilhan-sur-Garonne ✆ 06 71 67 88 68

Ouvert du 1er avril jusqu'à la Toussaint. Basse saison : chambre simple 55 €, double 65 €. Haute saison : chambre simple 65 €, double 75 €. Table d'hôte : 20 € (entrée/plat/dessert), réservation 24h à l'avance. Panier pique-nique : 12,50 € par personne.

Cette adresse confortable au cœur du village présente la particularité d'être décorée de peintures contemporaines. La cuisine maison fait largement appel au potager. Pensez à réserver votre repas la veille pour le lendemain, de même que les paniers pique-nique à emporter. Enfin, sachez que vos hôtes, Rachel et François, vous offrent les entrées pour la piscine d'été si vous souhaitez aller piquer une tête pour vous rafraîchir.

Au Jardin

Lieu-dit Au Jardin - 47180 Meilhan-sur-Garonne
✆ 05 53 88 84 80

D'avril à octobre. Tarifs par emplacement et par nuit : tente, caravane, camping-car 3 €, tente équipée 20 € + 5 € par adulte et par nuit et 3 € pour les - de 7 ans. Électricité : + 2 € par jour.

Bien plus qu'un camping, une halte nautique doublée d'une base de plein air ! L'emplacement a tout d'idéal : au pied du tertre de Meilhan (que l'on rejoint par un escalier), le long du canal latéral à la Garonne et de sa voie verte. Pour partir en exploration, vous avez le choix entre louer un canoë, un paddle, un VTT, des bâtons de marche nordique. Sur place se pratique le tir à l'arc. Sans oublier la pétanque. Qu'il est agréable aussi de boire un verre à la sympathique guinguette au bord de l'eau ! Animations musicales l'été. Dégustation d'huîtres le dimanche midi.

Maison d'Hôtes du Font d'Uzas

1, avenue de la fontaine d'Uzas
47180 Meilhan-sur-Garonne ✆ 06 64 95 67 97

D'avril à fin octobre. Chambre 75 € la nuit, suite (jusqu'à 5 personnes) 101 € la nuit. Table d'hôtes : plat 15 €, entrée/plat, plat/dessert 20 €, menu complet 30 €.

Au cœur du bourg, une imposante bâtisse du début du XIXe siècle dont l'atmosphère classique se retrouve dans les 2 grandes chambres et 1 suite décorées avec une élégante sobriété. Toutes se trouvent au 1er étage. Elles disposent d'une salle d'eau et de toilettes indépendantes. La table d'hôtes bénéficie du savoir-faire de Philippe, qui fut chef de cuisine pour les grands de ce monde. Le petit-déjeuner comprend produits maison (yaourts, confitures, miel, brioche) et locaux (charcuterie, fruits frais). Pratique : une supérette se tient juste en face de la maison et la boulangerie du village se trouve à deux pas. Un garage est mis à disposition pour ranger les vélos.

Petite restauration

Phil au Fournil

7, rue Jean Fenouillet
47180 Meilhan-sur-Garonne ✆ 09 81 88 94 51

Ouvert du mardi au samedi 6h-13h, 15h-19h, le dimanche 6h-13h.

Philippe, artisan boulanger et son épouse Hélène, préparent différents en-cas salés (quiches, croque-monsieur, sandwichs, pizzas, flamiches aux poireaux, etc.) à accompagner d'une pâtisserie, d'une boisson fraîche, d'un café. Consommation sur place dans le salon de thé d'une quinzaine de places ou à emporter.

Produits du terroir

Château Bois-Beaulieu

Lieu-dit Beaulieu - 47180 Meilhan-sur-Garonne
✆ 05 53 94 18 58

Le Château Bois-Beaulieu est une histoire de famille débutée en 1929 quand l'arrière-grand-père de Fabien Tarascon créa le domaine. Depuis, la propriété de 9 hectares a gagné un nom et une réputation dans la région. Fabien mène son affaire avec dynamisme suivant une démarche qualitative, dans le respect de l'environnement. L'ensemble des vins est en agriculture bio. Leur goût se révèle authentique. Prenez rendez-vous et arrêtez-vous pour une dégustation.

Loisirs

Piscine d'été de Meilhan-sur-Garonne

Chemin de Ronde de Sillac. ✆ 05 53 20 85 67.

Ouverte du mardi au dimanche de 13h30 à 19h. Tarifs : adulte 2 €, 5-15 ans 1,50 €, gratuit - de 5 ans. 10 entrées adulte : 18 €. 10 entrées enfant : 13 €.

Les étés peuvent être caniculaires parfois en Lot-et-Garonne. Ouvert seulement durant la période juillet/août, ce bassin extérieur avec ses jeux d'eau résonne bien souvent des cris joyeux des enfants. 3 autres piscines, gérées par Val de Garonne Agglomération, se situent à Marmande (piscine à vagues), Tonneins et Le Mas-d'Agenais.

Agenda

La commune de Meilhan-sur-Garonne est réputée dans toute la région du Marmandais pour l'atmosphère de fête de ses Marchés de Producteurs de Pays les mercredis de l'été sous les arbres de la Place d'Armes. Il n'est pas rare qu'ils attirent jusqu'à un millier de personnes.

LE MAS-D'AGENAIS, DU CANAL À LA FORÊT

Il vous faudra environ 3h15 pour parcourir les 12,8 kilomètres de ce circuit. Outre sa longueur, il ne comporte aucune difficulté. Cette balade vous donnera un aperçu assez complet de l'activité agricole de la commune située entre le canal et la forêt. Vous accéderez à un petit plateau où s'étendent de larges cultures typiques de la région comme le maïs ou le blé. Sans y pénétrer vraiment vous goûterez à la forêt qui fait office de frontière naturelle au sud-ouest de la commune, bordée, au nord-est par la Garonne et son canal latéral. Ce trajet plat au terrain peu accidenté permet aux cyclistes de le parcourir facilement en VTT ou en VTC. Vous prendrez garde de suivre le balisage jaune, en particulier dans la forêt où d'autres couleurs s'ajoutent comme l'itinéraire signalé en bleu qui permet de rallonger la balade de 5 kilomètres pour les marcheurs les plus endurants. N'oubliez pas votre chapeau, car l'ombre n'est pas toujours au rendez-vous.

Une activité agricole intense

Au départ de la mairie (latitude : 44.4094586, longitude : 0.21871805), engagez-vous sur le chemin de Camparome et longez le collège et le stade. Vous traversez alors de grandes étendues agricoles jusqu'à un croisement où vous quittez la route pour une montée sur la droite dans un bosquet. Au sommet, vous retrouvez des champs de part et d'autre d'un chemin herbeux qui serpente entre les cultures de maïs. Selon la période de l'année vous profiterez d'une vue ouverte à 360 degrés ou d'une sensation labyrinthique dû aux champs de maïs. Sur la droite, puis sur la gauche, deux séchoirs à tabac évoquent l'autre grande culture de la région implantée depuis le XVII e siècle. Aujourd'hui, ces séchoirs ne sont plus utilisés comme tels, on leur préfère des fours ou des serres maraîchères. Leur grand nombre sont les témoins d'une époque où les plantations de tabac étaient plus fréquentes et les cultivateurs plus nombreux. En 1870 par exemple, le ministère de l'Agriculture et du Commerce dénombrait 3 658 hectares de plantations de tabac dans le seul département du Lot-et-Garonne. Aujourd'hui la France entière n'en compte plus que 2 900 hectares. Ces bâtiments sont parfois rénovés pour de nouvelles activités agricoles ou pour en faire des habitations.

Une nature apprivoisée

Vous longez ensuite la forêt par la droite jusqu'à la route sur laquelle vous tournez à gauche pour vous retrouver face à la maison forestière et son puits ancien. En observant l'architecture de la maison vous remarquerez les briques qui rappellent celles de Toulouse bien que celles d'ici soient moins épaisses et associées à un mortier de petites pierres. Là, vous trouvez des toilettes avec un point d'eau et une aire de pique-nique, l'endroit idéal pour une halte à l'ombre. Repus et reposés vous pouvez traverser cette forêt communale bien entretenue. La forêt est particulièrement bien préservée dans ce village, elle représente 42 % du territoire de la commune alors que le taux de boisement moyen de la moyenne Garonne n'atteint pas 5 %. En la quittant, vous rejoignez la route départementale 289 et vous la traversez avec prudence. À partir de là, vous montez légèrement entre la lisière de la forêt et les grands champs. Vous vous dirigez vers un séchoir à tabac et la petite église de Saint-Martin. On retrouve dans la construction de cette église le même type de briques que pour la maison forestière. Comme beaucoup de ces édifices religieux ruraux, elle conserve son cimetière qui abrite encore des sépultures très anciennes. Après être descendus sur une petite route, vous entrez dans un bois à l'ambiance féérique avec ses arches naturelles formées par les arbres couverts d'une mousse épaisse. Votre marche est accompagnée par le ruisseau du Mayne qui alimente le canal de la Garonne que vous finissez par rejoindre et par longer après avoir traversé la D143. Le canal est un ouvrage long de 193 kilomètres construit dans le prolongement du canal du Midi. Il permet de relier l'Atlantique et la Méditerranée sans avoir à naviguer sur la Garonne. Ce fleuve, dont le niveau est très fluctuant, ne permet pas une navigation en sécurité toute l'année, à contrario, le canal offre un calme et une régularité confortable et sans danger. Aujourd'hui, il n'est plus utilisé pour le commerce et le fret comme au XIXe siècle à ses débuts, mais l'été les plaisanciers y sont nombreux, croisant les cyclistes et les randonneurs sur les berges. Son tracé plat et ombragé permet de traverser le département et de continuer au-delà.

CAUMONT-SUR-
GARONNE
Route du Mas
Lieu-Dit Eliza
Bregnet
Chalet
D143
Guillemont
Larriveau
Baloux
Voie de Launay à Larisseau
Lieu-Dit Revenac
Route de Caumont
Cuq
Séchoir à
tabac
Ecluse
Port
Dupré
Fontaine
Galiane
Lieu-Dit Couzes
Le Pichagouille
LE MAS-D'AGENAIS
Labadie
Départ -
Arrivée
Pigeonnier
Mondésir
Laroche
Bazagou
Autoroute des Deux Mers
Méroc
Cap de
la Coste
Couder
Voie de Moureau
Séchoir à
tabac
Route de Casteljaloux
Balutet
Pinous
D289
Lapassère
A62
Duprat
E72
D6
Lieu-Dit Caton
Parre
PARCOURS
GPX
D260
Touyrats
Séchoir à
tabac
Itinéraire (12,8 km)
Forêt
Sens de circulation
Point de vue
Edifice religieux
Curiosité
Marchand
200 M

LES BONNES ADRESSES SUR LE PARCOURS

A visiter

La collégiale Saint-Vincent et le Rembrandt

Place du Marché
47430 Le Mas-d'Agenais

Classée monument historique, cette remarquable église du XIIe siècle est le berceau du trésor de la commune : le « Christ en Croix » peint par Rembrandt en 1631. Un chef-d'œuvre estimé à 90 millions d'euros qui avait quitté en 2016 le Mas-d'Agenais pour restauration. Exposé ensuite à la cathédrale Saint-André de Bordeaux, il a vu son retour au pays minutieusement préparé. Un nouveau coffre d'exposition blindé et équipé de capteurs d'humidité a été installé début 2022. Suite à la rénovation de l'édifice, l'emplacement du tableau a été changé de façon à ce que les reflets ne viennent pas gêner sa contemplation par les visiteurs. Un véritable moment de grâce artistique !

Se loger

Domaine de Méroc

1127, chemin de Saint-Martin
47430 Le Mas-d'Agenais - ✆ 06 30 18 16 23

Chambre simple (1 personne) dès 80 € la nuitée ; chambre double dès 90 € la nuitée. Petit déjeuner inclus.

Cette ferme familiale du XIXe siècle sur 2 hectares de terrain possède un petit étang qui vous invite à la pêche ou à une promenade en barque. L'ancien séchoir à tabac en bois abrite 4 jolies chambres d'hôtes décorées avec charme, entièrement indépendantes, équipées chacune d'une salle de bain et de toilettes privatives. La literie est d'excellente qualité. Sur place, vous profiterez des conseils artistiques de Thomas, artiste peintre, et découvrirez les traditions locales avec Véronique. L'hébergement est référencé « Accueil Vélo ».

Se restaurer

Béa Rég'Halle

3, place du Marché - 47430 Le Mas-d'Agenais
✆ 07 61 78 31 49

D'avril à octobre du mardi au dimanche 8h30-22h. Hors saison : les midis du mardi au dimanche et le samedi soir, les autres soirs sur réservation. Menu du midi en semaine 18 €, menu du soir et du week-end 28 €.

En voilà une salle de restaurant bien charmante, avec ses vieux buffets restaurés et la collégiale Saint-Vincent dessinée sur les sets de table ! Aux fourneaux, Béa ne prend pas les recettes au pied de la lettre, tout en sachant respecter les traditions gasconnes et d'ailleurs car sa cuisine se veut ouverte aux influences extérieures (espagnoles, portugaises, marocaines, chinoises). La terrasse sous la magnifique halle en bois du XVIIe siècle invite à prendre le temps de siroter une boisson fraîche, une bière pression, un thé à la menthe maison… A la belle saison, Béa prépare à la demande des sandwichs créatifs à emporter.

Bistro de la Halle

2, place du Marché
47340 Le Mas-d'Agenais

Ouvert toute l'année, 8h-15h, 18h-22h. Fermé le mardi. Menu du midi 14,50 €.

Un bistro de village à la cuisine simple et correcte autour de l'entrecôte, le canard, la saucisse… Le snacking comprend burgers et sandwichs. Aux beaux jours, optez pour la terrasse sous la halle.

Produits du terroir

Maison Torres

Sur le Couvent - 47430 Le Mas-d'Agenais
✆ 05 53 89 50 13

Boutique ouverte du lundi au vendredi de 9h-12h, 14h-16h30.

Fondée en 1956, cette conserverie artisanale propose des produits régionaux élaborés dans le respect des traditions. Plus de 50 références existent, sans colorant ni conservateur. Tous ces produits sont fabriqués sur le site de production du Mas-d'Agenais : rillettes, pâtés, terrines, jambonneau... et un classique revisité, le jambon de Tonneins. La marque « Belle Garonne », exclusivement bio, propose des recettes végétariennes et véganes.

Activités

Le Boat

44, L'Écluse
47430 Le Mas-d'Agenais

Location du 1er avril au 31 octobre. Lundi, mercredi, vendredi, samedi 9h-17h. Mardi, jeudi 10h-16h. De 2 100 € à 4 700 € la semaine.

Le temps d'un week-end ou d'une semaine, voire plus, louez un bateau pour naviguer sur le canal de Garonne jusqu'à Buzet-sur-Baïse et Agen, sur la Baïse jusqu'à Nérac et Condom. Des balades détente au fil de l'eau où défilent bastides, châteaux et un terroir verdoyant. Les tarifs varient en fonction du nombre de personnes, de la saison et du standing du bateau. La formation est assurée le jour de votre départ pour apprendre à piloter et passer une écluse.

La collégiale du Mas d'Agenais.

Vous en aurez un bel aperçu sur environ 2 kilomètres pendant lesquels vous pourrez choisir de suivre le chemin de halage jusqu'au village du Mas ou bien de traverser sur le pont de Larriveau à mi-parcours pour rejoindre la voie verte sur l'autre rive. À l'écluse du Mas d'Agenais se trouve aussi le port encore actif toute l'année. Le canal compte plusieurs dizaines d'écluses qui permettent de pallier les dénivelés, ici peu visibles mais pourtant existants. Les écluses sont des sas dans lesquels entrent les bateaux, ensuite avec la montée ou descente du niveau de l'eau, ils peuvent rejoindre le niveau de la suite du cours d'eau. Ici, fleuve et canal se touchent presque, de la voie verte, on se trouve entre les deux, bercé par leurs courants différents l'un tumultueux, l'autre paisible. Des tables de pique-nique permettent une halte contemplative. Vous pourrez aussi en apprendre un peu plus sur la faune de la Garonne grâce aux panneaux pédagogiques installés ici.

Un patrimoine chéri et conservé

De là, vous montez dans le village par la rue Galiane et vous rencontrez d'abord le lavoir de la fontaine Galiane récemment rénové qui servait encore il y a juste cinquante ans. Son toit ouvert, aux pentes judicieusement pensées, permet de l'alimenter en eau de pluie tout en abritant les lavandières. En continuant votre ascension, vous tombez sur la halle au blé, monument historique qui abrite toujours le marché hebdomadaire. Elle fut construite au XVIIe siècle en réutilisant les poutres du château seigneurial détruit en 1616. À l'époque, on y trouvait une grande diversité de produits qui étaient ici acheminés par la terre et par le canal. L'autre grand monument historique du Mas d'Agenais est son église : la collégiale Saint Vincent construite entre le XIe et le XIIe siècle. Elle abrite un trésor qui fait la fierté du village, un tableau de Rembrandt intitulé « La Crucifixion » et peint en 1631. Découvert tardivement dans la sacristie de l'église, ce tableau est un don de la famille Duffour fait en 1804. En insérant un jeton dans le monnayeur, le tableau s'éclaire et l'on peut alors ressentir toute l'émotion qui se dégage de l'œuvre, en particulier de l'expression du Christ ainsi qualifiée lors d'une vente 1781 : « l'expression douloureuse est traitée au suprême degré ». N'hésitez pas à flâner un peu dans l'église et dans le village qui recèlent d'autres détails historiques comme la porte du château conservée sur une esplanade devenue un parc. Vous rejoindrez enfin le parking de la mairie par la Grand'rue.

NICOLE, DE LA GARONNE AU PECH DE BERRE

Une envie de prendre de la hauteur ? Cette balade vous élève à 156 mètres d'altitude, au sommet du Pech de Berre. Symbolisé par sa croix monumentale, c'est la meilleure vue possible sur la confluence, le point de rencontre de la rivière Lot et du fleuve Garonne, un lieu emblématique du Lot-et-Garonne. Vous profiterez également d'autres panoramas comme une vue sur les vallées de vergers, sur les coteaux du Pays de Serres et même sur la forêt Landaise. Une boucle au somptueux mélange de berges pavées, chemins de fer, vergers, grandes étendues végétales et de falaises calcaires. Sur le chemin de Saint-Jacques-de-Compostelle, l'ascension du Pech vous permettra de profiter d'une agréable pause à l'ombre d'une charmante halle et de la table d'orientation du Centre d'étude et de Découverte du Paysage (CEDP). Pour réaliser cette balade, le départ se trouve le long de la Garonne au niveau de l'espace André Dumont (latitude : 44.323663, longitude : 0.336990).

Départ et ascension

Pour cette balade, le balisage à suivre est bleu. Vous traversez l'espace André Dumont et passez sous la ligne de chemin de fer. Le long du Canalet, le cours d'eau qui sert de liaison entre les écluses du Lot et celles du passage en Garonne, vous commencez votre parcours au milieu d'un verger composé de pommiers et d'actinidiers (les arbres à kiwi). Avant de repasser sous la voie ferrée, regardez au loin, vous apercevez le clocher de l'église du village d'Aiguillon qui se trouve à moins de 5 kilomètres ainsi que la croix bleue monumentale du Pech de Berre. De retour à l'entrée du village, vous traverserez prudemment la départementale pour emprunter la route de la Gourgue puis celle du panorama en direction du sommet tant attendu. Si vous voulez raccourcir votre balade d'un peu plus d'un kilomètre, à la moitié de l'ascension vous pouvez prendre la variante et franchir la barrière métallique, vous garderez des points de vue mais ne passerez pas par le Pech de Berre. Dans le cas contraire, continuez la route et longez la paroi calcaire sur laquelle est posée la croix monumentale. Plus que quelques mètres, vous y êtes presque, ça y est, maintenant place à l'émerveillement !

Le Pech de Berre et redescente

Vous êtes au sommet, sur un grand plateau, plusieurs lieux inspirants s'offrent à vous. Vous avez sur la grande esplanade, au pied de la croix, une table d'orientation en pierre et céramique réalisée dans le cadre du programme européen LEADER (Liaison Entre Actions De l'Économie Rurale) du Pays de la Vallée du Lot « À la confluence des paysages », idéale pour la lecture de l'environnement. C'est également une zone de départ bien connue des amateurs de parapente. Profitez d'une pause boisson ou pique-nique sous la très belle charpente de la halle traditionnelle très utile aux pèlerins de Saint-Jacques-de-Compostelle. Après avoir pris connaissance des panneaux explicatifs sur l'évolution et la variation du paysage, vous pouvez découvrir cette croix métallique de 18 mètres de hauteur. Elle a été inaugurée en 1897. Disposée sur un piédestal en pierre de 6 mètres, cette croix vieille de 125 ans fait partie des plus grandes d'Europe. Visible de plusieurs lieues à la ronde, ce promontoire domine ces deux vallées où le Lot rejoint la Garonne. Profitez de cette vue d'exception à 360 degrés sur la confluence et baladez-vous en suivant le balisage sur l'immense plateau. Suivez le sentier sur la ligne de crête et pensez à regarder à travers les arbres, de magnifiques fenêtres s'ouvrent sur la confluence en contrebas et sur la végétation majoritairement arborée de chênes pubescents. Des panneaux explicatifs sur la faune et la flore vous aident à reconnaître, par exemple, les espèces de papillons visibles sur le site, ou pour vous donner la raison de la présence de la végétation de type méditerranéenne. Après avoir flâné sur le plateau, il est temps d'amorcer la descente. Suivez le sentier en étant attentif au balisage, vous longez des grandes parois calcaires avec de nombreuses failles qui doivent ravir les chauves-souris. Vous laissez une ruine qui dépasse des arbres sur votre gauche et poursuivez dans les bois. Vous arrivez presque en bas, vous retrouvez le bitume en longeant le cimetière et retraversez la route départementale. En fin de parcours vous repassez sous la ligne de chemin de fer pour pouvoir maintenant profiter des berges du fleuve précédemment observées en hauteur. On se rend vraiment compte de la grandeur de la Garonne fraîchement alimentée par l'eau du Lot. Vous marchez sur le sol sableux qui se transforme en pavés le long de l'écluse du Canalet. Votre balade s'achève, il ne vous reste plus qu'à repasser sous la voie ferrée.

Forêt Communale de Nicole
Ruine
Pech de Berre
Croix Halle
Route du Panorama
Bachot
L'Ermitage
NICOLE
Mairie
Départ - Arrivée
Ecluse
D813
C1
Ribérot
Sautegrue
La Garonne
Le Lot
PARCOURS GPX
100 M
Itinéraire (5,9 km)
Forêt
Sens de circulation
Point de vue

LES BONNES ADRESSES SUR LE PARCOURS

S'informer

Office de tourisme du Confluent
30, rue Thiers
47190 Aiguillon
✆ 05 53 88 95 85
tourisme@ccconfluent.fr
www.tourisme-coeurlotetgaronne.fr
Ouvert toute l'année 9h-13h, 14h-17h.

Sont à disposition des fiches randonnées ainsi que de la documentation touristique sur l'ensemble du département.

Se loger

Mon petit Coin de Paradis Vous Est Ouvert
Lieu-dit Lascombes
47190 Nicole
✆ 06 18 81 69 73
Toute l'année. 3 chambres d'hôtes pour 2 personnes à partir de 45 € la nuit. Petit déjeuner à 6,90 € ou 8,90 €. Table d'hôtes : plat du jour à partir de 11,90 €, formule du jour à 14,90 €.

A seulement 15 minutes à pied de la croix du Pech de Berre, une adresse bien complète où dormir, se détendre (dans le bassin aquatique prévu à cet effet par exemple), se restaurer, boire un verre. Outre la table d'hôtes, salades et burgers sont disponibles en snacking. Les glaces l'été feront le bonheur de tous celles et ceux qui auront eu un petit coup de chaud durant leur marche. Des jus de fruits bio locaux constituent une autre option appréciable. Le parc de 2 hectares avec ses animaux de ferme en liberté et son lavoir ressemble à un jardin d'Eden. L'établissement n'est pas un petit coin de paradis pour rien !

Le Baraillot
1562, Route du Baraillot
47190 Aiguillon
✆ 06 75 00 01 02.
Nuitée : chambre simple 75/78 €, double et familiale 78/120 €. Petit déjeuner inclus. Gîte : 550/790 €. Table d'hôtes (22 €).

Non loin de la commune de Nicole et à 2 kilomètres à peine de la Véloroute, cet hébergement labellisé « Accueil Vélo » se révèle parfait pour les randonneurs. Des en-cas peuvent être proposés à votre arrivée après votre balade. Le lendemain matin, un petit déjeuner complet adapté vous sera servi. Des paniers-repas sont préparés à la demande pour votre départ. Vous aurez le choix entre 5 chambres d'hôtes pour la nuitée ou un gîte à la semaine d'une capacité maximale de 6 personnes, dans un cadre rustique et verdoyant.

Se restaurer

Château Lacaze
281, Route de Lacaze
47190 Aiguillon
Sur réservation au 05 53 64 71 57.

Une élégante demeure qui fait à la fois hôtel et restaurant de standing. Vous souhaitez apporter une touche gastronomique à votre journée de randonnée ? Voilà l'endroit où il faut vous rendre ! La carte, fréquemment renouvelée, fait la part belle aux recettes traditionnelles, préparées à partir de produits frais de saison. Un sans-faute.

Petite restauration

Boulangerie-Pâtisserie Lesportes
44, rue Gambetta
47190 Aiguillon
✆ 05 53 88 69 12
Le matin du mardi au dimanche 6h15-13h, l'après-midi du mardi au samedi 15h-20h, dimanche et jours fériés 17h-20h.

En venant de Nicole, une fois passé le Lot, vous trouverez facilement à l'entrée du centre-ville cette boulangerie-pâtisserie avec petite restauration salée (sandwichs, pizzas, quiches) et sucrée (vaste choix de pâtisseries), café et chocolat chauds, boissons fraîches. Deux tables sur une petite terrasse permettent la consommation sur place.

A voir

Des parapentistes s'élancent régulièrement du haut du Pech de Berre. Leurs voiles colorées dans le ciel constituent un beau spectacle au-dessus des vallées du Lot et de la Garonne.

PRAYSSAS, TOURISME AU PAYS DU CHASSELAS

Une boucle de 9 kilomètres vous emmène depuis le village de Prayssas vers le lac du Néguenou. Comme vous êtes ici en pays de Serres, les reliefs sont partout mais ils restent doux et ne demandent pas d'efforts outranciers. En 2 heures et demie de marche, vous aurez franchi 265 mètres de dénivelé cumulé. Le même parcours peut être fait en VTT et demande un peu plus d'une heure. Les paysages que vous verrez au cours de cette balade sont assez différents de ceux du reste du département. Ici, les reliefs sont plus marqués et les vallées sont plus encaissées. L'agriculture est donc pratiquée différemment que dans les grandes vallées et vous serez souvent dans des bosquets ombragés qui sont répartis régulièrement autour de la commune. Vous côtoierez aussi la Masse, la rivière qui alimente le lac. Vous partez de la place du marché au Chasselas (latitude : 44.288399, longitude : 0.508077), à côté d'une vache très colorée qui regarde les automobilistes.

Un village médiéval

Le nom de cette place vient de la halle qui est aujourd'hui un auditorium. Construite en 1930, elle abritait un grand marché dédié à une variété particulière de raisin de table blanc : le Chasselas. De la fin du XIXe siècle au milieu du XXe, la production de ce raisin valait une excellente réputation à la région de Prayssas. Elle fut ensuite abandonnée avec la modernisation de l'agriculture. Pourtant, les coteaux de Serres, semblent se prêter idéalement à la culture de la vigne et le Chasselas est un cépage très intéressant car il s'agit de l'un des rares à pouvoir se consommer comme raisin de table et à donner un vin de qualité. Si on l'utilise peu dans les vins français, il est extrêmement répandu dans d'autres pays, comme chez nos voisins suisses par exemple. En suivant le balisage jaune, vous entrez dans le cœur historique du village que vous traversez en contournant l'église par la droite. Cette partie du bourg se détache du reste par son enceinte circulaire matérialisée aujourd'hui par la route. A l'origine, le concile de Charroux fit édifier une première enceinte autour de l'église, englobant les bâtiments alentour sur 30 à 50 pas. Ce périmètre nommé « cercle de paix » recevait la protection des religieux. Ne suffisant pas à protéger tous les habitants des pillages et des massacres, une seconde enceinte fut érigée par les seigneurs au niveau que l'on devine aujourd'hui. Des remparts et des portes que l'on situe encore facilement protégeaient la ville. La grande coutume, document qui régentait la ville, nomme aussi des tours défendues par les seigneurs. Un grand travail de conservation du patrimoine est fait par les bénévoles passionnés du village, on trouve notamment sous la superbe halle de l'hôtel de ville, les mesures à grains publiques parfaitement conservées.

Le pays de Serres

En sortant du centre-bourg, un puits et sa poulie d'antan vous saluent. Vous empruntez une rue en descente depuis laquelle vous profitez d'une vue sur les crêtes environnantes. Vous pénétrez ensuite sur un chemin boisé à flanc de colline qui prolonge votre vue des paysages. Vous rejoignez la route que vous quittez un peu plus loin sur la gauche. Là, vous longez un champ, abrité par une haie puis un bosquet. Surgit alors, la Masse. Pour la traverser, tournez à gauche au fond du champ jusqu'à rejoindre un petit pont. Vous montez alors sur un sentier pierreux qui pourra être parcouru par un filet d'eau en fonction des saisons. Ici, la fraîcheur est agréable, à l'abri des chênes.

Prayssas.

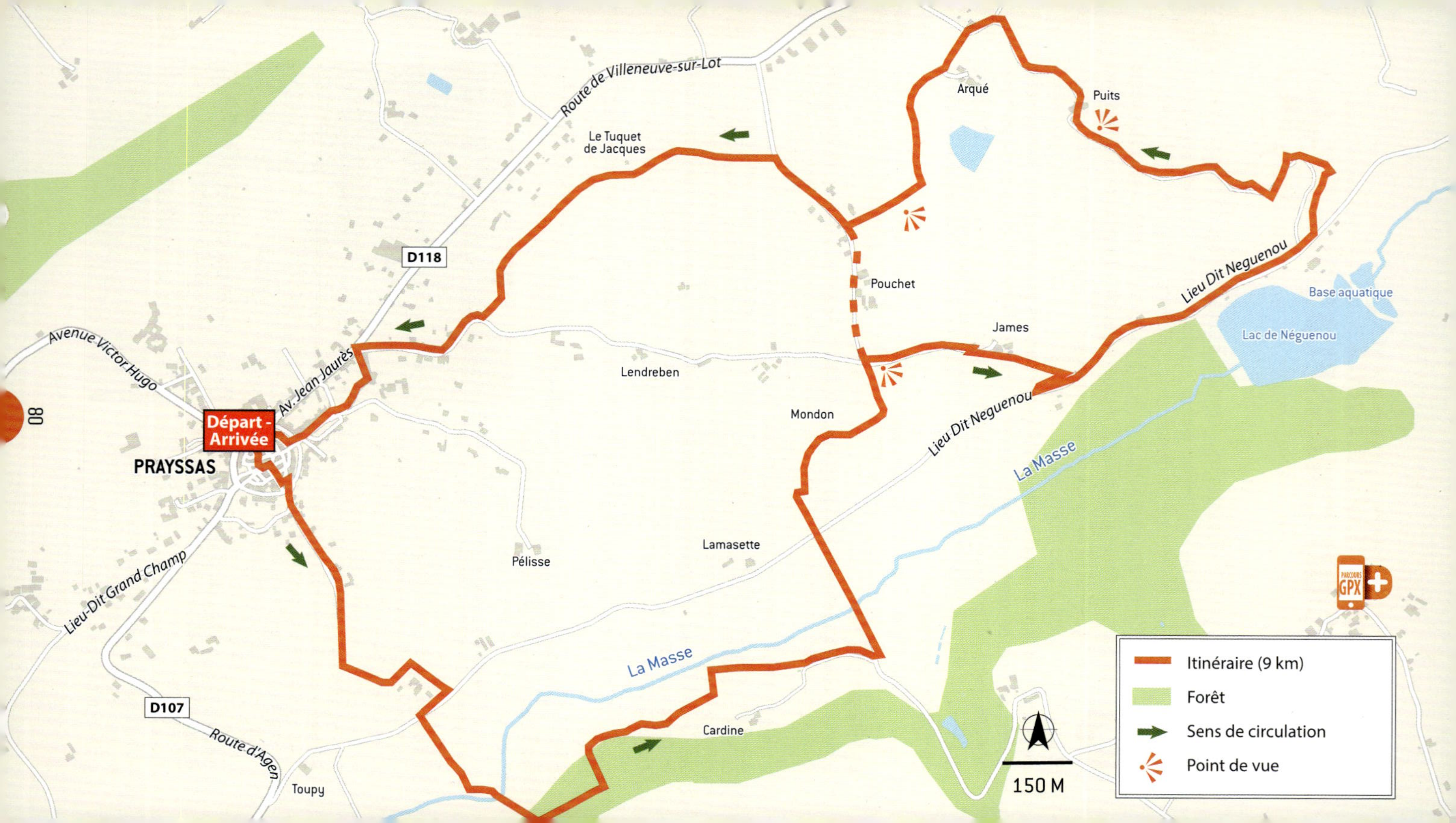

Route de Villeneuve-sur-Lot
Le Tuquet de Jacques
Arqué
Puits
D118
Pouchet
James
Base aquatique
Lac de Néguenou
Lieu Dit Neguenou
Avenue Victor Hugo
Av. Jean Jaurès
Lendreben
Mondon
Départ - Arrivée
PRAYSSAS
Lieu Dit Neguenou
La Masse
Lamasette
Pélisse
Lieu-Dit Grand Champ
La Masse
D107
Route d'Agen
Cardine
Toupy
PARCOURS GPX
150 M
Itinéraire (9 km)
Forêt
Sens de circulation
Point de vue

LES BONNES ADRESSES SUR LE PARCOURS

S'informer

Office de tourisme du Confluent et des Coteaux de Prayssas
30, rue Thiers
47190 Aiguillon
✆ 05 53 88 95 85
tourisme@ccconfluent.fr
www.tourisme-coeurlotetgaronne.fr
Informations touristiques et fiches randonnées à disposition.

Se loger

Camping du Lac de Néguenou
2980, route de Néguenou
47360 Prayssas
✆ 05 24 29 70 96.

3 étoiles. Ouvert du 1er avril au 31 octobre. 28 emplacements : 24 €/nuit pour 2 personnes avec électricité. 32 mobil-homes : 228-777 €/semaine selon la saison et le modèle.

Un domaine de 19 hectares avec en toile de fond un beau lac interdit à la baignade mais apprécié des pêcheurs. Le cadre naturel se révèle propice à la détente. Côté restauration, un snack est ouvert en juillet et août. Sont mis à disposition : barbecue pour les grillades, 2 bassins chauffés dont le plus grand peut être couvert, court de tennis, terrain multisports, trampoline, appareils de musculation, billard, baby-foot et ping-pong en salle, aire de jeux pour les petits. A la location : canoë, paddle…

Gîtes Les Buissonnets
1, chemin de Pélisse
47360 Prayssas
✆ 06 08 37 63 10

A l'année. 3 chambres doubles individuelles 30 €/nuit (draps 8 €). Gîte « Les Noisetiers » 400 € les 2 nuits hors saison, de 700 € à 1300 € la semaine. Gîte « L'Aquitaine » 80 € la nuit, 120 € le week-end, de 250 € à 320 € la semaine. Pas de petit déjeuner ni de restauration.

Au calme sur 1 hectare de terrain, une adresse confortable et fonctionnelle à 5 minutes à pied du centre du village et de ses commerces. Le gîte « Les Noisetiers » accueille jusqu'à 15 personnes, « L'Aquitaine » jusqu'à 6 personnes.

Se restaurer

Bar Restaurant Saint-Anne
5, porte Saint-Anne
47360 Prayssas
✆ 05 53 95 05 37

Ouvert toute l'année du lundi au vendredi 8h-15h, 17h-19h, le dimanche l'été. Samedi et dimanche midi pour les groupes à partir de 10 personnes sur réservation. Menu 15 €.

Que ce soit le temps d'un petit café, d'un faux-filet/frites ou du plat du jour, retrouvez l'ambiance d'un bar de village dans Prayssas même ! L'hiver, la poule au pot en spécialité se retrouve sur les tables le deuxième dimanche de chaque mois.

Boire un verre

L'Estaminet
16, place de l'Hôtel de Ville
47360 Prayssas
✆ 09 62 39 09 08

Ouvert du mardi au dimanche à partir de 9h, fermé entre 12h30 et 15h30.

Qu'il est agréable l'été de siroter en terrasse sur la place centrale de Prayssas un jus de fruits, un soda, une bière du pays ou un petit verre de vin d'un cru du coin ! Et l'hiver, à l'intérieur, pourquoi pas un bon chocolat chaud ou un thé ? La bonne halte pour la soif !

Produits gourmands

Chez Coco
30, place de l'Hôtel de Ville
47360 Prayssas
✆ 06 87 75 42 31

Ouvert du mardi au samedi 9h30-13h, 16h-19h, et le dimanche 8h30-12h30.

Coco pour Corentin, qui a ouvert fin 2020 son épicerie fine sous les arcades de la place principale avec pour slogan « comme à la ferme » ! Faites chez lui le plein de produits locaux : viandes fraîches, conserves de canard et de porc, vins, confitures et bières artisanales… Du mardi au vendredi, il propose des plats à emporter et le dimanche matin des poulets rôtis.

Agenda

Chaque mercredi soir de l'été, la place de l'Hôtel de Ville se transforme en marché gourmand nocturne.

En sortant du bois, vous retrouvez les champs, ils sont de taille relativement réduite pour la région, ce qui s'explique par les pentes qui naissent au bord de la rivière, plus contraignantes à cultiver. Sur votre gauche, un petit lac retient les eaux d'irrigation. Vous montez sur le versant en face par un chemin boisé bien ombragé, en vous retournant vous profiterez des reliefs au pied desquels vous cheminiez juste avant. Mais c'est en arrivant à un croisement auquel vous devrez tourner à droite, qu'un des plus beaux panoramas de cet itinéraire se dévoile. L'alternance des bosquets et des champs, les crêtes douces et dominantes, ici vous vous tenez sur un des points culminants du pays de Serres. Après un passage sur la route, vous bifurquez à droite sur un sentier qui descend. Ici, prenez garde à ne pas glisser. Apparaît sur la gauche une belle formation rocheuse blanche qui nous rappelle que nous sommes ici en région calcaire. C'est bien cette roche friable qui, creusée par les multiples cours d'eau, forme ces vallons encaissés qui donnent son nom à ce pays aux reliefs acérés comme des serres.

Le lac de Néguenou

En bas, vous rejoignez la route et la suivez par la gauche. Vous êtes au cœur de l'étroite vallée de la Masse. L'eau signale déjà sa présence par la station de production d'eau potable. Rapidement, vous apercevez le lac sur votre droite. Vous dépassez ensuite le forage d'eau et, derrière une haie, si le soleil est avec vous, le lac scintille en contrebas. Vous ne pourrez pas l'approcher de près, à moins de faire étape au camping. Juste avant le portail, montez à gauche à travers le bois. Au sommet, en arrivant au coin d'un champ, un point de vue à plus de 160 mètres d'altitude apparaît. Vous longez ensuite un grillage à droite, puis à gauche et sous un saule pleureur, un puits en pierre témoigne d'une présence ancienne. Sur la crête, la vue dégagée est interrompue par des pineraies sur la droite. Engagez-vous sur une route bordée de sapins et continuez sur le chemin herbeux. Parfois, des oiseaux s'ébattent dans le lac en contrebas. Vous remontez ensuite sur un sommet depuis lequel la vue est dégagée à près de 360 degrés. Vous vous engagez ensuite à droite sur la route pendant 250 mètres et tournez à gauche dans un champ. Alors que vous êtes engagés sur un sentier boisé en direction de Prayssas, les deux tours d'une grande bâtisse apparaissent sur votre droite. Entre l'école et le monument aux morts, vous pouvez profiter d'un dernier panorama sur les crêtes et les bosquets. Puis, après avoir traversé les allées Sainte-Anne, vous entrez dans le village par la rue du 8 mai 1945. Face à vous, le clocher gothique de l'église à moitié romane est classé au titre des Monuments historiques. Si vous prenez le temps de la visiter, cette église vous impressionnera par les fresques du XVe siècle qui ornent la voûte du chœur roman. Bien que ce bâtiment soit daté du XIe siècle, la partie gothique accolée à la plus ancienne, romane, prouve que plusieurs démolitions et reconstructions ont eu lieu successivement. De plus, on sait que l'emplacement de l'église du village n'a jamais bougé et qu'un édifice religieux était déjà présent bien avant le XIe siècle. D'ailleurs, dans les années 1960, les vestiges d'un chœur plus ancien ont été mis au jour un mètre et demi en dessous de celui d'aujourd'hui. Passez à droite de l'église, puis sous la halle de l'hôtel de ville, c'est l'occasion d'aller voir de près les mesures à grains. En passant la porte, vous remarquez peut-être sur la droite un puits carré en pierres de taille et en briques qui conserve un ancien mécanisme. Et face à vous, une table de pique-nique et même une table de ping-pong vous tendent les bras. Juste derrière, vous retrouvez la place du marché du Chasselas.

PRAYSSAS, BOUCLE VTT

Vous êtes à 20 minutes d'Agen, à Prayssas, un beau village de caractère perché sur les coteaux du Pays de Serres. Venez profitez des belles pierres rouges et de ses nombreuses animations en été et hiver avant de partir en VTT pour un circuit qui promet un moment intense. Vous pédalerez à travers des paysages variés : des vallons, des sous-bois, des champs... Cette balade de presque 40 kilomètres, traverse des hameaux très agréables, vous permettant d'admirer le patrimoine local ainsi que ses ouvrages architecturaux : des pigeonniers restaurés, des petites églises et des vergers. Vous aurez l'occasion de dévaler de belles pistes mais qui dit descentes, dit montées, ce circuit sera très sportif, il demandera une bonne condition physique ainsi qu'une petite expérience en VTT. Pour un peu plus de confort, n'hésitez pas à rajouter un peu d'assistance électrique à votre pédalier. Pour le départ, rendez-vous sur l'un des parkings des allées Sainte-Anne (latitude : 44.288399, longitude : 0.508077).

A travers les coteaux du Pays de Serres

Vous pouvez effectuer cet itinéraire dans les deux sens mais il est conseillé de suivre celui du balisage au triangle vélo orange (circuit 14) proposé par VTT-FFC (Fédération Française du Cyclisme), vous pouvez passer à l'Office de Tourisme pour récupérer un livret regroupant tous les parcours VTT. Partez en direction du village en longeant le chemin des remparts et suivez la départementale (D118). Vous prendrez sur la gauche le chemin de Saraillé. Le balisage est de qualité et bien présent, n'hésitez pas à suivre également la carte. Vous alternerez entre petits sentiers de terre, pistes enherbées, chemins en bordure de champs ou routes goudronnées. Les nombreuses cultures donnent au paysage un nuancier de couleurs au gré des saisons. Après un passage dans la forêt, vous arrivez au croisement où vous partirez en face en direction de Montpezat-d'Agenais. Vous croiserez « le gardien des coteaux », cet éléphant métallique grandeur nature, une œuvre de Solenne, une sculptrice passionnée. Vous prendrez le chemin de Pech Bardat un peu avant cet animal de fer. Vous longez un immense verger de noisetiers, lors d'une petite ouverture, profitez d'un point de vue magnifique sur les fruitiers, la petite étendue d'eau et les vallons verdoyants du Pays de Serres qui s'étendent à perte de vue jusqu'au clocher du village de Montpezat. Après un passage sur la route de Pagnagues, engouffrez-vous dans un petit chemin technique. Vous longez un champ et traversez le ruisseau de La Bausse. Vous dépassez d'autres vergers et des belles bâtisses pour ensuite parcourir d'autres beaux sentiers en suivant le balisage. Vous arrivez au hameau de Saint-Médard, sur une belle butte naturelle. Vous voyez l'église aux allures de temples païens, son clocher-mur et ses imposants contreforts. Après d'autres vergers et chemins enherbés, traversez la départementale (D13) et pédalez sur le chemin de Colombie jusqu'à la D118 que vous quitterez rapidement. Vous passez à travers des fermes de maraîchage et coupez la route du Lot. Vous franchirez la Masse et s'ensuivra un long moment en bordure de nombreux champs avec de beaux points de vue sur la vallée. Contemplez les pigeonniers très bien restaurés. Après quelques routes de campagne et le ruisseau de la Goutere franchi, vous suivez la petite voie goudronnée. Vous dépassez deux barrières rouges et plusieurs vergers de différents fruits jusqu'à l'église de Madaillan et son clocher atypique vu nulle part ailleurs. Vous suivez une piste terreuse et arrivez à côté du lac de Neguenou sur le site d'un grand camping. En suivant le plan et le balisage, roulez le long du chemin de Choun que vous quittez pour une voie d'herbe le long d'une petite retenue d'eau. Après une énorme montée, vous reprenez un chemin qui vous ramène tranquillement au village.

Village de Prayssas

Vous arrivez dans ce charmant village chargé d'histoire, il y a même les vestiges d'un four gallo-romain découvert dans une des maisons. Prenez le temps d'y faire un petit tour. Prayssas est un village ecclésial qui s'est organisé autour de son église. Un peu avant l'an 1000 durant « les siècles de fer », le temps était à la sédentarisation des habitants qui subissaient des pillages et autres attaques de hors-la-loi. Le concile de Charroux a alors demandé « la paix de dieu » dans le village et l'a représentée avec un cercle de protection à cinquante pas autour de l'édifice religieux, c'était « le cercle de paix ». Il est conseillé de pousser les portes de l'église Saint-Jean de Prayssas pour aller voir les fragments de fresques murales datant du XVe siècle et classées parmi aux monuments historiques.

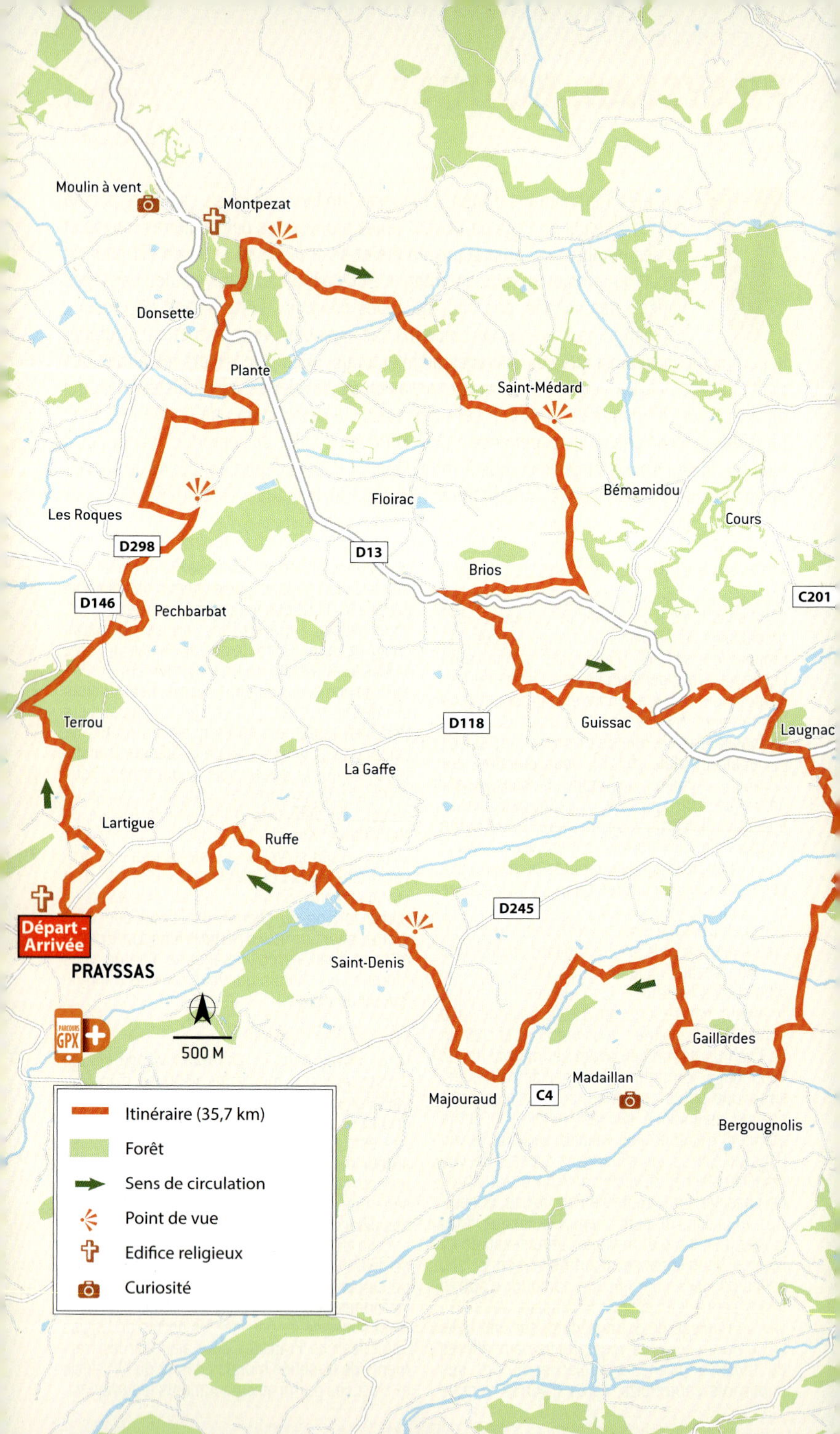
Moulin à vent
Montpezat
Donsette
Plante
Saint-Médard
Bémamidou
Floirac
Cours
Les Roques
D298
D13
Brios
C201
D146
Pechbarbat
Terrou
D118
Guissac
Laugnac
La Gaffe
Lartigue
Ruffe
D245
Départ - Arrivée
Saint-Denis
PRAYSSAS
PARCOURS GPX
500 M
Gaillardes
Madaillan
Majouraud
C4
Bergougnolis
Itinéraire (35,7 km)
Forêt
Sens de circulation
Point de vue
Edifice religieux
Curiosité

LES BONNES ADRESSES SUR LE PARCOURS

Se loger

Camping du Lac de Néguenou
2980, route de Néguenou
47360 Prayssas
✆ 05 24 29 70 96.

3 étoiles. Ouvert du 1er avril au 31 octobre. 28 emplacements : 24 €/nuit pour 2 personnes avec électricité. 32 mobil-homes : 228-777 €/semaine selon la saison et le modèle.

Un domaine de 19 hectares avec en toile de fond un beau lac interdit à la baignade mais apprécié des pêcheurs. Le cadre naturel se révèle propice à la détente. Côté restauration, un snack est ouvert en juillet et août. Sont mis à disposition : barbecue pour les grillades, 2 bassins chauffés dont le plus grand peut être couvert, court de tennis, terrain multisports, trampoline, appareils de musculation, billard, babyfoot et ping-pong en salle, aire de jeux pour les petits. À la location : canoë, paddle…

Gîtes Les Buissonnets
1, chemin de Pélisse
47360 Prayssas
✆ 06 08 37 63 10

A l'année. 3 chambres doubles individuelles 30 €/nuit (draps 8 €). Gîte « Les Noisetiers » 400 € les 2 nuits hors saison, de 700 à 1 300 € la semaine. Gîte « L'Aquitaine » 80 € la nuit, 120 € le week-end, de 250 à 320 € la semaine. Pas de petit-déjeuner ni de restauration.

Au calme sur 1 hectare de terrain, une adresse confortable et fonctionnelle à 5 minutes à pied du centre du village et de ses commerces. Le gîte « Les Noisetiers » accueille jusqu'à 15 personnes, « L'Aquitaine » jusqu'à 6 personnes.

Se restaurer

Bar-restaurant Sainte-Anne
5, porte Sainte-Anne
47360 Prayssas
✆ 05 53 95 05 37

Ouvert toute l'année du lundi au vendredi 8h-15h et 17h-19h, le dimanche l'été. Samedi et dimanche midi pour les groupes à partir de 10 personnes sur réservation. Menu 15 €.

Que ce soit le temps d'un petit café, d'un faux-filet frites ou du plat du jour, retrouvez l'ambiance d'un bar de village dans Prayssas même ! L'hiver, la poule au pot en spécialité se retrouve sur les tables le deuxième dimanche de chaque mois.

Boire un verre

L'Estaminet
16, place de l'Hôtel de Ville
47360 Prayssas
✆ 09 62 39 09 08

Ouvert du mardi au dimanche à partir de 9h, fermé entre 12h30 et 15h30.

Qu'il est agréable l'été de siroter en terrasse sur la place centrale de Prayssas un jus de fruit, un soda, une bière du pays ou un petit verre de vin d'un cru du coin ! Et l'hiver, à l'intérieur, pourquoi pas un bon chocolat chaud ou un thé ?

Produits gourmands

Chez Coco
30, place de l'Hôtel de Ville
47360 Prayssas
✆ 06 87 75 42 31

Ouvert du mardi au samedi 9h30-13h et 16h-19h, le dimanche 8h30-12h30.

Coco pour Corentin, qui a ouvert fin 2020 son épicerie fine sous les arcades de la place principale avec pour slogan « comme à la ferme » ! Faites chez lui le plein de produits locaux : viandes fraîches, conserves de canard et de porc, vins, confitures et bières artisanales… Du mardi au vendredi, il propose des plats à emporter et le dimanche matin des poulets rôtis.

Une Abeille à l'Orée du Bois
Saint-Médard
47360 Montpezat
✆ 07 86 49 32 71

Point de vente à la ferme.
Téléphonez avant de passer.

Maryline et Alain fabriquent des miels 100 % lot-et-garonnais. *Petit Futé* vous recommande les miels toutes fleurs différents chaque année et les miels de forêts, fleurs des bois, bruyères.

Artisanat

Marc Sève
Saint-Médard
47360 Montpezat
✆ 05 53 95 05 12

Le hameau de Saint-Médard abrite l'atelier d'un artisan sandalier. Marc Sève n'utilise que du cuir naturel, tanné végétalement sans chrome, pour des sandales conçues dans le respect de la tradition.

SAINT-SARDOS/MONTPEZAT, AUX ORIGINES DE LA GUERRE DE CENT ANS

Remontez le temps en marchant c'est possible ? Entre Saint-Sardos et Montpezat, oui ! Cette balade jalonnée d'histoire revient sur le déclencheur de la guerre de Cent Ans : l'incident de Saint-Sardos. Un parcours pédagogique a été mis en place tout le long, plongeant le randonneur au Moyen-Âge, il lui fait aussi découvrir l'agriculture locale et la nature sauvage. Pour rendre cet itinéraire accessible aux jambes des plus jeunes, une variante a été créée, réduisant la boucle à 8,5 kilomètres. Elle n'atteint pas Montpezat mais elle offre tout de même de beaux points de vue sur le village. Les cavaliers mettront environ 2 heures 40 pour faire cette balade, en VTT, il faudra 2 heures aux cyclistes rompus aux dénivelés et aux chemins de terre. Beaucoup de tronçons ne bénéficient pas d'ombrage, pensez à vous équiper en fonction de la saison. Le départ se fait de la place de la mairie (latitude : 44.340145, longitude : 0.478433), derrière l'église où un panneau thématique vous dévoile l'histoire sanglante de la ville.

L'incident de Saint-Sardos

En sortant de Saint-Sardos, vous suivez le balisage vert et passez devant un séchoir à tabac et tournez à droite le long d'un verger de noisetiers. Vous tournez à gauche entre deux parcelles puis à droite, dans un bois. Sur votre droite, plantée dans une souche, une épée médiévale. L'histoire est passée par ici, de toute évidence. Vous émergez dans un large champ, où seul un grand pin parasol vous invite à vous approcher. Le point de vue est superbe, largement ouvert. Une table pédagogique vous montre le château de Montpezat disparu deux fois. La première fois au XIe siècle, au cours de la guerre des Albigeois, il fut reconstruit en 1220. La seconde fois en 1324, en représailles à l'incident de Saint-Sardos. Le roi de France, Charles IV, confisque la Guyenne à la couronne anglaise, équivalent approximatif de l'Aquitaine. Les princes français font tomber toutes les places de la région, les unes après les autres. C'est peut-être de là où vous vous tenez que les soldats du roi de France, fonçant sur Montpezat, furent les derniers à voir son château. Vous descendez ensuite à droite vers le cimetière et empruntez prudemment la route vers la gauche. Après une montée dans les bois, vous atteignez un superbe point de vue sur votre gauche qui se découpe sur plusieurs plans : d'abord les grands champs autour des fermes hiérarchisés par les lignes des haies et des bosquets.

Montpezat.

MONTPEZAT
SAINT-SARDOS
Départ - Arrivée
Voie de Saint-Jean
Lapique
Rue du Midi
Laplante
Pigeonnier
Pech Lafage
Lieu-Dit Lussac
Les Faures
Mitayne
Labarque
Beaulieu
Pont
«Tablette» Clutures d'hier et d'aujourd'hui
Anc. balance publique
Cap del Bosc
Pigeonnier
Les Parguères
Tombeau
Pupitre vue sur Montpezat
Ramontel
Barbat
Donsette
Lastuques
D13
Lieu-Dit Planté
Pigeonnier
Béoulayguet
D432
Menau
Lachaubarde
Poutou
Saint-Maurice
Chemin de Lalouquerie
Mauroux
Route de la Tuilerie
La Bause
Sérézou
Lateóulère
Pont en pierre
Jurquet
Tour Moulin à vent
D298
La Blanche
Saint- Amans
Observatoire Lecture du Paysage
Bordelle
Lapause
Carrolis
Le Clotet
La Portalle
Plénié
Latapie
PARCOURS GPX
Itinéraire (16 km)
Forêt
Sens de circulation
Point de vue
Edifice religieux
Curiosité
300 M

© ADRT47

Saint-Sardos.

Et au fond les collines, où se répètent ces mêmes paysages. Vous marchez le long d'un chemin de crête d'où vous dominez les doux vallons couverts de bois. Alors que vous passez entre une chênaie et un champ, une petite église gasconne se tient sur votre gauche, succédée plus loin par des noisetiers. Vous rejoignez un chemin de terre et croisez une tour moulin à vent avant d'entamer une descente. Au milieu, un observatoire de lecture du paysage vous invite à faire une halte. D'ici, la vue sur Montpezat est intégrale, le moulin à l'extrémité gauche et l'église, massive avec sa flèche structurent le bourg. Le panneau thématique explique, entre autres choses, que la région a subi un important dépeuplement pendant la guerre de Cent Ans, ce qui est très ironique compte tenu du fait qu'elle démarra par crainte d'une émigration. Cette crainte était celle du seigneur Raymond Bernard de Montpezat qui voyait d'un mauvais œil l'établissement d'une bastide à Saint-Sardos. Ces villes nouvelles attiraient du monde par la sécurité et la liberté qui y régnaient. Si cette bastide accueillait les villageois de sa ville, Raymond perdrait une part des impôts qu'il prélevait. Il intervint donc au début de sa construction, le 16 octobre 1323, soutenu par quelques troupes du roi d'Angleterre. Il ruine le village et le château et pend le procureur du roi de France. C'est l'incident de Saint-Sardos.

Montpezat

Au bout d'un chemin herbeux, tournez à gauche à l'angle d'un verger de noisetiers. Vous passez au-dessus du ruisseau du Martissan puis faites quelques pas vers la gauche sur la D298. Vous montez ensuite à droite sur la colline de Montpezat. Retournez-vous sur le paysage en puzzle où s'emboitent champs, vergers et bosquets. Vous montez ensuite dans un chemin boisé où se cachent des oiseaux et au sommet, Montpezat se découvre. Vous entrez dans le village et le traversez en direction de l'église. Là, vous êtes devant l'une des sept églises de la commune. Celle-ci est l 'extension d'une chapelle originelle de 1482 qui faisait corps avec le mur d'enceinte du château. Des vestiges de ce mur sont encore visibles juste en face. Vous montez vers le moulin à vent par les escaliers, là un espace de jeux est aménagé pour les enfants. Les plus grands se régaleront du panorama fabuleux qui s'étend sous les ailes du moulin. En redescendant, vous longez la falaise et passez sous un remarquable chêne vert témoin d'un grand pan de l'histoire. Avant de continuer, les amateurs de truffe s'arrêteront à la truffière école pour tout apprendre sur cette culture. Puis, vous vous engagerez doucement et prudemment sur le chemin qui dévale la colline. Vous longez ensuite un verger de noisetiers et alors que vous bifurquez à droite après un pont, vous passez entre des pruniers. Un peu après, le point de vue sur Montpezat se dégage, le moulin et l'église se détachent dominant le reste de la ville.

De la guerre à la noisette

Vous montez à gauche en longeant un fossé puis sous un couvert boisé. Vous cheminez ensuite entre les champs jusqu'à un crib à maïs. Un peu avant de l'atteindre, vous profitez d'un panorama à presque 360 degrés. Vous tournez ensuite à gauche le long du crib. Alors que vous rejoignez la route, les vergers se multiplient autour de vous. Le Lot-et-Garonne produit la majeure partie des noisettes françaises, pourtant il ne s'agit pas vraiment d'une culture historique comme la prune. C'est dans les années 1970 que les vergers ont commencé à se développer intensivement. Ce sont d'ailleurs souvent des pruniculteurs qui se sont diversifiés avec cette production complémentaire à celle de la prune d'Ente. En effet, l'équipement agricole et les terrains favorables sont les mêmes pour les deux cultures, leurs périodes de récolte, elles, se succèdent, permettant donc aux producteurs de combiner facilement les deux. Au niveau d'une cabane en bois, vous trouverez des tablettes thématiques pleines de bonnes choses à savoir sur la noisette. Vous traversez ensuite un bois qui débouche sur la route de l'aller, menant à Saint-Sardos. Vous arrivez devant l'église de l'ancien prieuré fondé en 1153 sous l'égide l'abbaye de Sarlat. À l'époque, ces terres appartiennent à la seigneurie de Montpezat. Lorsqu'en 1279, l'Aquitaine est rendue au roi d'Angleterre, Sarlat ne fait pas partie de la transaction. Le prieuré est donc français, sur des terres anglaises. Dix ans plus tard, le seigneur Rainfroy II de Montpezat aurait investi le prieur de Saint-Sardos de la seigneurie de ce lieu. Les années suivantes, le projet de construire là une bastide émerge puis est décidé et entamé en 1323. Cela n'est pas du goût du fils et successeur de Rainfroy II, Raymond Bernard qui détruit l'église comme le reste lors de son assaut sur le prieuré. Pourtant, le portail sculpté classé monument historique est un vestige de l'époque, incorporé à la nouvelle construction au XIXe siècle.

LES BONNES ADRESSES SUR LE PARCOURS

À visiter

Le lac du Salabert

Créé dans les années 1990, ce lac de 25 ha aux rives bordées d'arbres est un site naturel abritant plus d'une centaine d'oiseaux sédentaires et migrateurs. Un observatoire avifaune y a été installé. En 2015 a été inauguré un sentier d'interprétation faisant le tour du lac, pour découvrir sa faune et sa flore. Il est également possible de suivre un parcours de géocaching Tèrra Aventura.

À visiter/produits gourmands

La Maison de la Noisette

Ferme La Campelière
47360 Lacépède
✆ 05 53 95 98 29

Toute l'année. Boutique ouverte de janvier (sauf du 15 au 31.01) à mars 14h30-18h, d'avril à août 10h-12h, 14h30-19h, en septembre et octobre 10h-12h, 14h30-18h30, en novembre 14h30-18h, en décembre 10h-12h, 14h30-18h. Visite : 5 € (gratuit -12 ans). Voir les horaires sur www.lamaisondelanoisette.com

Faites votre éducation sur la noisette au cours de la découverte ludique de l'exploitation de la famille Durand. Vous deviendrez incollable sur ce fruit à coque, star de la région, que vous retrouverez en boutique décliné sous bien des formes : en cuisine (huile, farine), pour l'apéro (grillées ou dans des pâtés au foie gras) et même en cosmétique (savons). Parmi les produits phare, Petit Futé vous recommande la crème à tartiner « La Chabraque » et « Les Mutines », un praliné de noisettes fourré d'éclats et enrobé de chocolats noir et lait. A s'en lécher les babines !

Se loger

Le Domaine de Pagnagues

47360 Montpezat
✆ 06 44 17 67 20

4 gîtes de 6 à 12 personnes.
Week-end (2 nuits) : de 350 € à 2 400 €.
Semaine : de 420 € à 6 270 €.

Un hameau idyllique sur une propriété de 40 hectares entourée de vergers et de prairies. La famille Chambon a tenu à préserver l'authenticité de son domaine, une ancienne ferme templière, à laquelle un grand colombier en pierre apporte une touche charmante supplémentaire. Chaque gîte dispose de sa piscine. Les 4 hébergements peuvent se louer ensemble pour des groupes jusqu'à 35 personnes avec la possibilité de prendre les repas en commun. Des producteurs locaux assurent des prestations traiteur.

Gîte du Soulou

Lieu-dit Soulou Nord
47360 Lacépède

Réservation par Gîtes de France au ✆ 05 53 47 80 87 ou sur : www.gites-de-france-47 (référence 981001).

Avec une vue bucolique sur un lac, ce gîte fonctionnel d'1 chambre (jusqu'à 4 personnes) est apprécié des marcheurs et des pêcheurs. Le miel de tournesol de Sylvie a obtenu une médaille d'argent au concours des miels de France. Vous aurez le plaisir d'y goûter en cadeau de bienvenue.

Produits du terroir

Place Olivier Lebrère
47360 Montpezat

Le mercredi de 17h à 19h.

Situé à côté de l'école de la commune, sur la départementale 13, ce marché hebdomadaire de campagne rassemble producteurs et artisans du coin. Vous y trouverez par exemple le miel et les pains d'épices de Cyrille l'apiculteur mais aussi les pains de Marie fabriqués au levain naturel et à base de farines bio locales produites sur meule de pierre. Les anciennes variétés de blé utilisées leur donnent le vrai goût du pain paysan d'antan.

Activités

Atelier de poterie

2, Place de la Mairie
47360 Montpezat
✆ 05 53 87 19 98

17 € les 2 heures.

Un atelier artistique organisé par Alexa Kergomard un jeudi sur deux de 15h à 17h dans les locaux de l'épicerie associative Trait d'Union.

Centre équestre La Ballarade

455, chemin de Ballarade
47360 Lacépède
✆ 06 83 01 70 42

Ballade à cheval 20 € de l'heure,
à poney pour les enfants 17 € de l'heure.
Sur réservation.

Camille, toujours joviale, va vous faire découvrir la très jolie campagne entourant le village de Lacépède. Elle peut même vous conduire jusqu'au lac du Salabert et vous en faire faire le tour.

CASTELMORON-SUR-LOT, UN PORT FLUVIAL SUR LE LOT

Vous partez pour une longue balade de plus de 19 kilomètres que vous parcourrez en 5 heures environ. Vous accuserez un dénivelé cumulé de 600 mètres, ce qui apporte de la difficulté en plus de la longueur. Cela dit, les chemins sont plutôt praticables en saison sèche mais peuvent être très humides au printemps. Un long passage sous des palombières pousse le randonneur à éviter cette balade en octobre et novembre, période de la chasse à la palombe. Vous traverserez des paysages diversifiés et les chemins de crête vous ouvriront des points de vue magnifiques. En plus des éléments naturels, vous partirez à la rencontre de l'histoire grâce à un patrimoine qui a traversé les âges. Cette balade est aussi accessible aux cavaliers et aux cyclistes entraînés ou équipés de vélos à assistance électrique en raison du dénivelé. Pour le départ, rendez-vous sur la place de l'église (latitude : 44.3965200, longitude : 0.49481391) et repérez le balisage jaune.

Un tour dans la ville

Vous êtes au pied de l'église Saint-Hilaire, édifice massif et régulier, construit dans les années 1850 dans un style néo-gothique pour remplacer l'église originelle. Elle avait été bâtie au XIIIe siècle, à la même époque que la fondation du château mais fut démolie pour laisser place au pont construit en 1845. Vous vous dirigez vers la fontaine qui distribue de l'eau de source aux habitants depuis le XIXe siècle. Derrière elle, la halle en fer édifiée aussi au XIXe est venue remplacer l'ancienne en bois. Au détour de la ruelle du Docteur Berguin, vous entrevoyez le Lot encadré par deux murs. À partir de la place de l'étendoir, vous descendez le long de la rivière avant le barrage. Vous faites alors volte-face pour vous diriger vers le pont. Sur la rive d'en face, vous apercevez la plage. La baignade y est surveillée les après-midi de juillet et d'août et tout l'été, des bateaux, pédalos, canoës et autres paddles sont disponibles à la location. La restauration y est aussi assurée par le camping, de quoi profiter d'une journée de pleine détente. Juste après le pont, vous êtes face à une fontaine représentant deux cygnes et portant les armoiries de la ville à ses quatre coins. Nous avons peut-être ici la réunion des deux interprétations du nom de la ville. En effet, les armoiries représentent un château surmonté d'une tête de Maure. De ce que l'on en sait, ce blason datant de 1697 fait références aux invasions par les Maures. En revanche, il existe une seconde hypothèse sur l'étymologie du nom de la commune, celui-ci viendrait de Mauron ou Moron, signifiant « marais » en celte. En effet, à l'origine, la ville fut édifiée dans une zone marécageuse, ce que l'on peut relier aux deux cygnes de la fontaine nageant entre les nénuphars sous un saule pleureur. Le doute sur l'origine du nom de la ville est entretenu par le château Solar sous lequel vous passez juste après. Ce grand édifice dont la terrasse surplombe la rivière adopte un style architectural néo-mauresque, dans la droite ligne de l'Alhambra de Grenade qui inspira son créateur. L'origine de ce château se confond avec la construction de la ville au XIIIe siècle mais son architecture actuelle est le fruit d'une rénovation du XIXe par les époux Solar. À l'époque, les vestiges du château originel n'étaient pas très nombreux et ils donnaient à voir une place forte typique du Moyen-Âge. En effet, bien que l'on confonde aisément les deux, Castelmoron n'était pas une bastide à proprement parler puisque la ville s'est construite autour du château, il s'agissait plutôt d'un « castrum ». En plus, aucun acte fondateur ni coutumes ne fut promulgué, contrairement à la tradition des bastides. On sait que la ville était tout de même fortifiée jusqu'au XVe siècle, date à laquelle les Français en reprirent possession et démantelèrent les remparts. Le château que vous avez sous les yeux est donc bien différent de l'original, d'ailleurs, il fut racheté par la commune en 1901 pour devenir l'hôtel de ville et des travaux de réparation ont entraîné la suppression d'un certain nombre de menuiseries sur la façade que vous voyez. Donc, bien qu'il cultive la confusion, Castelmoron ne signifie pas château-maure mais bien château des marais. Vous contournez le château et montez la côte du Rocher. Se découvre un point de vue sur l'église, le château et le Lot sur votre gauche et en prenant plus de hauteur, ce sont les méandres de la rivière qui vous apparaissent.

En direction de Sermet

Alors que les résidences deviennent très éparses, le refuge de l'espérance, une maisonnette en pierre, vous invite pour une halte.

Bourran
Batistal
Sermet
Bruguette
Bretoule
Jonquas
D202
Chalès
Comarque
Château
Le Caillou
Pech de Born
Le Moulin
de Comarque
Besse
Le Bretou
Chopis
Malvinot
Castel Roc
Rasinié
Bois de
Fromentière
Côte
du Rode
D101
D314
Mathiot
Cauffour
Pourret
D13
Pesquié
Jacquet
d'Agan
Charié
Cruzel
VC2
Lacastagnal
Bois du Pinié
Le Camuzol
Bouyssou
Gaydoux
Librou
Conord
La Rigonne
D225
Roumégade
Sur le Roc
Cornière
Pigeonnier
Lidière
Péchaud
La Côte
du Rocher
Départ -
Arrivée
Fongrave
D249
CASTELMORON-SUR-LOT
Le Lot
300 M
PARCOURS
GPX
Itinéraire (19,2 km)
Forêt
Sens de circulation
Point de vue
Edifice religieux
Curiosité

LES BONNES ADRESSES SUR LE PARCOURS

À voir

Latour-Marliac, Le Jardin des Nénuphars
Le Bourg
47110 Le Temple-sur-Lot
✆ 05 53 01 08 05

Ouvert du 15 avril au 15 octobre, du mardi au dimanche 10h-18h. 7,50 €, 3,75 € pour les 6-12 ans. Groupe à partir de 10 : 5,50 € par personne. Visite libre avec livret d'accompagnement.

Enchanteur : voilà l'adjectif qui vient en tête quand on se promène au milieu des bassins de centaines de nénuphars colorés ! Fruits du travail du botaniste du XIXe siècle Joseph Bory Latour-Marliac, ces fleurs délicates inspirèrent le peintre Claude Monet qui en importa pour sa propriété de Giverny. Faites une pause en terrasse au café Marliacéa pour boire un verre, manger une glace et, surtout, profitez de la vue exceptionnelle ! Du 1er mai au 30 septembre, un restaurant sur place sert le midi une cuisine traditionnelle.

Se loger / Se restaurer

Les Rives du Plantié
Route de Castelmoron
47110 Le Temple-sur-Lot
✆ 05 53 70 22 26

Ouvert toute l'année, sauf entre Noël et le jour de l'An. Chambre double 109 €. Petit déjeuner 11 €. Parking inclus. Menus à partir de 29,50 €.

Ce corps de ferme du XIXe siècle abrite un hôtel 4-étoiles. Un standing qui se voit indiscutablement dans les 10 vastes chambres finement décorées. La piscine magnifique apporte une touche d'élégance supplémentaire à ce havre de paix. Le restaurant se hisse au même niveau d'exigence avec une cuisine de terroir créative.

Produits du terroir

Fromagerie Baechler
Lieu-dit Broc
47110 Le Temple-sur-Lot
✆ 05 53 84 90 24

Ouvert du lundi au vendredi de 8h à 12h et de 14h à 18h, le samedi de 8h à 12h.

Depuis cinq générations, cette institution met à l'honneur un savoir-faire fromager en Lot-et-Garonne. Bénéficiant du lait des exploitations agricoles environnantes, les gammes de fromages proposées sont diverses et comblent les tables familiales comme les restaurants. Est aussi fabriqué un beurre de baratte extra-fin doux ou aux cristaux de sel de Noirmoutier. De la tomme des croquants à celle de brebis en passant par les nombreuses raclettes parfumées, c'est toute une palette de saveurs qui fait de cette fromagerie une spécialiste de la production de produits laitiers.

Activités

Base de loisirs Nautilius-BKS
Gazaille
47260 Castelmoron-sur-Lot
✆ 06 17 17 61 60

Juillet/août 9h30-18h. Juin/septembre/octobre sur réservation. Canoë-kayak : à partir de 12 €, de 6 à 12 ans à partir de 10 €. Barque de pêche, équipement fourni : à partir de 80 € la demi-journée. Pédalo à partir de 15 €, bateau à moteur sans permis 5 places à partir de 40 €, hydroplane à partir de 25 €.

Profitez du Lot en louant un canoë, un paddle, un kayak ou un bateau à moteur sans permis si vous voulez vous épargner l'effort de pagayer. Vous vous laisserez peut-être tenter par l'hydroplane, une embarcation ludique qui se pilote à l'aide d'un joystick. Parfaite aussi pour la pêche, cette base de loisirs est un vrai petit paradis aquatique.

Les Croisières du Lot
✆ 07 78 11 16 50
www.lescroisieresdulot.fr

D'avril à octobre. Voir le site pour les lieux, jours et horaires de départs. Balade 1h30 : 10 €/adulte, 8 €/enfants 3-10 ans. Croisière repas 3h : 46 €, 32 € 3-10 ans. Croisière repas 4h30 : 60 € (36 € 3-10 ans). Croisière terroir : 37 € (16 € 3-10 ans).

Embarquez depuis le Port-Lalande pour des balades sur le Lot d'1h30 ou des croisières déjeuners de 3h ou 4h30. Vous aurez tout loisir d'admirer la beauté des paysages et des villages au fil de l'eau. Vous découvrirez un patrimoine plein de richesses. Les repas à bord constituent d'excellentes occasions de profiter de la cuisine locale, notamment la « Croisière Terroir » du soir et son assiette gasconne.

Au sommet, un long chemin de crête ombragé longe successivement quelques champs, des vergers et des pâtures. Au bout de cette allée, après le château d'eau, vous tournez à droite sur la route pendant un peu moins de 200 mètres et tournez à gauche direction Labrou. Après les vergers et le domaine de Labrou, sortez du bitume et engagez-vous à droite sur un chemin herbeux. De là, dans la direction ouest, on aperçoit le moulin de Gorry du village voisin de Grateloup-Saint-Gayrand. Comme il est situé à 162 mètres d'altitude, il se voit de loin et à la nuit tombée, ses ailes s'éclairent pour qu'on ne le perde pas de vue. En sortant du chemin, vous marchez 120 mètres sur la D101. À gauche, vous voyez Coulx et à droite Monclar, entre les deux, c'est Montastruc. Ces villages, toujours construits en hauteur pour optimiser leurs capacités défensives portent souvent des noms qui incluent cette notion de « mont ». Pour Montastruc, elle est complétée par le mot « astruc » qui signifie « chanceux » en occitan et pour Monclar, l'interprétation est plus simple et donne le « mont clair ». Au pays des pechs, vous trouvez aussi Monbahus, Monviel, Montignac, Miramont, et tant d'autres. Vous descendez ensuite vers deux maisons, après la dernière vous prenez à droite sur un sentier. Vous sortez alors sur une route que vous suivez vers la gauche en direction de Jonquas. Après la maison, vous passez sur un talus à droite et gagnez un chemin le long d'un verger de pruniers. Vous traversez un ruisseau et vous vous trouvez à l'ombre, entre des haies, sur un chemin pierreux. Vous regagnez ensuite la route que vous suivez vers Sermet. Vous passez alors devant l'église dont la particularité est de ne pas avoir de clocher mais une unique cloche basse, à droite de la porte. Cette caractéristique est d'autant plus étonnante qu'il s'agit d'un bâtiment assez important à l'architecture travaillée. Elle fut probablement construite au XIVe siècle, pendant la guerre de Cent Ans, alors que la commune était sous domination anglaise. Aujourd'hui elle est inscrite à l'inventaire général du patrimoine culturel.

À travers plusieurs bois

En sortant du hameau, vous montez légèrement, ce qui vous permet d'accéder à un point de vue sur les paysages alentours constitués principalement de champs et de bosquets et plus loin, de collines. Au carrefour, prenez la route en direction de Monclar, puis engagez-vous dans le bois sur votre droite. Vous ressortez alors sur la D101 sur laquelle vous restez jusqu'à pénétrer dans un bois sur la gauche juste avant le portail du château de Comarque. Vous débouchez sur la D202 et là, après un garage en brique, une véritable image d'Épinal vous attend dans un panorama à 180 degrés. Plus vous avancez, plus cette vue se dégage et bientôt, au loin devant vous, le village de Monclar, dont vous voyez pointer le château d'eau et le clocher. Vous tournez à droite dans un champs au niveau d'un virage, vous le longez par le haut et redescendez vers un bois. Vous continuez entre la lisière de ce bois et de grands vergers de pruniers. Ici, vous êtes à l'ombre, dans la fraicheur humide des chênes et de la mousse. Le sentier monte et peut être boueux selon la météo. Vous retombez ensuite sur la D101 que vous n'empruntez que sur quelques mètres avant de remonter sur un chemin de cailloux. Sur le bitume, prenez le temps de sortir votre appareil photo pour apprécier le magnifique panorama de bois, de champs et de vergers avec, en son milieu, la ville de Castelmoron. Vous longez ensuite un stand de tir à l'arc sur un plateau dégagé et empruntez un chemin de crête dans les bois. Alors que l'humidité était très importante dans la forêt précédente, ici le contraste est saisissant. La végétation beaucoup plus méditerranéenne vous indique que vous êtes dans une zone bien plus sèche. Cette différence s'explique en partie par le fait que vous vous trouvez sur un sommet calcaire où la pluie s'infiltre et ruisselle, ne conservant pas l'humidité. Sur votre gauche un point de vue se devine entre les arbres. Vous descendez en longeant des jardins et alors que vous arrivez à la D13, traversez prudemment et montez en face vers Jean del Roc. Arrivés en haut, prenez à gauche avant une haie et continuez sur le sentier des palombières. Ici, elles ne sont pas organisées comme dans la plupart des forêts du département. De simples tours de guet implantées entre un bois et une clairière permettent de voir arriver les pigeons. Ils sont ensuite encouragés à se poser dans la clairière afin d'être facilement chassés. Ces tours sont nombreuses à se succéder, mieux vaut éviter ce chemin en période de chasse, mais si vous y passez quand même, sifflez et attendez que les chasseurs vous donnent la permission de continuer. Vous atteignez alors le Pech de Born où vous empruntez la route vers la droite. Après quelques dizaines de mètres, vous tournez à droite sur un chemin de terre bordé par des haies. Un panonceau avec une coquille Saint-Jacques vous indique que vous croisez un itinéraire pour Compostelle qui se trouve à 1103 kilomètres de là. Peut-être rencontrerez-vous quelques pèlerins. Au bout, vous grimpez sur un talus qui vous donne accès à une voie caillouteuse depuis laquelle vous pouvez voir s'étaler des vergers. Ils se font de plus en plus nombreux alors que vous arrivez dans l'agglomération. Ces cultures nécessitant beaucoup d'eau poussent beaucoup mieux dans cette zone de très basse altitude irriguée par les nombreux affluents du Lot. Vous traversez ensuite une route, puis longez une ferme. Alors que vous arrivez au cédez le passage de la D225, tournez à droite et longez la route avec la plus grande prudence. Après un garage automobile, prenez à gauche. Vous vous dirigez ensuite vers le stade et passez devant un parcours de santé. Vous êtes bientôt arrivés et vous avez donc parcouru plus de 18 kilomètres. Les installations sportives peuvent être l'occasion d'une halte et d'une séance d'étirements qui évitera les courbatures du lendemain. Vous longez ensuite le cimetière et traversez une place avant de revenir à l'église par la rue du 11 novembre. Sur le côté de l'édifice, un point d'eau potable sera probablement le bienvenu pour remplir vos gourdes après cette longue marche.

TOURTRÈS, DU PECH DU MOULIN À VENT AU BOIS DE VERTEUIL

Situé en haut d'un pech culminant à 177 mètres d'altitude, le village de Tourtrès bénéficie d'une vue à 360 degrés sur les paysages alentour. Vous descendrez dans la plaine entre champs et forêt avant de remonter. Un peu moins de 3 heures de marche vous seront nécessaires pour parcourir les 11 kilomètres de cette balade. Les larges chemins qui la composent sont tout aussi accueillants pour les cyclistes et les cavaliers. Une bonne partie du parcours se fait en forêt, ici, les palombières sont très nombreuses et il peut être préférable d'éviter ce circuit pendant les mois d'octobre et de novembre, période de la chasse à la palombe. C'est au retour que vous passerez devant le moulin à vent et l'église du village, des panneaux thématiques vous accompagneront dans cette découverte. Votre départ se fait du parking (latitude : 44.505343, longitude : 0.427584) qui vous offre un profond panorama sur les bois de Verteuil et de Tourtrès que vous traverserez bientôt.

Une activité principalement agricole

Vous suivez le balisage bleu et après être sorti du parking, vous descendez par la route communale C110, vous avez alors le temps de prendre de nombreuses photos du panorama qui se rapproche, et pourquoi ne pas activer carrément le mode caméra ? En arrivant à l'angle d'un verger, engagez-vous sur la gauche et profitez du point de vue sur le lac et la pinède qui s'étend derrière. Vous descendez ensuite entre des champs pour remonter le long d'un bois de brousse où les pins cohabitent avec les genêts, les ajoncs et les aubépines bien serrés. Alors que le bois se répartit maintenant des deux côtés du chemin, ce sont majoritairement des chênes qui poussent sur votre gauche accompagnés de toute la végétation basse qui prolifère sous les pins. Se découvre là une grande palombière équipée de son guet en hauteur. En sortant du bois, tournez à gauche le long d'une allée de cyprès, sur votre droite une chapelle en ruine est aujourd'hui végétalisée. Vous descendez la route, un peu avant de traverser le ruisseau du Nauzillou, au hameau du Râle, vous croisez un séchoir à tabac, vestige d'une culture qui fut largement pratiquée par ici.

Les bois successifs

Vous montez dans une forêt de feuillus, en haut, tournez à droite et continuez tout droit. Un peu avant la fin du champ, une palombière se cache sur la droite. Quand vous longez de nouveau des champs, droit devant vous, se dresse le superbe clocher de Tourtrès, avec ses quatre arcades. Construction gothique flanquée sur une église romane, ce clocher est classé au titre des monuments historiques depuis 1957. En vous tournant vers la droite, vous pouvez encore déclencher votre appareil photo, à moins que vous ne preniez le temps de sortir vos crayons pour croquer ce superbe point de vue. Un vallon de pins sur la gauche et un autre de chênes sur la droite encadrent un tableau sur plusieurs plans. D'abord les cultures, qui s'alignent, puis les bosquets qui ponctuent les collines et au sommet, sur la ligne de crête apparaît Monclar reconnaissable à son château d'eau. Après une descente vers la route, vous montez entre des champs. Arrivés au sommet, le bois de Verteuil se dresse comme un mur dont les chênes forment un premier pan, renforcé par des pins juste derrière.

Le fief des palombières

Alors que le chemin tourne à droite, vous rencontrez une immense palombière à trois miradors. Ces tours permettent au chasseur de guetter l'arrivée d'un vol de palombes, ou pigeons ramiers en migration depuis le nord vers le sud. Prenez garde aux nombreux fils près du chemin. À ces fils, les chasseurs attachent des pigeons d'élevage dits « appelants » sur des raquettes, lorsque des palombes arrivent, ils actionnent les fils de manière à déséquilibrer les appelants qui battent alors des ailes. Cela a pour effet d'attirer les oiseaux migrateurs qui se posent dans les arbres ou sur les sols dégagés alentours. Ils sont ainsi à portée de tir de fusil. En continuant le chemin, vous suivez un très long couloir de chasse qui mène vers un quatrième mirador.

TOURTRÈS
Départ - Arrivée
Pigeonnier
Faytou
Le Touron
C110
C102
Labarthe
Lieu-Dit Laliguet
Lieu-Dit Labarthe
Labarthe
Bois de Tourtrès
Bois de Verteuil
Ruisseau de la Forêt de Tourtrès
D120
Le Pinvert
Feytou
Paris
Taradel
Ancienne chapelle
Andeguils
Laboulogne
Lieu-Dit Mérignac
La Râle
Le Colombier
Le Nauzillou
Belboutier
D314
Le Thiers
Massy
Marot
300 M
PARCOURS GPX
Itinéraire (11 km)
Forêt
Sens de circulation
Point de vue

LES BONNES ADRESSES SUR LE PARCOURS

Se loger

Gîte de Vincés
1518, route du Lac
47380 Tombebœuf
✆ 06 25 51 74 46

Toute l'année à partir de 6 personnes minimum et jusqu'à 13. Basse saison : nuits de 190 € à 250 € en fonction du nombre de personnes (draps et ménage en supplément). Juillet et août : 1 245 € la semaine.

Avec ses pierres et poutres authentiques, cette maison à colombages de style rustique restaurée avec soin forme un bel écrin. Tournée vers l'accueil de groupe, elle comprend 4 chambres, 1 agréable cuisine/séjour, un jardin avec piscine. Ce logement est situé dans la commune voisine de Tombebœuf, à quelques kilomètres à peine de Tourtrès.

Appart'Hôtel Les Perles du Lac
255, rue Principale
47380 Tombebœuf
✆ 06 70 73 74 84 - 06 77 45 22 75

Studio 55 € la nuit. Appartement 2 chambres (4 couchages) 75 € la nuit. Appartements de 6 ou 7 couchages 85 € la nuit.

Également à Tombebœuf, cet ancien hôtel a été transformé en 8 appartements entièrement refaits à neuf en 2021. Chaque logement est pourvu d'un coin cuisine, d'une salle de bains. Si vous n'avez pas envie de préparer votre propre tambouille, un restaurant se trouve au pied de l'immeuble. Les Perles du Lac mettent à disposition de ses résidents une piscine ainsi qu'une salle de jeux et de détente avec TV, table de billard, baby-foot…

Se restaurer

Restaurant du Lac
255, rue Principale
47380 Tombebœuf
✆ 05 53 64 02 41

Service le midi 7j/7, le vendredi et le samedi soir. Menus à partir de 13 €.

Situé au rez-de-chaussée de l'Appart'Hôtel Les Perles du Lac, ce restaurant est doté d'une jolie vue sur la campagne environnante. Le chef Christian Bertrand y sert une cuisine traditionnelle, où les viandes sont mises à l'honneur, mais aussi des pizzas, des burgers, des grandes salades l'été. La période estivale, c'est aussi l'occasion pour venir boire un verre, manger une glace.

Petite restauration

Boulangerie Pâtisserie Patemy
2, rue de la Poste
47380 Tombebœuf
✆ 05 53 88 82 47

Ouvert du mardi au samedi 6h45-12h30, 16h-19h, le dimanche 6h45-12h.

Pizzas, quiches, sandwichs, viennoiseries, gâteaux : ici, tout est fait maison par Jean-Patrick ! On y trouve aussi des glaces l'été. Des tables sont installées devant la boutique.

Activités

Le Ranch du Bel Air
47350 Labretonie
✆ 06 74 87 46 39

Cours et balades : 21 €/1h, 40 €/2h, 65 €/journée. Stage d'initiation enfant 30 €/1/2 journée, 50 €/journée. Nuit en chambre d'hôtes : de 45 à 55 €. Studio équipé : 80 €. Roulotte : 35 €. Dortoir (12 places) : 18 € par personne. Canadiennes : 8 € par personne. Petit déjeuner 5 €. Repas du soir : 18 €. Panier pique-nique : 8 €.

Niché dans un joli coin de campagne, Le Ranch du Bel Air organise des randonnées équestres et des cours pour tous les âges. Le centre met aussi à disposition des hébergements sympathiques et à petits prix pour la nuit, ainsi qu'une restauration sur place (cuisine maison à base de produits locaux). Selon les saisons, charcuterie, salades composées, fruits frais composent les paniers pique-nique à emporter.

Ces camouflages permettent aux chasseurs de se déplacer discrètement entre les tours car leurs proies ont une vue extrêmement perçante, supérieure à celle de l'humain. Plus loin une deuxième palombière est constituée de plusieurs cabanes mais sans tour de guet. On comprend que l 'organisation des paloumayres (chasseurs de palombes) se fait selon différents critères et que tous ne construisent pas leur poste de chasse de la même manière. Nous en avons la confirmation avec une troisième palombière dont le mirador n'est construit qu'à mi-hauteur des arbres. Ici, le poste de guet doit aussi servir de cabane de vie pour les chasseurs. Vous remarquerez que les palombières s'implantent majoritairement dans les bois de chênes, ici, vous ne les voyez que sur la gauche du chemin alors que le côté droit est peuplé tout à fait différemment. En effet, on y trouve des pins qui baignent dans un tapis de fougères, le couvert est plus dense et l'atmosphère moins lumineuse. Hors période de chasse, les oiseaux trouvent ici un habitat agréable et varié, on y entend parfois des pic-verts. Vous croisez ensuite un banc et une barrière de bois derrière lesquels est construite une palombière dont la cabane est en dur, synonyme d'un confort optimal pour les chasseurs. Vous tournez bientôt deux fois à gauche en passant sous un mirador puis sous une passerelle de bois et de béton. Sur la droite, une cabane en fer équipée d'un système de vidéo-surveillance. Les différents groupes de paloumayres ont chacun leurs exigences en matière de confort ou de sécurité et leurs aménagements peuvent être rustiques comme très élaborés. Vous sortez doucement du bois de Tourtrès par un chemin profond, jalonné de petits postes de guet.

Le patrimoine

Vous débouchez dans une clairière où vous attend une vue fantastique sur Tourtrès et son clocher entourés des champs vallonnés. En descendant un peu, les vergers de noisetiers s'ajoutent au tableau. Après avoir franchi le ruisseau de la forêt de Tourtrès, le chemin vous emmène entre les rangées d'arbres et contourne un plan d'eau. En sortant du verger, vous prenez la route sur quelques dizaines de mètres et vous vous engagez sur un chemin herbeux qui monte à pic vers l'église. Cette ascension peut être difficile pour certains, surtout après 10 kilomètres de marche mais la récompense est à la hauteur de l'effort, là-haut vous attend un panorama unique à 360 degrés. N'hésitez pas à faire une pause pour respirer et à vous retourner pour vous donner un avant goût de la vue. Au départ, vous plongiez dans le panorama en descendant vers la vallée, là, vous voyez le clocher-mur de l'église se rapprocher de vous, l'occasion, pourquoi pas, de faire une autre vidéo. En haut, vous contournez le moulin par la droite et accédez à quatre panneaux thématiques sur l'histoire et les paysages. L'histoire du moulin y est expliquée, on y apprend notamment qu'il est le seul encore debout d'un ensemble de trois moulins-tours. C'est d'ailleurs ce qui aurait donné son nom au village, Tourtrès. « Très » signifiant « trois » en occitan. Ici, des tables de pique-nique vous permettront de prendre une collation bien méritée. Vous montez ensuite l'escalier qui mène au cimetière et à l'église pour redescendre à droite vers le parking.

Moulin de Tourtrès.

PENNE-D'AGENAIS, SUR LE PLATEAU SAINT-MICHEL

À 11 kilomètres de Villeneuve-sur-Lot et à une trentaine d'Agen, cette balade vous emmène sur un des sites les plus emblématiques du département. C'est une occasion rêvée de découvrir le village de Penne-d'Agenais, une cité médiévale qui possède de nombreux atouts patrimoniaux. À travers ses vieilles pierres et ses ateliers d'artisanats d'art vous partirez également à l'assaut du plateau Saint-Michel. Vous profiterez de nombreux panoramas sur les vallées du Lot et du Boudouyssou. Vous finirez cette balade par l'imposant sanctuaire de Notre-Dame de Perragude, lieu de pèlerinage du chemin de Saint-Jacques de Compostelle, cet édifice mérite amplement une pause le temps d'admirer son intérieur. Ce parcours vous chauffera quand même un peu les mollets mais les points de vue atteints sauront vous le faire oublier. À pied ou à VTT, pour commencer ce parcours, rendez-vous sur la place Gambetta devant l'entrée fortifiée (latitude : 44.388584, longitude : 0.818937).

Départ, ascension et plateau Saint-Michel

Vous entrez dans la cité fortifiée de Penne-d'Agenais en direction de l'église et de la rue du Mercadiel, vous suivez pour cette balade le balisage bleu. Descendez les marches à côté du lavoir et engagez-vous dans la rue de la Fontaine. Après un peu moins de 500 mètres, au niveau de la sortie du village, montez la voie en direction du plateau Saint-Michel. Vous profitez d'ores et déjà d'un paysage sur la vallée du Boudouyssou, vous commencez à distinguer les pechs alentour, ces grandes collines boisées qui animent la ligne de crête. Vous êtes maintenant sur le plateau, sur votre gauche vous trouvez une grande esplanade servant également de zone de départ pour les férus d'aéromodélisme. Vous passez au milieu de grands plats de verdure pour bifurquer ensuite sur un chemin de terre. Vous avez la possibilité de raccourcir la balade en prenant une voie sur la gauche à travers les arbres (qui suit le balisage rouge et blanc d'un GR) sinon descendez sur la droite pour récupérer une route goudronnée. Vous retrouvez une vue panoramique sur la vallée du Boudouyssou et les couleurs de ses collines. Vous arrivez à un croisement de plusieurs routes dont celle du Merle, dirigez-vous sur la droite pour emprunter le chemin qui monte vers un lieu-dit. Après une bâtisse, prenez le sentier en pierre qui monte sur le pech calcaire. Vous grimpez et pouvez apprécier la vue sur la vallée grâce aux trouées à travers les arbres. Deux tours au loin commencent à attirer votre attention, celles du splendide château de Noaillac. La construction de cet édifice a commencé au XIIIe siècle et s'est poursuivie jusqu'au XVIe. Il a abrité plusieurs marquis, marquises et seigneurs de Noaillac. Il est classé au titre des monuments historiques depuis 1990. Vous descendez la route en lacet en contrebas du château. Vous quittez la voie goudronnée pour un chemin de terre immergé dans les bois. Suivez attentivement le balisage et sortez de la forêt. Face à vous, observez le paysage qui s'étend à perte de vue.

© ADRT47

Penne-d'Agenais.

Points de vue et légende

Vous êtes maintenant sur la phase retour du circuit, descendez et prenez la petite route du Bioule. Le paysage change et la vallée du Boudouyssou laisse peu à peu place à la vallée du Lot. Vous retrouvez la voie goudronnée du Merle et venez de finir le tour de cette grande colline calcaire. Prenez la route de droite et profitez de la vue, notamment sur la petite église Saint-Martin des Cailles. Vous quittez la voie principale pour un chemin montant. Vous déambulez dans une grande prairie verdoyante. Empruntez maintenant un chemin sur la gauche au milieu des pruniers, il monte très fortement !

Notre Dame de Peyragude
PENNE-D'AGENAIS
Table d'orientation
SAINT-SYLVESTRE
Départ - Arrivée
Route de Tournon
Latapie
Château Ferrassou
Ferracap
C3
Rue de Carlane
Rue Sansot
Carlane
Camp del Roc
Allemans
Rue Général Mollard
Rue Sansot
Cactus
Lieu-Dit Sansot
D243
Pied Haut
Perdigou
Lieu-Dit Caillade
D661
Voie de Prayssas à Nouaillac
La Pagésie
La Vignasse
Lamoutette
Merle
Merle
200 M
PARCOURS GPX
Chemin de Penne à Tournon
Al Bioulé
Voie de Rigoulières à Saint-Martin
Bel-Air
Château de Noaillac
Itinéraire (10,7 km)
Forêt
Sens de circulation
Point de vue
Edifice religieux
Curiosité

LES BONNES ADRESSES SUR LE PARCOURS

Se loger

Camping du Lac de Ferrié
276, route de Ferrié
47140 Penne-d'Agenais
✆ 05 53 41 30 97

Du 15 avril au 30 octobre : 53 emplacements de 14 à 16 € par jour, 5 chalets de 355 à 505 € la semaine. Toute l'année : 10 gîtes jusqu'à 6 personnes de 355 à 505 € la semaine.

A l'extérieur du village, aux abords du lac de Ferrié, les activités nature sont le premier atout de ce camping où l'ambiance bucolique est un vrai bonheur. Avec la piscine, la pétanque, le volley, le ping-pong, le temps passe d'une belle façon.

La Petite Maison de Ferracap
8, rue de Ferracap
47410 Penne-d'Agenais
✆ 06 16 47 53 94

Toute l'année. Gîte pour 2 adultes et 2 enfants maximum de 270 à 385 € la semaine.
2 nuits : 145 €. 3 nuits : 190 €.

Le Ferracap est une jolie maison de village traditionnelle. Ce gîte de 55 m² (avec 2 chambres) forme un véritable petit nid parfaitement équipé et plein de charme. Une terrasse extérieure permet d'apprécier la douceur de vivre de la vallée du Lot.

La Maison sur la Place
10, place Gambetta
47140 Penne-d'Agenais
✆ 06 83 49 21 28

Pour 1 personne : 110 € la nuitée.
2 personnes : 130 €. 3 personnes : 150 €.
4 personnes : 170 €. Petit déjeuner inclus.

Des chambres d'hôtes de grande valeur ajoutée. Dans un univers à la fois sobre et raffiné, vous y trouverez un mélange d'inventivité et d'esthétisme, d'influences de terroir et d'élégants souvenirs de voyages de leur propriétaire, Geneviève. Les teintes adoptées invitent à la sérénité. Les espaces sont vastes, bien pensés, très fonctionnels. Voici une adresse largement plébiscitée pour un séjour plein de charme.

Se restaurer

Le Peyragude
7, place Gambetta
47410 Penne-d'Agenais
✆ 05 53 41 22 17

Ouvert 7j/7 midi et soir de mai à septembre. Hors saison : du mardi au dimanche le midi, du mercredi au samedi le soir. Menus à 16 € (midi) et 29 €.

Le Peyragude est une adresse incontournable où Jean-François et Béatrice vous accueillent avec générosité autour d'une cuisine traditionnelle à base de produits frais d'une qualité constante. Le chef puise dans son expérience des univers culinaires d'ailleurs et propose des mets travaillés qui changent au gré des saisons. Confits de canard et suprême de pintade sont par ailleurs irrésistibles. Les salades et les desserts peuvent être servis l'après-midi.

Le Bombecul
10, place Paul Froment
47140 Penne-d'Agenais
✆ 05 53 71 11 76

Ouvert tous les jours sauf le dimanche soir et le lundi. A la carte. Formules midi entrée/plat ou plat/dessert 15 €, entrée/plat/dessert 20 €.

Au cœur du village, le restaurant familial de Sacha et son frère Antoine s'abrite derrière une jolie façade en pierres apparentes. Réalisée essentiellement à partir de produits locaux en circuits courts, la cuisine témoigne d'une recherche permanente de nouvelles saveurs. En plats emblématiques, citons le tajine d'agneau aux fruits secs, le suprême de volaille sauce aux cèpes servi avec un risotto aux truffes. Un large choix de vins bio et nature est proposé. Une belle halte gourmande au nom digne de Rabelais ! A noter qu'Antoine est aussi artiste-peintre et que vous pouvez acheter des reproductions de ses œuvres dans le restaurant.

Boire un verre

Brasserie Zebull'in
1, boulevard de l'Horizon
06 08 02 29 42

Jours et horaires d'ouverture du bar à consulter sur le site www.brasseriezebullin.fr

La brasserie artisanale Zebull'in a été créée par Vanessa et Mathieu, zythologues affirmés et confirmés qui produisent leurs gammes sur place. Elles incluent l'ensemble des types de bières ; certaines aux saveurs surprenantes sont éphémères. Vous pouvez retrouver leurs nectars houblonnés et leurs conseils dans leur bar à la même adresse, ainsi que dans certains commerces de proximité. La visite de la brasserie peut se faire sur réservation.

Produits gourmands

L'Alchimiste

4, rue Notre-Dame

47140 Penne-d'Agenais

✆ 06 63 54 50 35

Boutique ouverte pendant les vacances scolaires 7j/7 14h-19h, hors vacances scolaires le samedi et le dimanche 14h-18h.

Peggy Faivre transforme son propre safran bio en produits originaux et de qualité. Des délices safranés comme des confitures de fruits, de vins et de bière, mais aussi des vinaigres, de la moutarde. La boutique fait également office de brocante rurale et de lieu d'exposition pour les sculptures métalliques de l'artiste Dee-T, élaborées à partir d'outils anciens.

La Ferme Du Lacaÿ

2650, route du Lacaÿ

47140 Penne-d'Agenais - Lieu dit Lacaÿ

✆ 05 53 41 24 23

Tous les jours du 1er avril au 30 septembre 10h-19h. En basse saison, visite sur rendez-vous.

Une ferme familiale de pruniculteurs bio, dont les spécialités comme la pâte à tartiner et la crème de pruneaux vont vous laisser en bouche un petit gout de revenez-y.

© ADRT47

Dans les rues de Penne-d'Agenais.

© ADRT47

Vue depuis Penne d'Agenais.

Après le verger, continuez l'ascension dans un bosquet sous de grands chênes jusqu'au petit portillon que vous passez. Les bois sont très agréables, un muret de pierre accompagne votre trajet dans la forêt. La palombière que vous voyez en bordure des bois marque le point d'arrivée de la variante. Vous marchez à nouveau sur le plateau Saint-Michel, la rivière du Lot commence à devenir visible. Elle sillonne le fond de la vallée et se dirige tranquillement vers la Garonne. Au bout du plateau, vous passez à côté de parois rocheuses qui s'érodent à vue d'œil. Après les ruines de l'ancien dispositif de défense du XIVe siècle de la cité (la tranchée des Anglais), vous dépassez les deux très grands chênes. Il y a là une grande butte en terre que vous pouvez gravir afin de profiter d'une superbe vue à 360 degrés sur la vallée du Lot. Un moment agréable où le vent fouette délicatement votre visage. Admirez et enregistrez cette vision si unique sur l'eau du Lot, le village de Sain-Sylvestre-sur-Lot et le château Ferrassou au bord de la rivière. Si vous le souhaitez, vous pouvez pique-niquer à même le sol au pied de ce belvédère naturel sinon patientez, vous trouverez des tables réservées à cet effet devant l'entrée de la cité. Vous descendez la route à côté d'une haute antenne et vous arrivez devant la porte Ferracap en pierre de taille appartenant aux remparts de la cité fortifiée que vous passez. Dirigez-vous vers Notre-Dame de Peyragude. Vous commencez à apercevoir le sanctuaire, vous êtes sous la grande croix blanche du calvaire qui marque le point le plus haut de cet éperon rocheux où se trouve la ruine d'un château. Au XIe siècle, il aurait appartenu au Duc de Guyenne, le célèbre Richard Cœur de Lion à l'initiative du développement de Penne d'Agenais. À l'époque, il existait une chapelle dédiée au culte de Notre-Dame-de-l'Assomption détruite par les protestants. Suite à cela d'après une légende, une jeune bergère affamée rencontra une dame sur les hauteurs de Penne à laquelle elle expliqua sa pauvreté et la faim qu'elle, sa famille ainsi que les habitants subissaient. Celle-ci demanda à l'enfant de rentrer chez elle et lui promit une miche de pain à son arrivée. La bergère revint partager le pain avec la dame qui lui offrit alors une statue de la Vierge à l'Enfant en guise de remerciement. Elle comprit qu'elle venait d'assister à une apparition de la Vierge. Une centaine d'année plus tard, la peste épargna le village et la petite chapelle fut reconstruite. Ladite statue serait celle présente dans une des cavités des grottes situées à l'arrière du sanctuaire.

Basilique Notre-Dame de Peyragude et village

La construction au XIXe siècle de la basilique, magnifique édifice au style romano-byzantin avec ses coupoles brillantes et argentées, a duré 50 ans. Observez sur son parvis la belle mosaïque dédiée à la Vierge et si vous poussez les portes de la basilique, vous profiterez de la nef spacieuse, de la hauteur du dôme peint et de ses beaux vitraux. Il est temps maintenant de descendre dans le village en suivant le balisage. Vous découvrez des splendides façades dont l'empreinte médiévale est fièrement représentée. Passez devant les nombreux ouvrages, comme les vestiges de la vieille prison ou la placette Aliénor d'Aquitaine, qui témoignent de l'histoire du site. Il est également agréable de flâner dans les galeries d'art ou ateliers d'artisans pour le simple plaisir des yeux. Vous sortez du village par la porte fortifiée pour clôturer cette balade. Pour prolonger le moment, rendez-vous au port de Penne louer un bateau électrique afin de découvrir de plus près cette belle rivière du Lot.

TOURNON-D'AGENAIS, LA BASTIDE VUE DE LA FORÊT DU VERDUS

Cette balade vous emmène à 25 kilomètres de Villeneuve-sur-Lot, à la frontière entre l'Agenais et le Quercy au pied de la bastide royale de Tournon d'Agenais. À la fin du circuit, un passage dans ce village, classé en 2021 parmi les plus beaux de France, est fortement recommandé. Vous y découvrirez, par exemple, son beffroi et son exceptionnelle horloge lunaire ainsi que son belvédère sur la vallée du Boudouyssou. Cet itinéraire vous plonge au cœur de la forêt du Verdus, qui en plus de ses nombreux chênes, abrite la nécropole des tombeaux des Géants datant de 4000 ans avant Jésus Christ. La splendide vue sur la bastide, notamment sur le clocher château d'eau de l'église, vous accompagne presque tout le long de votre parcours. Cette balade, d'un peu plus de deux heures et aux nombreuses promesses, vous assure des paysages de cartes postales. Pour commencer, garez-vous à côté du rond-point sur le parking au pied du village (latitude : 44.400970, longitude : 0.997063).

Un tour dans la forêt du Verdus

Depuis le parking, passez devant la gendarmerie en laissant derrière vous le village de Tournon-d'Agenais. Le balisage vert est à suivre pour cette balade. Vous êtes sur la route de Cahors avec des allées d'arbres sur les deux côtés, vous la quittez pour prendre à gauche le chemin de Lucante. Longez les cours de tennis, le stade et un ensemble de chalets du camping. Vous continuez cette route de campagne bordée d'arbres et jonchée de magnifiques jonquilles, ces fleurs jaunes aux odeurs subtiles (de février à mai). Au niveau du pont, franchissez le ruisseau de la Rivièrette et remontez le chemin. Vous traversez la route départementale avec prudence pour ensuite prendre le sentier en terre sous les chênes entre deux champs, il est très agréable et totalement immergé dans les bois. Vous profitez d'une première trouée sur le lointain clocher-tour château d'eau. Vous arrivez sur une piste où le paysage s'étend à perte de vue, les grandes plaines verdoyantes vous séparent des bois et donnent une réelle profondeur. Le chemin rejoint la route du Verdus, après une grande descente et un petit point d'eau. Sur votre gauche dans le champ vallonné, vous commencez à apercevoir la toiture du château du Bosc datant du XVIe siècle (devenu un centre de loisir et de vacances). Vous quittez la route pour un chemin en direction du château, sous des chênes et se terminant entre deux talus empierrés. Traversez prudemment la départementale pour pénétrer dans le bois en face et parcourez le bois des Tombeaux des Géants. Cette nécropole mégalithique datant de 4 000 à 5000 ans av. J.-C. est un regroupement de constructions mégalithiques (essentiellement des allées funéraires). Vous êtes au cœur d'un ENS (Espace Naturel Sensible) et à proximité des tombeaux, veuillez respecter le site en restant dans l'axe du sentier. Le long de ce sentier, de jolies terrasses sont dissimulées avec des beaux points de vue sur la vallée, ces petits balcons sont idéals pour casser la croûte. Vous retrouvez à présent un paysage digne d'une carte postale où les champs vallonnés arrivent au pied du village fortifié en hauteur.

Retour et pause bien méritée dans le village

En poursuivant la piste herbeuse, retrouvez une partie goudronnée puis un autre chemin entre deux champs qui vous ramènent peu à peu aux portes du bourg. Pensez à vous protéger du soleil en été, vous êtes à découvert ! Durant la descente profitez de la vue magnifique sur l'un des plus beaux villages de France. Vous êtes au point le plus bas, il ne vous reste qu'un dernier effort à faire pour gravir la pente qui ramène dans la fortification. Vous remontez une voie pavée et arrivez face à un escalier. Deux choix s'offrent alors à vous, soit vous descendez les nombreuses marches vers le parking du départ, soit vous montez au cœur du village pour le découvrir. Dans ce cas, vous arrivez face aux remparts et pénétrez dans la bastide royale fondée par Philippe III en 1271. Vous apprécierez la place des Cornières, son vieux puits et ses ruelles ordonnées. Attardez-vous un peu devant le beffroi et son horloge lunaire, assez insolite non ? Poussez encore quelques pas pour enfin rejoindre l'église de Saint-Barthélemy, construite en 1884. Son clocher initial a été détruit à la fin de la seconde guerre mondiale et remplacé en 1955 par le clocher-château d'eau actuel. Finissez par le belvédère du jardin municipal pour profiter de la table d'orientation qui plonge votre regard une dernière fois vers le somptueux paysage verdoyant de la vallée du Boudouyssou. Pensez à goûter ou ramener chez vous une part de tourtière, la pâtisserie locale (pâte très fine aux pommes).

D102
Rouquets
D151
Michau
Lucante
Guillement
La Barre
TOURNON-D'AGENAIS
Départ - Arrivée
D661
Labarre
Château du Bosc
V16
Parel
PARCOURS GPX
Moyan
D656
Les Tombeaux des Géants
Casserouge
Itinéraire (8,5 km)
Forêt
Sens de circulation
Point de vue
Edifice religieux
Curiosité
Le Boudouyssou
C6
Lieu-Dit Vidalou
V19
La Vergnote
200 M

LES BONNES ADRESSES SUR LE PARCOURS

Se loger

Camping Ullule

Pont Ramio - 47370 Tournon-d'Agenais

✆ 05 53 40 90 12

De fin mai à début septembre. Emplacement : de 34 € à 64 € la nuit, 91 € à 224 € la semaine. Mobil-home en fonction du nombre de personnes (3 à 10) et du modèle : de 210 € à 2 135 € la semaine.

Sur le thème du western, ce camping situé dans un cadre verdoyant a du fun à revendre ! Piscines chauffées, toboggans aquatiques, structures gonflables, clubs pour les enfants et les ados, soirées festives… Le tout au bord d'un lac où il est possible de taquiner le goujon (muni d'une carte de pêche). Le site regroupe 220 mobil-homes et 20 emplacements pour tentes, caravanes et camping-cars. Snack et bar sur place.

Le Pigeonnier et la Bergerie

Lascassines

47370 Tournon-d'Agenais

✆ 05 53 40 73 88

Gîte Le Pigeonnier (4 personnes) de 250 € à 680 € la semaine. Gîte La Bergerie (6 personnes) de 250 € à 900 € la semaine. Chambre d'hôte à partir de 65 € la nuit, petit déjeuner inclus.

A 3 kilomètres de la bastide, les deux gîtes et la chambre d'hôte confortables ont été aménagés dans un ancien corps de ferme rénové dans le respect du patrimoine, le tout sur 15 hectares de terrain. Chaque gîte dispose de son entrée privée et de sa terrasse. L'attrait de la piscine est irrésistible. Le petit déjeuner, préparé par Pascale, est l'assurance de commencer sa journée de randonnée du bon pied.

La chambre des pèlerins

174, rue du Bouclier

47370 Tournon-d'Agenais

✆ 05 53 40 73 90

La mairie de Tournon-d'Agenais met à disposition des pèlerins munis d'un crédential une chambre de 4 couchages au sein de la résidence foyer Croix Daniel. Don à l'appréciation. Contactez impérativement le gardien au numéro indiqué.

Se loger / Se restaurer

Le Beffroi

Place de l'Hôtel de Ville

47370 Tournon-d'Agenais

✆ 05 24 32 19 32

Hôtel ouvert toute l'année. Chambre de 45 € à 65 €. Restaurant ouvert midi et soir, d'avril à juin du mercredi au dimanche, de juillet à septembre tous les jours.

Un excellent rapport qualité-prix pour cet hôtel-restaurant situé au sein de la bastide dans une belle demeure de caractère. Les chambres font preuve de confort et de calme. Au restaurant est servie une cuisine du Sud-Ouest familiale élaborée à partir de produits de qualité et des pizzas.

Se restaurer

La Papoterie

92, Place de l'Hôtel de Ville

47370 Tournon-d'Agenais

✆ 09 75 34 26 31

Fermé du 15 novembre au 15 février. Ouvert hors saison du jeudi au samedi midi et soir et 1 dimanche sur 2 de 11h à 17h. Juillet/août, 7j/7 de 11h à 21h. A la carte : 20 € en moyenne.

Une crêperie qui donne sur la pittoresque place principale. Pascale, en cuisine, n'utilise que de produits locaux pour ses galettes de sarrasin et ses crêpes de froment. « L'intrépide » aux gésiers confits, foie gras et pruneaux remporte un franc succès aussi bien auprès des locaux que des touristes de passage. Les randonneurs après leur marche apprécieront les glaces, boissons fraîches, thés bio servis en terrasse sous les arcades.

Produits gourmands

Les Délices de Cantegrel

705, Route de Pouchalou

Lieu-dit Lasalsesex

47370 Tournon-d'Agenais

✆ 06 13 92 21 27

Tous les jours sur rendez-vous uniquement. 1 visite (miel ou truffe) : 6 €. Les 2 : 10 €.

Vous souhaitez tout savoir sur le miel, la truffe ou même les deux ? Joël et son fils Daniel, apiculteur, vous dévoileront avec l'enthousiasme qui les anime tous les secrets de ces mets délicats. La dégustation restera le temps fort de votre visite. Et pour prolonger le plaisir, sont disponibles à la vente des produits maison comme les truffes entières en terrine, les brisures de truffes en terrine, du miel truffé, de châtaigne, colza, tournesol…

Agenda

Chaque 1er mai, la traditionnelle Foire aux Fleurs répand sa joie dans les rues de la bastide.

En juillet et août les vendredis soir, la place de l'hôtel de ville connaît une forte affluence avec l'organisation des marchés gourmands.

LACAPELLE-BIRON, RANDONNÉE À TRAVERS BOIS

Les 12 kilomètres de cette balade allient d'agréables passages forestiers et un riche patrimoine. Vous traverserez notamment le hameau de Saint-Avit, témoin exceptionnel du Moyen Âge et possible village natal de Bernard Palissy, célèbre écrivain et céramiste de la Renaissance. Les nombreux éléments de patrimoine sont bâtis de la pierre ocre ou jaune clair emblématique du Périgord tout proche. En effet, ce village, comme son nom l'indique était à l'origine sous la coupe de la baronnie de Biron, situé du côté de la Dordogne. Vous suivrez le balisage jaune pendant un peu plus de 3 heures. Peut-être davantage si vous vous attardez dans Saint-Avit. Absolument aucune difficulté ne vous attend sur ce trajet qui peut aussi bien se faire à pied qu'à cheval ou en VTT. Votre départ se fera du parking devant l'église (latitude : 44.600283, longitude : 0.895004), de là, repérez la première balise sur le panneau de la D150 et dirigez-vous vers la pharmacie.

Un petit patrimoine lumineux

Vous vous engagez dans la rue principale du village et passez devant quelques commerces, la mairie... En face, vous empruntez une ruelle qui descend et vous arrivez face au stade. Là, une table de pique-nique et des jeux pour enfants sont disponibles pour le casse-croûte du retour. Un panneau thématique vous explique la topographie du Val Lémance. Juste après, la fontaine du curé au toit à quatre pentes en lauzes date du XIXe siècle. À gauche, vous pouvez suivre un chemin qui mène au lavoir. Un autre panneau thématique vous expliquera son histoire jusqu'à sa récente rénovation. Depuis, tous les ans au début de l'été, les habitants du village s'y réunissent pour partager un banquet. Ainsi, ils partagent un moment convivial autour d'un verre de vin, perpétuant de vieilles coutumes. Avant de partir, remarquez le pigeonnier derrière le lavoir ainsi que les hauts murs de pierre délimitant les jardins. Pour continuer le circuit, revenez sur vos pas et montez le long d'une peupleraie délimitée par un muret en pierres sèches. Vous arrivez à un petit hameau en pierres ocres du Périgord et aux toits de lauzes. Y trône un pigeonnier en pierre, témoin de l'activité rurale d'antan. L'ocre de ces pierres est typique de l'actuelle Dordogne dont vous êtes ici à la frontière. Vous remarquerez que nombre des constructions anciennes prennent ces tons plus ou moins foncés. En continuant à monter, la vue s'ouvre sur des paysages boisés dans lesquels vous entrerez bientôt. Alors que vous arrivez sur une route, vous pouvez observer les nuances de la terre sur le bas-côté, rose, puis jaune. Sur votre droite, une première châtaigneraie vous présente l'essence locale. Vous tournez à droite sur un chemin de terre entre une autre châtaigneraie et une pinède. Le verger devient forêt, vous croisez ensuite une grande prairie bordée de quelques pins et retournez dans le bois. Ici, la terre est rouge, pleine de fer.

Le temps des forêts

Vous longez ensuite un verger de châtaigniers puis une prairie. Sur la gauche, la césure entre sapins et châtaigniers se remarque nettement. Après avoir contourné une maison, sur votre droite, un panorama profond sur les vallons boisés permet de distinguer les différentes essences d'arbres qui les peuplent. Vous arrivez ensuite à Boslaroque dont l'entrée est marquée par une grange aux multiples portes d'envol pour pigeons directement creusées dans la façade. Ici, vous pouvez continuer tout droit vers le calvaire. Vous prenez alors un chemin herbeux à la sortie du hameau, les cailloux se font de plus en plus présents sous vos pieds alors que vous entrez dans un bois. À la route, vous la suivez sur la droite et vous prenez à gauche en direction de Lacanerie au niveau de la patte d'oie. Alors que les bois s'estompent pour laisser place aux champs vous traversez une zone habitée avec son séchoir à tabac et son calvaire au croisement de trois chemins. Restez sur la route, vous croiserez ensuite d'anciennes constructions en pierres jaunes avant Bouyé.

Variante des gariottes

À Boslaroque, vous pouvez choisir la variante des gariottes en tournant à droite au cœur du hameau. Vous entrez alors dans un bois et sur votre gauche, une cabane ronde en pierres sèches et au toit de lauzes vous attend : il s'agit d'une gariotte, elle prend d'autres noms selon les régions mais son usage est toujours le même : servir d'abri au berger ou au paysan qui passait ses journées dans le froid, le vent ou la pluie.

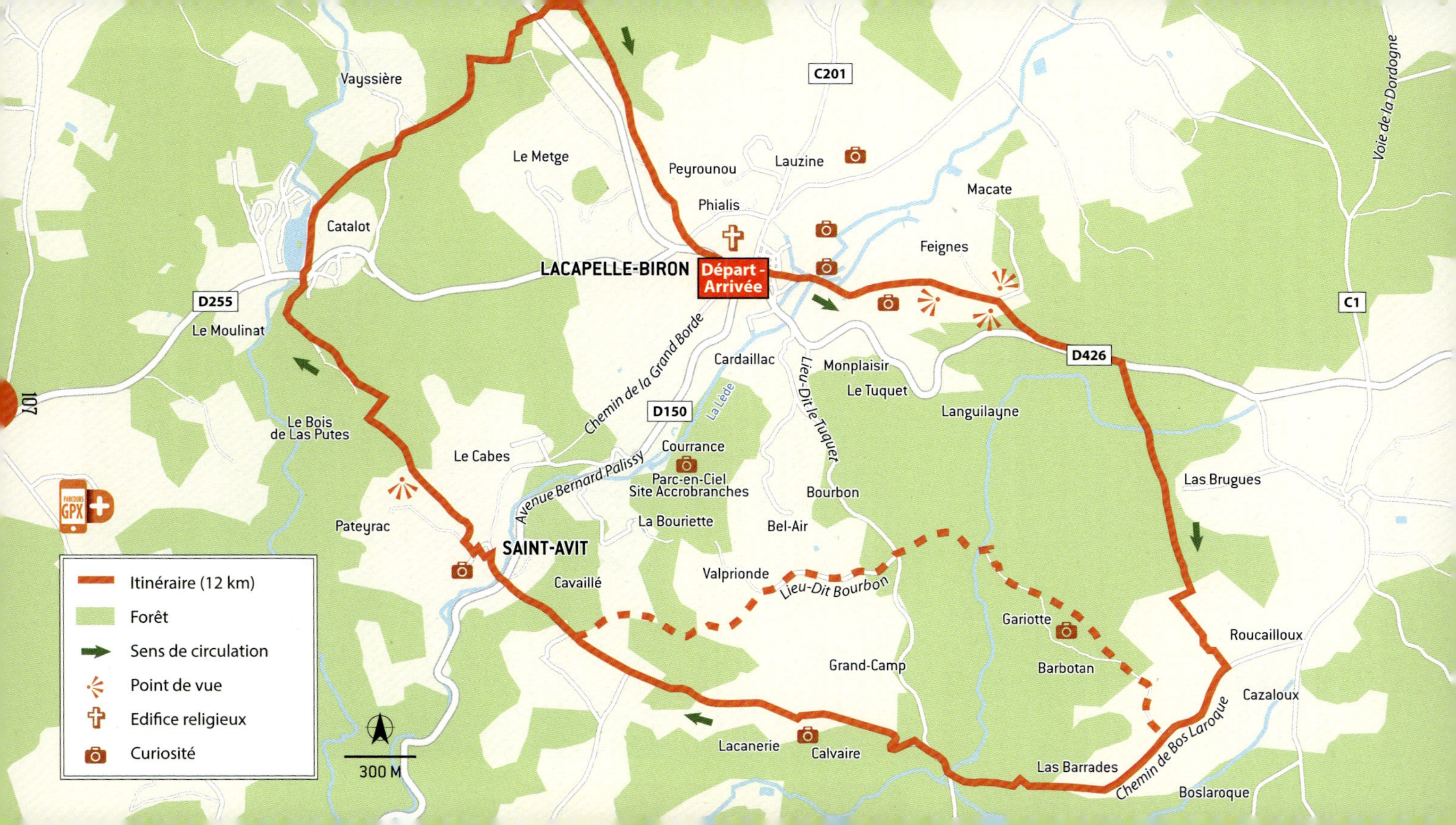
Voie de la Dordogne
C1
C201
D426
D255
D150
Vayssière
Le Metge
Peyrounou
Lauzine
Macate
Phialis
Catalot
Feignes
LACAPELLE-BIRON
Départ - Arrivée
Le Moulinat
Cardaillac
Monplaisir
Le Tuquet
Languilayne
Lieu-Dit le Tuquet
Chemin de la Grand Borde
La Lède
Le Bois de Las Putes
Le Cabes
Courrance
Parc-en-Ciel Site Accrobranches
Avenue Bernard Palissy
Bourbon
Las Brugues
Pateyrac
SAINT-AVIT
La Bouriette
Bel-Air
Valprionde
Cavaillé
Lieu-Dit Bourbon
Gariotte
Roucailloux
Grand-Camp
Barbotan
Cazaloux
Lacanerie
Calvaire
Las Barrades
Chemin de Bos Laroque
Boslaroque
PARCOURS GPX
300 M
Itinéraire (12 km)
Forêt
Sens de circulation
Point de vue
Edifice religieux
Curiosité

Un peu plus, loin, alors que vous cheminez à la lisière d'un bois, vous apercevez une seconde gariotte juste après un corps de ferme, derrière une châtaigneraie. Ces constructions sont toujours faites de cette pierre ocre qui égaye le paysage même les jours gris. À la sortie du bois, un hameau de plusieurs fermes en pierres abrite deux séchoirs à tabac. Sur le parking, vous attendent un nouveau panneau thématique et une superbe vue sur le château de Biron surnageant à la surface du couvert forestier. Un peu avant de sortir du hameau de Valprionde, vous croisez un four en pierre sur votre droite. Vous entrez de nouveau dans un espace boisé entrecoupé de prairies où chaque espace est délimité par des murs en pierres sèches. (Fin de la variante).

Saint-Avit, le Moyen Âge sauvegardé

Vous arrivez face à Saint-Avit, ce hameau médiéval de pierres ocres et de lauzes et vous faites un saut dans le temps. Un panneau thématique vous propose une vue du village avant la construction du pont et d'autres informations sur la région. Vous traversez le pont sur la Lède et montez vers le centre. Vous passez devant le musée Palissy qui accueille des expositions de céramique. Sur la gauche l'église du XIIe siècle. Assez simple mais massive, elle est restée authentique. À l'intérieur, vous pourrez distinguer les vestiges des fresques probablement médiévales qui l'habillaient. Subsiste aussi un ancien tableau du Christ en croix mais aucun ameublement. Au fond à gauche, une sépulture a été établie sous la dalle. En sortant du hameau, vous croisez deux séchoirs à tabac, puis des prairies et entrez dans le bois de Las Putes. Ici les essences cohabitent : chênes, pins, châtaigniers... On reconnaît facilement les châtaigniers à leur propension à se diviser au niveau de la souche créant ainsi d'innombrables « bouquets » de troncs. En tournant à l'angle du village de vacances du Bosc Nègre, la pinède prend le dessus avant d'être de nouveau remplacée par la châtaigneraie en redescendant. Vous traversez une route avant le village de vacances du Moulinal et longez sa clôture derrière laquelle se trouve un lac. Vous montez dans les bois et, à l'angle d'une châtaigneraie, vous passez devant une nouvelle gariotte. Après une futaie de chênes, vous vous rapprochez des constructions en longeant des bosquets. Vous rejoignez la D150 et arrivez à Lacapelle par derrière l'église. Ce petit édifice en pierre, de construction simple nous ramène au nom de la commune qui n'a certainement abrité qu'une chapelle pendant longtemps. Lorsque vous rejoignez le parking, vous apercevez, en face, le monument à la mémoire des déportés du Lot-et-Garonne pendant la Seconde Guerre mondiale. Il est édifié sur la place depuis laquelle 47 villageois furent emmenés par les SS vers les camps de la mort le 21 mai 1944.

Hameau de Saint-Avit à Lacapelle-Biron.

LES BONNES ADRESSES SUR LE PARCOURS

À visiter

Musée Bernard Palissy
Hameau de Saint-Avit
47150 Lacapelle-Biron
✆ 05 53 40 98 22
Mai/juin le dimanche 14h30-17h30. Juillet/août 14h-18h30 sauf le mardi. Septembre 14h-17h30 sauf le mardi et le samedi. Entrée 4 €.

Au cœur du hameau de Saint-Avit, ce musée revient sur l'histoire de la céramique et sur la vie de Bernard Palissy, natif de la région et grand esprit de la Renaissance. Au-delà de l'exposition de céramiques contemporaines, le musée se veut un lieu d'échanges et d'interactions. Chaque année, une exposition est mise à l'honneur. Depuis 1985, une grande foire à la poterie est organisée dans le village le second dimanche d'août. Elle présente aux visiteurs un large panorama de la création céramique contemporaine, grâce aux œuvres d'une quarantaine d'artistes.

Se loger

Camping Capfun Le Moulinal
Étang du Moulinal D255
24540 Biron
✆ 05 53 40 84 60
Ouvert du 15 avril à début septembre. Mobil-homes à louer la semaine en juillet/août ou pour 2 nuits minimum en dehors de la haute saison. Tarifs à consulter sur le site.

Localisé en Dordogne mais à la frontière du Lot-et-Garonne et à seulement 2 kilomètres de Lacapelle-Biron, ce parc locatif de mobil-homes borde un étang où se baigner et pêcher. 3 grandes piscines, toboggans aquatiques : tout est mis en œuvre pour que vous échappiez aux grosses chaleurs que peut connaître la région ! Bar, snack, restaurant et épicerie sur place.

Le Moulin de Saint-Avit
Hameau de Saint-Avit
47150 Gavaudun
✆ 06 45 68 85 33
A l'année.
Gîte de grande capacité de 11 chambres. De 3 990 € à 9 900 € la semaine.

Un point de chute de standing, à la semaine, parfait pour les groupes jusqu'à 30 personnes qui souhaitent rayonner dans la région. Entouré d'un parc de 5 hectares fréquenté par des ânes, ce beau moulin en pierre du XVIIe siècle a été restauré pour offrir des chambres cosy, pleine de personnalité. Piscine, terrains de jeux de plein air, et en option : service traiteur, escape game, dégustation de vins, murder party...

Se restaurer

Le Palissy
29, rue du Monument
47150 Lacapelle-Biron
✆ 05 53 75 04 08
Basse saison : ouvert du mercredi au dimanche le midi et le soir. Haute saison : du mardi au dimanche le midi et le soir. Entrée/plat, plat/dessert 17 €, menu du chef 19 €. Menu enfant 10 €.

Fausto, son épouse Bet et leur équipe vous accueillent dans leur bar-restaurant sur la place du village. La cuisine s'inscrit dans un esprit authentique et familial, variant en fonction de la saison. Font partie des incontournables : la terrine du chef en entrée, en plats l'entrecôte fumée, les travers de porc sauce fruits rouges et le burger aux ingrédients frais (option végétarienne disponible), le tout servi avec des frites maison. Aux beaux jours, optez pour la terrasse.

Petite restauration

L'Épicerie Magali et Fabien
53, rue Joseph Kessel
47150 Lacapelle-Biron
✆ 09 77 09 02 78
Du mardi au samedi 8h30-12h30/15h30-19h, le dimanche 9h-12h30.

Vous aurez à votre disposition dans cette épicerie de village bien achalandée de quoi vous ravitailler, composer votre propre sandwich par exemple (pain, jambon, pâté, etc.), prendre une boisson à emporter...

Activités

Parc-En-Ciel
Moulin de Courrance
47150 Lacapelle-Biron
✆ 05 53 71 84 58
Ouvert d'avril à octobre. Tarifs en fonction de l'âge : accrobranche de 13,70 € à 21,80 €, baignade en juillet et août de 6,80 € à 8,90 €, mini-golf de 4,80 € à 5,80 €.

Déployés dans un immense parc boisé, tyroliennes, câbles funambules, murs d'escalade, ponts de singe et autres sauts de Tarzan vous attendent pour des parcours d'accrobranche riches en sensations fortes, adaptés selon les âges. En été, après avoir joué les acrobates dans les arbres, vous pourrez vous rafraîchir dans la piscine naturelle et biologique. Autres activités proposées : mini-golf, disc-golf, course d'orientation...

BONAGUIL, LE LYON DOR ENTRE LOT-ET-GARONNE

À quelques pas de la Dordogne et du Lot, cette balade à faire à pied ou à VTT vous emmène au pied d'un site emblématique de l'Aquitaine et du Lot-et-Garonne, le château de Bonaguil. Modèle incontesté de château fort, cet ensemble de fortifications s'impose au milieu des bois. Avec cet itinéraire, en plus de découvrir ce site, vous serez au milieu des bois du Périgord, une ambiance nature où pins maritimes, fougères, châtaigniers et autres espèces encore se mélangent et s'accordent merveilleusement bien. Un sentier forestier très praticable qui offre de douces odeurs de sous-bois. Il est conseillé de faire cette balade de 2h30 avant de vous lancer dans la visite de ce château et de vous plonger quelques siècles en arrière. Le parcours se finit par la découverte du village qui, à la tombée de la nuit, s'éclaire et vous offre un spectacle tout en lumière. Le départ de cet itinéraire se trouve sur le parking en contrebas du village (latitude : 44.5371428, longitude : 1.01276993).

Une atmosphère forestière

En contrebas du village de Bonaguil, au pied du château, garez-vous sur le grand parking gratuit. Vous suivez pour cette balade le balisage jaune. Laissez le château dans votre dos, empruntez la passerelle en béton qui enjambe le ruisseau du Bonaguil et engagez-vous sur la route légèrement montante en direction du lieu-dit Le Lyon Dor. Le long de l'ascension vous profitez d'une vue lointaine sur le château, un angle différent qui rendra vos photos souvenirs uniques. Vous passez le long de jolies bâtisses de couleur ocre. Toujours en direction du Lyon Dor, vous passez à côté d'une gariotte (construction en pierres empilées servant d'abri). La route dans la forêt surplombe un lavoir resté dans son jus. Un peu plus haut vous entamez un chemin sous les châtaigniers et les pins maritimes (présents tout le long de votre parcours). Vous vous immergez dans une ambiance forestière sur un petit chemin en terre très bien balisé. À la sortie du bois vous longez un grand champ et passez à côté d'une ruine avant de descendre le chemin de terre entre deux talus. Vous bifurquez sur un autre entouré de fougères et de pins, un paysage qui laisse penser que vous êtes au bord de l'océan dans les Landes. Vous arrivez à une route et prendrez immédiatement un sentier en terre très agréable au milieu des arbres bordé par des genêts et des talus en pierres rouges. Empruntez sur deux-cents mètres la route communale en direction de Sauveterre-la-Lemance et du musée de la Préhistoire (qui vaut également un détour) et prenez le chemin sur la droite. Vous en êtes à la moitié de la balade, regardez autour de vous, les grands pins dépassent largement le reste de la végétation, cela donne l'impression d'être minuscule au milieu de cet environnement. Vous déambulez sur cette piste forestière, à travers les arbres vous apercevez légèrement des vestiges du lieu-dit Rocadet. En sortant du bois, vous passez devant une petite réserve d'eau et poursuivez le chemin qui se transforme peu à peu en route goudronnée. En suivant le balisage vous entrez dans un bosquet de châtaigniers, et dans une dernière partie boisée où vous trouverez des panneaux explicatifs sur l'évolution des sols alentour due à la révolution industrielle et à l'exploitation du minerai de fer. Vous verrez également sur le sentier des trous rappelant les zones d'extraction de celui-ci. Vous arrivez sur l'aire de pique-nique aménagée où il est temps de reprendre des forces avant de visiter le château si vous le souhaitez.

Château et village

Si vous choisissez de visiter ce majestueux château et son patrimoine historique et naturel, vous rentrez, après le guichet, dans l'antre de cet édifice. D'après un document qui témoigne de l'existence de Bonaguil, il date de 1271. Il a évolué à travers le temps et s'est muni à partir du début du XVe siècle d'une barbacane, de tours, de ponts-levis ainsi que d'autres éléments défensifs qu'il ne vous reste plus qu'à découvrir. Si la visite du château n'est pas prévue immédiatement, descendez sur le sentier pavé. Vous profitez du village et de la vue sur l'architecture du château. Vous arrivez sur la terrasse de la place du Four avec une magnifique vue sur la forêt. Vous finissez votre parcours en redescendant vers le parking. N'hésitez pas à faire une petite pause autour d'une boisson fraîche dans l'un des commerces présents au pied du village. Suivant la période à laquelle vous réalisez cette balade, renseignez-vous sur les animations que proposent le château et le village de Bonaguil, cela pourra donner une autre dimension à cette aventure. En repartant, vous pouvez également passer par la ville de Fumel, à moins de 10 kilomètres : ses terrasses fleuries, son parc, son château et ses magnifiques points de vue sur la rivière du Lot vous attendent.

Lagrave
D440
C504
Goutirou
Rocadet
Laville
Lafajole
Lieu-Dit Lafajole
Barras
Bordes
Tourret
Le Peyrié
Lavoir
Gariotte
Les Bouysses
Les Ardailloux
Peyrouillé
Fosse
Lieu-Dit Bonaguil
Château
Départ - Arrivée
Gouny
BONAGUIL
La Combescure
D158
100 M
GPX
Itinéraire (8 km)
Forêt
Sens de circulation
Point de vue
Edifice religieux
Curiosité

LES BONNES ADRESSES SUR LE PARCOURS

À visiter

Château de Bonaguil

47 500 Saint-Front-sur-Lémance

✆ 05 53 41 90 71

www.chateau-bonaguil.com

Ouvert 7j/7. Mars et octobre : 14h-17h30. Avril, mai, juin, septembre : 10h-18h. Juillet, août : 10h-19h. Adulte 9,50 €, 6-12 ans 5 €, gratuit - de 6 ans.

Visite en autonomie ou guidée selon les horaires (se renseigner par téléphone).

Parkings gratuits en bas et en haut du bourg.

Dès qu'ils apparaissent dans votre champ de vision, les contours massifs de ce château fort impressionnent. Le sentiment de grandeur se fait encore plus vivace lorsque vous arrivez au pied de ses épais murs d'enceinte. Formidablement bien conservé et aménagé, l'édifice vous réserve une visite passionnante. Suivez attentivement le parcours numéroté car les intérieurs se révèlent labyrinthiques. Vous passerez entre autres par différentes salles d'exposition où sont regroupés pièces de mobilier, objets archéologiques, armes, tableaux… Vous ferez aussi un tour par la grotte sous le château habitée par un petit dragon, folklore médiéval oblige ! Vous serez récompensé de votre ascension du haut donjon atypique en forme de bateau par une vue exceptionnelle sur la vallée et sa forêt. Bonaguil reste le monument le plus visité du Lot-et-Garonne. À juste titre.

Se restaurer

Les Bons Enfants

47500 Saint-Front-sur-Lémance

✆ 05 53 71 23 52 - 06 87 51 86 58

Basse saison : ouvert les week-ends. De mi-février à mi-avril : tous les jours sauf le jeudi (sur réservation le soir avant 18h). L'été : 7j/7.

Menus à 22,70 € et 32,80 €. Potence Médiévale à 21,80 €, 26,40 € (viandes), 26 € (fruits de mer).

Cette auberge conviviale au pied du bourg du château de Bonaguil a gagné sa réputation grâce à sa spécialité maison : la Potence Médiévale aux trois viandes (bœuf, canard, volaille) flambées à l'armagnac ou aux gambas et Saint-Jacques au whisky. Foie gras, magret, cuisse de canard confit rôtie au four et autres produits emblématiques du terroir figurent à la carte. Une petite restauration (pizza, quiche, hamburger) est également proposée sur place ou à emporter : pratique pour les randonneurs !

Pause gourmande

La Table de Marlyse

Sentier du Château

47500 Saint-Front-sur-Lémance

✆ 05 53 75 07 37

Ouvert d'avril à fin octobre du mardi au dimanche : 11h-19h.

Une charmante adresse au commencement de la rue qui grimpe vers le château de Bonaguil. La halte idéale pour profiter d'une boisson, d'une glace aux parfums originaux et désaltérants comme la fleur de sureau, l'hibiscus… Prenez une pâtisserie avec, elles sont délicieuses ! L'endroit sert aussi d'atelier de poterie. Les belles céramiques créées par Marlyse sont d'ailleurs utilisées pour le service.

Produits du terroir

Il Était une Fois…

Sentier du Château

47500 Saint-Front-sur-Lémance

✆ 06 86 67 86 13

Ouvert d'avril à octobre 7j/7 : 10h-20h, le reste de l'année sur RV.

Plus qu'un souvenir du château de Bonaguil, vous trouverez ici de quoi satisfaire votre curiosité sur la période du Moyen Âge à travers une sélection d'ouvrages en français et en anglais. La boutique comporte par ailleurs un bon rayon de produits locaux : confitures artisanales, apéritifs et bières du coin, huiles, terrines… Parmi les curiosités, laissez-vous tenter par les infusions appelées ici « potions de sorcières » et par l'Hypocras, une recette médiévale de vin fermenté avec des épices et du miel. N'hésitez pas à demander conseil à Fabienne.

Agenda

Le château de Bonaguil accueille en juillet sa traditionnelle fête médiévale. Ses murailles servent ensuite au mois d'août d'écrin majestueux au festival de théâtre de Bonaguil-Fumel.

BLANQUEFORT, UN CHÂTEAU SUR LA BRIOLANCE

Dans les forêts de Blanquefort vous attend une balade bien ombragée, majoritairement par les châtaigniers, sauvages ou en vergers. Les 10,3 kilomètres peuvent se parcourir aisément à pied en 2h45 ou à cheval en 1h50. Praticable aussi en VTT en 1h20, cette option est plutôt conseillée aux cyclistes expérimentés, notamment pour la descente à partir du domaine de Nogarède. Cette balade n'est pas uniquement forestière, puisqu'elle sera aussi l'occasion de croiser les vestiges de la forge et le château médiéval. Vous démarrez du parking de la mairie (latitude : 44.600516, longitude : 0.969914), à côté duquel vous trouverez une table de pique-nique en bord de rivière au fond de l'espace sports et loisirs. L'occasion de prendre des forces avant la marche ou de vous restaurer après. Cet itinéraire est marqué par un balisage jaune.

Un relief reboisé

Vous sortez du village en prenant à gauche en sortant du parking. Vous passez alors devant la tour du haut-fourneau. La sidérurgie est présente depuis le Moyen-Âge dans la vallée de la Lémance. Elle s'est développée grâce à la présence de nombreux gisements de métaux et de cours d'eau permettant le commerce par voie fluviale. En plus, les larges forêts ont toujours fourni le charbon nécessaire en grande quantité pour les fourneaux. À Blanquefort, la forge est citée dans des textes à partir de 1676, mais c'est près de deux siècles plus tard, en 1837, que fut construit le haut-fourneau. Les soufflets dont il était équipé étaient actionnés par une installation hydraulique reliée à l'étang voisin. L'activité de la forge cessa en 1871 et le bâtiment devint successivement une fabrique de chaux, puis un moulin à blé et enfin une fabrique de limonade fermée en 1980. Vous montez le long d'un affleurement de roche calcaire et tournez à gauche à l'angle d'un mur en pierres sèches pour vous engouffrer dans la forêt. Plus vous progressez, plus le mur se couvre de mousse et de fougères. Sur votre gauche, se distinguent les vestiges de terrasses dont les murets sont tapissés de verdure. Elles traduisent une agriculture délaissée qui domptait à une époque les dénivelés de ces collines. En regardant sur votre droite, vous remarquez la pente abrupte qui descend vers la Briolance et celle qui remonte sur le versant d'en face. Aujourd'hui, ces pentes sont couvertes de forêts de feuillus quand leurs sommets sont plutôt coiffés de pins. Vous rencontrez une bâtisse de pierres ocres qui fait écho aux cailloux du chemin, de la même couleur.

Entre taillis et futaies

En sortant du bois, vous marchez sur une large piste sableuse aux nuances multiples occupant toute la palette depuis le jaune jusqu'au rouge. Cet ocre rouge n'est autre que l'expression du fer dans la terre, ce même fer qui était déjà exploité ici au Moyen-Âge. Alors que vous longez des parcs à chevaux, sur votre droite, les talus colorés se détachent. Vous entrez de nouveau dans la forêt en bifurquant sur la gauche sur un chemin herbeux. Ici, les châtaigniers baignent dans une mer de fougères. Vous rejoignez la route goudronnée sur la droite où vous entourent alors de sombres résineux. Après moins de 300 mètres, vous vous engagez complètement à gauche sur une piste où vous retrouvez les châtaigniers. Ici, ils sont accompagnés de genêts à balais et d'ajoncs qui apportent quelques touches de couleur. Vous montez doucement pour atteindre des zones où châtaigniers et pins ont poussé en vergers, alignés par la main humaine. Vous traversez une alternance régulière de forêts et de cultures où poussent les mêmes essences, mais où l'organisation diffère. Sur votre droite, apparaît une clôture derrière laquelle de jeunes arbres en rangs serrés vous annoncent que vous longez une pépinière. Une autre se découvre ensuite à gauche du chemin. Après l'avoir longée aussi, vous tournez à gauche sur un chemin boisé. Là, retournez-vous pour apercevoir le petit cimetière de La Sauvetat, isolé au milieu des prés. Vous rejoignez la route jusqu'à une châtaigneraie à l'angle de laquelle vous entrez dans la forêt. Ici, les pins et les châtaigniers cohabitent avec les fougères. En ressortant, un point de vue se dégage sur votre gauche.

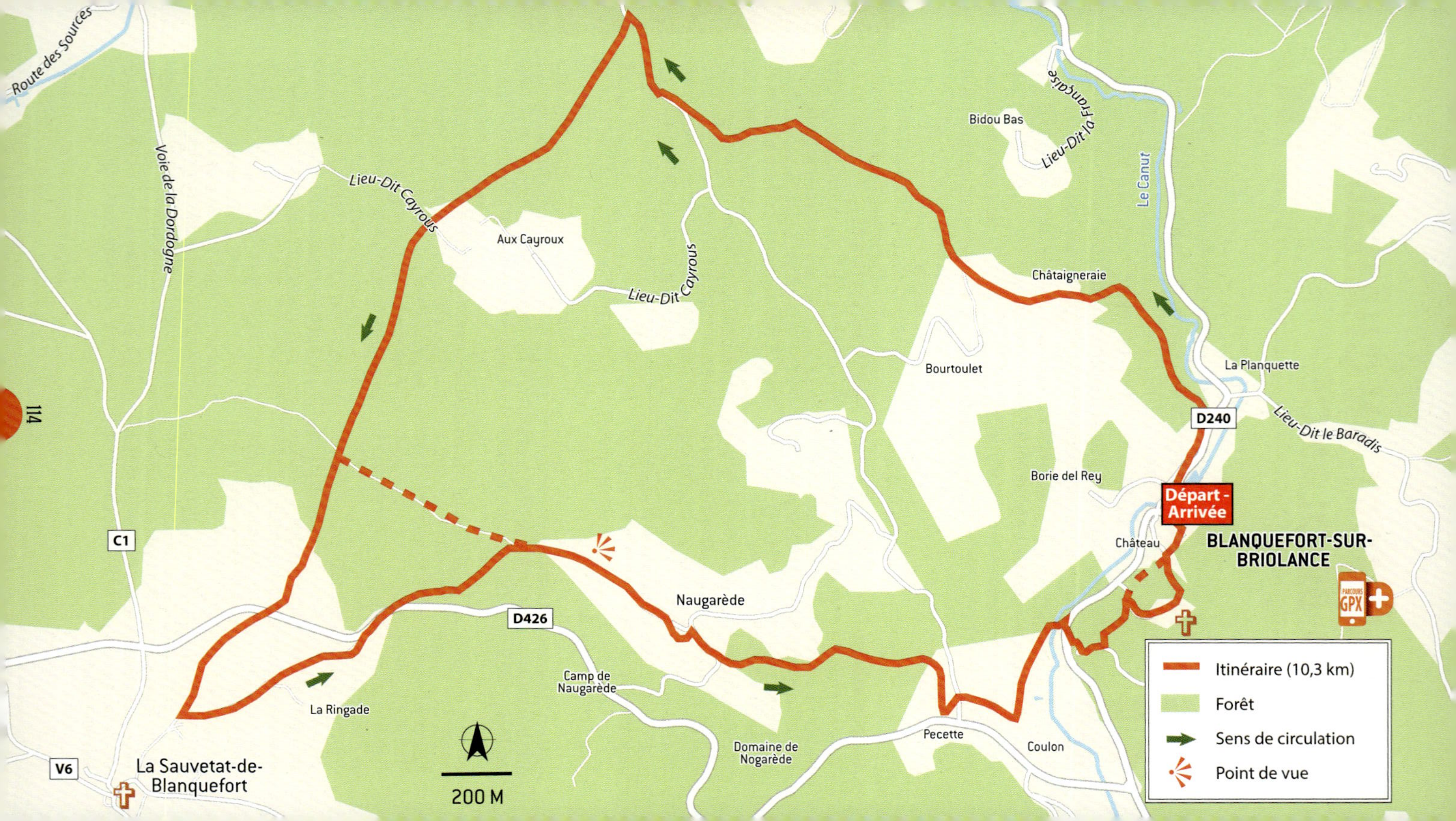
Route des Sources
Voie de la Dordogne
Lieu-Dit Cayrous
Aux Cayroux
Lieu-Dit Cayrous
Bidou Bas
Lieu-Dit la Française
Le Canut
Châtaigneraie
Bourtoulet
La Planquette
D240
Lieu-Dit le Baradis
Borie del Rey
Départ - Arrivée
Château
BLANQUEFORT-SUR-BRIOLANCE
PARCOURS GPX
C1
Naugarède
D426
Camp de Naugarède
La Ringade
Domaine de Nogarède
Pecette
Coulon
V6
La Sauvetat-de-Blanquefort
200 M
Itinéraire (10,3 km)
Forêt
Sens de circulation
Point de vue

Au premier plan, une grande prairie derrière laquelle les forêts sont constituées de feuillus sur les versants et de pins sur les crêtes. À droite, un rucher réclame une certaine vigilance. Un peu plus loin, vous croisez un muret en pierres sèches qui servait à délimiter des parcelles. Vous en retrouverez encore un le long d'une route goudronnée, puis un autre le long d'un chemin herbeux. Là, le muret se couvre de mousse, témoin d'une humidité importante. Derrière, le domaine de Nogarède apparaît, vous y trouvez une grande bâtisse à colombages remplis de pierres, et un superbe pigeonnier aussi à colombages mais dont le remplissage est en briques. Vous descendez longuement sur un chemin boisé entouré de chênes et de châtaigniers. Vous suivez un muret de pierres sèches sur la gauche. Y poussent des fougères, du lierre et de la mousse. Puis, un deuxième muret se distingue au-dessus du premier et les deux finissent par se rejoindre en une enceinte qui paraît immense. Vous continuez votre descente jusqu'à la route que vous traversez prudemment. Vous remontez ensuite à travers bois, passez sur un pont de pierre au-dessus de la Briolance et vous vous engagez sur un chemin qui monte dans les bois après une route. Très vite, vous regagnez le bitume que vous suivez le long d'un mur en pierre.

Le patrimoine du village

Vous arrivez bientôt à l'église et au cimetière. Bâtie au XIIe siècle, cette église est étonnamment placée en dehors du cœur du village. En fait, il est possible que le premier bourg ait été construit là, en hauteur, pour mieux se protéger des invasions, des vestiges de soubassements laissent imaginer une telle théorie. Alors que la route redescend, ne manquez pas sur la gauche, un promontoire rocheux depuis lequel se déploie un superbe point de vue sur le château de Blanquefort-sur-Briolance. Avant de vous engager ensuite sur un chemin herbeux bordé d'un muret, la vue s'étend à tout le village, ses maisons de pierre et leurs toits pentus. Vous passez ensuite sous le château et son haut mur d'enceinte. Datant du XIIe siècle, cet édifice fut un temps partagé entre deux familles : les Pujols et les de Fumel. Chacun de ces co-seigneurs possédait une partie du château, le donjon pour les Pujols et la tour carrée pour les de Fumel. Au XVe siècle, alors que le château n'a plus qu'un seul propriétaire, Béranger de Roquefeuil, celui-ci entame d'importants travaux sur ce lieu laissé à l'abandon près d'un siècle pendant la guerre de cent ans. C'est à cette époque que fut construite la grosse tour ronde. Au XVIIe siècle, l'aile nord est construite pour donner au château une fonction plus résidentielle. Puis, en 1880, alors propriété de la commune, le monument est aménagé en école de garçons et en mairie. Il le restera pendant 80 ans, avant d'être vendu à des particuliers en 1960. Les propriétaires actuels ont acquis le château en 2006 et ont entamé de nombreuses restaurations, il est désormais possible de le visiter.

© ERIC LEURENT

Château de Blanquefort-sur-Briolance.

LES BONNES ADRESSES SUR LE PARCOURS

À visiter

SauveTerre Musée de Préhistoire
51, rue du Vieux Bourg
47500 Sauveterre-la-Lémance
✆ 05 53 40 73 03

Ouvert en juillet et août, pendant les vacances scolaires de printemps et d'automne de la zone A du lundi au vendredi. Adulte 6 €.

L'intérêt de la commune pour la Préhistoire ne date pas d'hier. Le musée a connu différentes évolutions, dont la dernière remonte à 2011. Fort des technologies et des outils pédagogiques modernes, il invite les visiteurs à jouer les explorateurs du temps. Un parcours en extérieur vous conduira jusqu'au site archéologique voisin du Martinet.

Se loger

Les Loges de Mélis
1364, route de Mélis
Lieu-dit Gigoutoux
47500 Cuzorn

Hébergement toute l'année, à partir de 50 € la nuit, de 350 € à 850 € la semaine. Réservation 2 nuits au moins, l'été à la semaine uniquement. Restaurant ouvert du 15 avril au 15 octobre. A la carte.

Un village de gîtes de 3 hectares à flanc de colline, dont les couleurs pastel et les lavandes plantées ici et là lui donnent un petit air provençal. Les maisonnettes peuvent accueillir jusqu'à 4 personnes (l'une d'elles totalise 6 couchages). Elles sont regroupées autour d'une grande piscine. Le restaurant, avec terrasse et auvent, propose plats (canard, entrecôte), pizzas, burgers et salades.

Gîte de l'Ébéniste
Chemin de Laborie
47500 Sauveterre-la-Lémance
✆ 05 53 41 62 01

Toute l'année. De 1 600 € à 2 450 € la semaine selon la période (possibilité de louer pour 3 nuits minimum hors saison).

L'ébéniste en question était le père de Régis, l'actuel propriétaire avec son épouse Marie-Claire. Vous ne serez donc pas étonné de retrouver une belle dominante de bois dans cette grange en pierre qui peut accueillir jusqu'à 14 personnes avec ses 6 chambres et ses 4 salles de sains. La piscine est ravissante mais ce n'est rien comparé à la vue admirable sur les coteaux boisés et un château médiéval !

Les Ferouailles
854, chemin du Cayrel
Lieu-dit Ferouailles
47500 Saint-Front-sur-Lémance
✆ 06 60 86 37 93

Toute l'année. De 195 € à 310 € la nuit. Minimum 3 nuits hors saison et à la semaine uniquement de juin à septembre.

Martine et Gérard vous accueillent chaleureusement dans leur ravissante ferme de 200 ans d'âge restaurée. Le gîte se compose d'une cuisine avec salle à manger et terrasse extérieure, un salon, quatre chambres individuelles, chacune disposant de sa salle de bains et de ses toilettes. La piscine (de mai à septembre) s'accompagne de transats et d'une tonnelle équipée d'un salon de jardin. S'installer dans la cour pour prendre l'apéro reste aussi une plaisante option. Depuis les hauteurs de la propriété, le panorama vaut le coup d'œil.

Église de Blanquefort-sur-Briolance.

GAVAUDUN, LE CHEMIN DES MOULINS

À 30 kilomètres de Villeneuve-sur-Lot et proche des départements limitrophes du Lot et de la Dordogne, cette balade vous amène au pied du château de Gavaudun, un site emblématique du Lot-et-Garonne. Au-delà de ce magnifique ouvrage, vous déambulerez au milieu des bois et au bord de l'eau où faune et flore sauvages sont en total harmonie. Vous passerez le long de plusieurs moulins à eau installés sur la Lède, ils sont témoins du patrimoine local et agricole du département. Ce circuit vous promet de nombreuses découvertes avec un passage agréable dans le bourg de Gavaudun et à côté dans le hameau de Saint-Avit. Vous irez à la rencontre des lieux chargés d'histoire et de légendes comme l'église de Laurenque, le Prieuré de Saint-Sardos, la grotte des lépreux ou la source de Touron. Vous combinerez cette balade avec la visite de cette sentinelle trônant sur son éperon rocheux. Rendez-vous pour le départ sur la place Sabine Sicaud au bord de la Lède (latitude : 44.5604247, longitude : 0.88680267).

Château de Gavaudun et Prieuré Saint-Sardos

Une fois sur la place au bord de la Lède, vous êtes déjà marqué par l'imposante forteresse qui se dresse face à vous ! Vous suivez durant toute cette balade le balisage vert. Vous rentrez dans l'édifice en passant sous la herse de la porte fortifiée. Engagez-vous dans le chemin en terre au bout de la rue des remparts. Levez les yeux pour voir au-dessus le château, ne vous sentez-vous pas minuscule devant cet ouvrage ? Ses premières pierres datent du XIe siècle, une centaine d'années plus tard, les Henriciens (une secte manichéenne) se sont installés dans Gavaudun. Ils ont été considérés comme des brigands voleurs de récoltes. En 1165 l'évêque de Périgueux (Jean d'Assida) a assiégé le château et les a forcés à se rendre. Il rasa le château pour prouver sa grande victoire sur les hérétiques. C'est uniquement au XIIIe siècle que le château a été reconstruit. C'était l'un des derniers bastions français de la guerre de cent ans. De nombreux propriétaires s'y sont succédés, surtout des grandes familles nobles de la région (Lustrac et Durfort). Il est devenu propriété de la commune en 1805. Pour connaître la totalité de son histoire, offrez-vous la visite de cet ouvrage avec son donjon mesurant un peu plus de 20 mètres de hauteur, de ses remparts et de ses grottes naturelles qui servaient d'entrées au château empêchant les chevaux d'y accéder. Après les ruines, reprenez le circuit en foulant le sentier pavé qui vous amène à un calvaire et, un peu plus loin, vers les restes gothiques de l'ancien prieuré de Saint-Sardos. L'église a été construite au XIVe siècle mais elle n'a pas survécu aux guerres de religion, elle a été incendiée en 1569. Ces ruines ne sont pas accessibles mais possèdent encore un certain charme.

De Laurenque à Saint-Avit

En suivant le balisage, vous arrivez face à l'église de Laurenque, Saint-Anne de Castelle. Faites en le tour en observant les sculptures de poissons sur les colonnes du portail de l'église, vous comprendrez pourquoi des poissons grâce à vos cours de latin et au panneau explicatif. Suivez la route et quittez-la un peu plus tard sur votre gauche pour un chemin d'anciens pavés. Vous franchissez un petit ruisseau et passez entre de grandes prairies verdoyantes. La circulation sur le sentier sous les arbres, bordé d'un muret en pierre, est très agréable. Vous empruntez la route de campagne et pouvez aller voir (quelques mètres hors circuit) la croix des malades, son nom en dit déjà beaucoup. Au XIIe siècle, la lèpre sévissait dans toute l'Europe. Au début, la population plaignait les gens atteints mais la crainte de la contagion est devenue plus puissante que la pitié. Les personnes malades sont évitées et évincées, elles sont même presque mortes aux yeux de la société et donc exclues. Les nouveaux cas étaient conduits et rassemblés à l'embranchement des routes devant cette croix qui garda le nom de « croix des malades ». Le groupe était emmené plus loin dans la vallée à l'intérieur d'une roche calcaire, en guise de dernière demeure « la Grotte des Lépreux ». Ils étaient quand même nourris jusqu'à la fin de leurs jours. Si vous ne montez pas à la croix, quittez la route pour un chemin terreux à travers les arbres. Reprenez une piste goudronnée qui passe devant une bâtisse et un petit verger. Vous bifurquez sur un sentier de pierre en lisière d'un pré et marchez à travers celui-ci jusqu'au bois de chênes. Vous dévalez une pente qui arrive à une départementale que vous traversez. Franchissez la Lède, vous voyez au loin l'église du village de Saint-Avit.

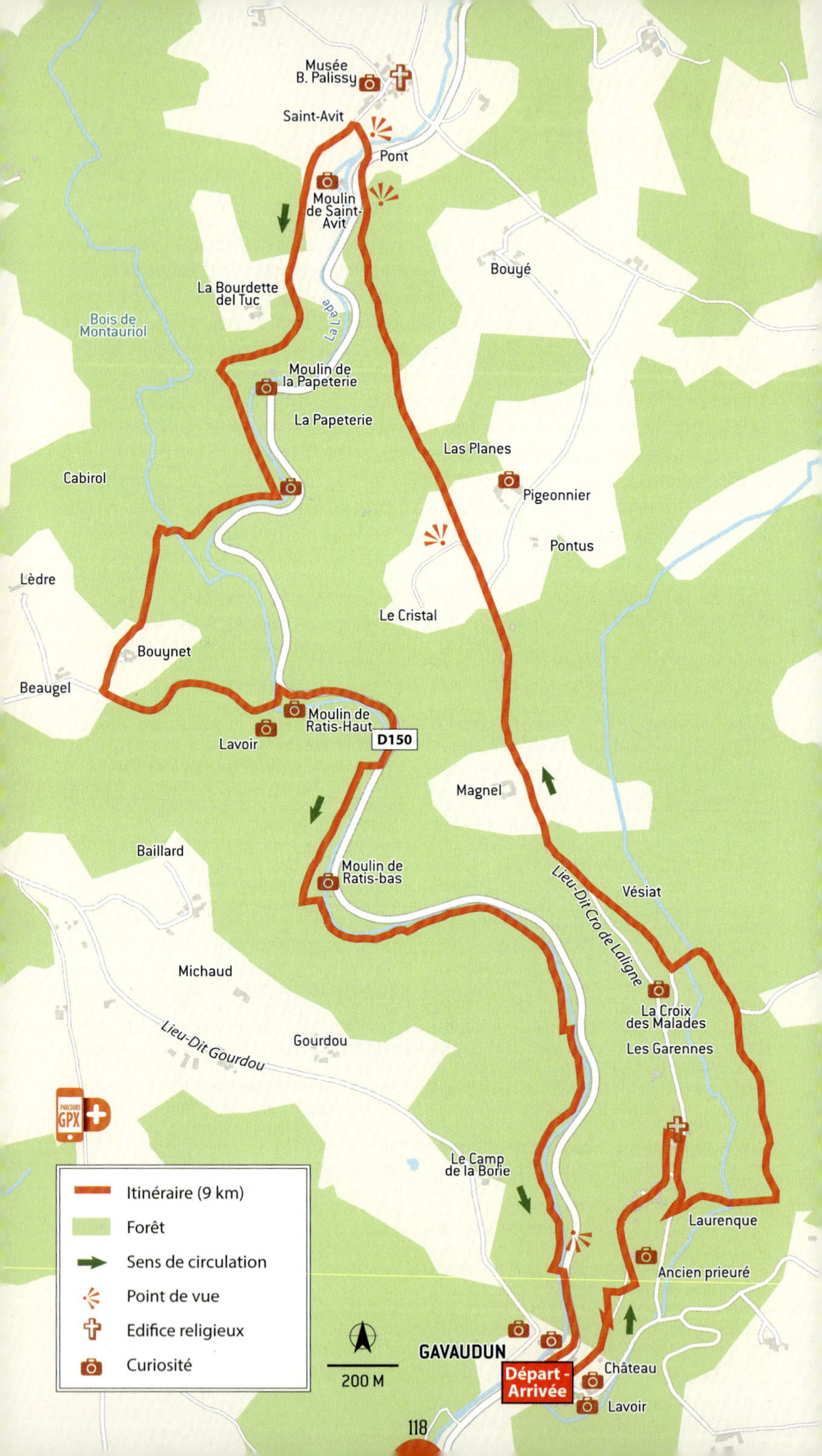

Musée
B. Palissy
Saint-Avit
Pont
Moulin
de Saint-
Avit
Bouyé
La Bourdette
del Tuc
Bois de
Montauriol
La Lède
Moulin de
la Papeterie
La Papeterie
Las Planes
Pigeonnier
Cabirol
Pontus
Lèdre
Le Cristal
Bouynet
Beaugel
Moulin de
Ratis-Haut
Lavoir
D150
Magnel
Baillard
Moulin de
Ratis-bas
Lieu-Dit Cro de Laligne
Vésiat
Michaud
La Croix
des Malades
Les Garennes
Lieu-Dit Gourdou
Gourdou
PARCOURS
GPX
Le Camp
de la Borie
Laurenque
Ancien prieuré
GAVAUDUN
Départ -
Arrivée
Château
Lavoir
200 M
Itinéraire (9 km)
Forêt
Sens de circulation
Point de vue
Edifice religieux
Curiosité

Au-delà du circuit, vous pouvez faire quelques pas de plus pour vous diriger vers son bourg. Très atypique, vous serez absorbé par ses couleurs aux tons ocre et rose. Faites-en le tour et après avoir profité des belles tuiles en lauzes de l'église ou d'un passage au musée Bernard Palissy, revenez sur vos pas pour reprendre le sentier.

Retour par les Moulins de la Lède

Vous êtes actuellement au point le plus éloigné de votre parcours, l'atmosphère va changer. Vous passez devant le premier moulin, celui de Saint-Avit, il servait à fabriquer la farine. Il y a sur la Lède 52 moulins à eau sur une distance de 47 kilomètres. La puissance hydraulique de cette rivière était fortement utilisée, malheureusement, au début du XXe siècle, de nombreux finissent par cesser leurs activités. Vous continuez le chemin bordé d'un muret en pierre, celui-ci prend de la hauteur. Vous arrivez au second moulin, celui de la Papeterie qui servait à la fabrication de la farine ainsi qu'à celle du papier. L'écoulement de la Lède vous berce et transporte jusqu'au troisième moulin, celui du Cabriol. Il faisait de la farine ainsi que de l'huile de noix, les cultivateurs alentour amenaient des cerneaux et les deux grandes roues verticales du moulin les écrasaient. Suivez le chemin escarpé bordé de fougères plates où la douce mousse verte est installée sur toutes les surfaces possibles. Vous traversez le ruisseau de Clairfond à l'aide d'une passerelle assez sommaire. Sortez du bois et, après un court passage le long d'une route de campagne et rentrez à nouveau dans la forêt en franchissant la barrière en bois. En suivant le balisage, vous serpentez jusqu'au quatrième moulin, celui de Ratis-Haut qui servait quant à lui de forge (les sols locaux sont chargés en fer). Dépassez le lavoir et suivez le chemin étroit au bord de la Lède. Vous longez de grandes cavités calcaires (les fameuses « Grottes des Lépreux ») et vous arrivez au cinquième moulin, celui de Ratis-Bas qui faisait de la farine. Le sentier complètement recouvert de mousse donne l'impression d'une ambiance féerique. Vous sortez du bois et suivez au plus près la Lède. Le long d'une grande esplanade, vous profitez pleinement des grandes falaises. Vous traversez une ultime fois la rivière pour retomber sur la route que vous suivrez sur la droite. Avant de clôturer le circuit, imprégnez-vous de la légende de la source du Touron. Durant les guerres de religion, la mère supérieure et les religieuses du couvent du prieuré de Laurenque se seraient jetées dans le puits avec tout le trésor du couvent. Des pièces d'or auraient été trouvées dans les eaux de la source ainsi que dans la Lède. Finissez le parcours ou profitez de l'aire de pique-nique pour reprendre des forces tout en admirant la splendide vue sur la forteresse.

© ADRT 47

Village et château de Gavaudun.

LES BONNES ADRESSES SUR LE PARCOURS

À visiter

Château de Gavaudun
✆ 05 53 40 04 16
www.chateaudegavaudun.com
Ouvert 7j/7 en juin, juillet, août. Fermé le lundi et le mardi en mai et octobre. Adulte 5,50 €, 3,50 € de 6 à 16 ans. Les jours avec animations : 7 € adulte, 5 € pour les 6-16 ans.

Bâti sur un éperon rocheux, ce château fort des XIe-XIIIe siècles surplombe le village de Gavaudun et domine toute la vallée. Une vingtaine de panneaux explicatifs rendent instructif le parcours numéroté à suivre. La visite commence de façon surprenante par l'ascension d'un puits vertical creusé à même la roche. Dans la salle du Seigneur sont exposées des armes d'hast du Moyen Age ainsi qu'une armure. Au sommet du donjon, vous profiterez depuis la terrasse d'une vue magnifique à photographier. Un site incontournable.

Se loger

Camping des Bastides
933, route de Fumel
Lieu-dit Terre Rouge
47150 Salles
✆ 05 53 40 83 09
105 emplacements de 17 € à 29,50 € la nuitée pour 2 sans l'électricité, de 23 € à 34,50 € la nuitée pour 2 avec l'électricité. Tentes, mobil-homes, chalets, yourte à louer.

Très attaché au côté nature, ce grand camping familial de 6 hectares présente une offre de détente la plus complète possible comprenant une jolie piscine (10 x 20 m), une pataugeoire, un toboggan aquatique et son bassin de réception, des terrains multisports et de pétanque, tables de ping-pong, trampolines, jeux gonflables... Doté d'une salle de restaurant avec terrasse, le site dispose par ailleurs d'une épicerie qui vend du pain cuit sur place et divers produits locaux, ainsi que d'un snack pour des pizzas et sandwichs que vous pouvez emporter. Boissons et glaces sont aussi proposées.

Se restaurer

Auberge Le Donjon
Lieu-dit Désiré
47150 Gavaudun
✆ 05 53 40 82 32
Du lundi au vendredi le midi toute l'année. Menus à 15 €, 25 €, 29 € et 35 €. Menu enfant 8 €.

Une institution dans le coin, à deux pas du château et du village de Gavaudun ! Fort de son succès, ce restaurant a été agrandi 2 fois depuis son ouverture en 1979. Il est tenu par un couple des plus sympathiques, Bernard et Gisèle qui officie derrière les fourneaux. « Nous ne recevons pas des clients mais des amis » se plaisent-ils à répéter. L'ambiance conviviale désirée s'accompagne d'une solide cuisine régionale : tourin blanchi (spécialité de la cheffe), melon au muscat, foie gras, magret et confit de canard, omelette campagnarde, desserts maison... À déguster avec un plaisir encore plus grand sur la belle terrasse ombragée. A noter que les camping-cars peuvent stationner gratuitement la nuit. L'électricité et l'eau sont offertes.

Restaurant L'Essentiel
10, place Sabine Sicaud
Le Bourg
47150 Gavaudun
Basse saison : du mercredi au samedi midi et soir + dimanche midi. Haute saison : du mardi au samedi midi et soir + dimanche midi. A la carte : 35 € en moyenne.

Pauline et Matthias ont repris en juin 2021 cette adresse au cœur même du village. Ici, cuisine française rime avec circuit court et fait maison, tout en se voulant ouverte sur le monde. La touche gastronomique se voit dans l'attention portée à chaque détail dans les assiettes. Les vins servis sont en agriculture biologique ou en biodynamie. Une étape culinaire classieuse.

Produits gourmands

Horizon des Bastides
Lieu-dit Cureau
47150 Salles
✆ 07 72 38 60 67
Ouvert le vendredi 15h-19h et le samedi 10h-13h.

Agriculteurs depuis 8 générations, la famille Cabanes a mis en place en 2018 un point de vente sur son exploitation, où sont rassemblés des produits 100 % bio : pâtes aux saveurs thym, tomate, basilic, curry, cèpe, piment d'Espelette, lentilles, farines, pruneaux mi-cuits ou en jus. Une visite gratuite de l'atelier de fabrication peut être organisée sur demande.

Agenda

En juillet, assistez à la grande fête médiévale annuelle du château de Gavaudun. Au programme : théâtre de rue, déambulations musicales, spectacle de feu, restauration (avec souvent jambon à la broche par exemple), feu d'artifice...

MONFLANQUIN, LA PROMENADE DES CHÂTEAUX DE LA LÈDE

Au cœur de la vallée de la Lède, à une vingtaine de kilomètres de Villeneuve-sur-Lot, cette balade vous permet de profiter d'une vue imprenable sur la bastide d'un des villages classé parmi les plus beaux de France. C'est également l'occasion de découvrir les châteaux présents en abondance dans la vallée. Vous passerez devant le moulin de Boulède et la chapelle de Teyrac qui raviront vos yeux. Plongé dans une atmosphère très nature, entre petits chemins enherbés, vergers, sous-bois, champs ou même petites routes de campagne, ce parcours commencera et se terminera par le charmant lac de Coulon qui sera également un coin idéal pour prendre ou reprendre des forces. Les paysages évolueront en même temps que la foulée de vos pas. Au-delà de cette balade, il faudra absolument aller flâner sur le pech, cette colline sur laquelle trône la bastide de Monflanquin. À faire à pied ou à VTT, le départ se trouve au début du lac (latitude : 44.528395, longitude : 0.754739).

Du bord du lac à la chapelle de Teyrac

Vous attaquerez le lac par la gauche en suivant le balisage bleu. Ce petit lac très agréable est propice à la pêche et à la détente. Vous passez la digue au niveau de la passerelle pour descendre en contrebas du lac. Vous longez un chemin forestier sous les chênes. Quittez le sentier qui passe devant des agrès de sport en bois pour un chemin en castine blanche. Après quelques mètres, une première variante est possible, elle raccourcit considérablement la balade. Pour continuer le parcours principal, prendre prudemment la route sur la droite pour arriver devant le moulin de Boulède. Construit au XVIIIe siècle et posé sur la Lède, il servait à l'époque, à la fois de moulin à eau pour la production de pain et de farine, de piscine municipale et de relais postal. Vous traversez la rivière par deux fois et prenez la petite route qui s'écarte de la départementale sur laquelle vous êtes. S'offre à vous une seconde possibilité de raccourcir le circuit en empruntant la route ombragée de Rastouillac. Sinon continuez une centaine de mètres sur la départementale pour ensuite la quitter sur la droite pour un chemin qui vous plonge rapidement dans un creux entre deux grands vergers. Vous arrivez face à un panorama sur les vallons de la vallée de la Lède et à la jolie chapelle de Teyrac, dont l'accès est interdit.

Bastide, châteaux et paysages de la Lède

Il est temps de reprendre la route goudronnée, au milieu de la nature où champs, forêts, vergers se mêlent à merveille. Vous traversez un champ au lieu-dit Bruguet et en suivant le balisage, retrouvez une piste forestière qui passe devant des palombières. À la sortie du bosquet, une vue dégagée sur la bastide de Monflanquin s'offre à vous, suivez le chemin en direction du village. Après un petit verger, vous laissez sur votre gauche le château du Rousset et son pigeonnier visible à travers les arbres. Vous arrivez devant le château de Rastouillac, un très bel édifice que vous allez contourner. Un agréable sentier en herbe descend au pied de la vallée où vous retrouvez la vue sur la bastide. Vous retraversez la Lède grâce à une passerelle métallique. N'hésitez pas à vous retourner pour profiter de la vue en contreplongée du château. Au niveau d'un arbre isolé le long du chemin, marquant le point d'arrivée de la première variante, il vous faut prendre celui qui monte vers un point de vue sur un nouveau château, celui de Roquefère. On distingue les trois tours de cette imposante architecture du XIIIe siècle. En direction du village, passez sous le portique rouge et blanc pour retrouver le lac et une aire de pique nique. Vous longez l'autre partie du bassin, occasion de clôturer la balade avec les vols de canards rasants sur l'eau.

Un peu plus loin à Monflanquin

Après votre balade, il est vraiment conseillé de fouler les ruelles pentues de cette bastide datant de 1256, créée par Alphonse de Poitiers, comte de Toulouse et représentant du Roi de France. Monflanquin, classé au titre des villages les plus beaux de France, typique d'une bastide avec son fidèle plan en damier, ses arcades ainsi que ses bâtisses de caractère, saura vous plonger dans un monde médiéval. N'hésitez pas à pousser les portes de l'office de tourisme et du musée des Bastides pour connaître l'histoire et l'évolution ou écouter le célèbre raconteur de Pays « Janouille La Fripouille ». En famille vous pouvez également faire le parcours proposé par l'application « Terra Aventura ».

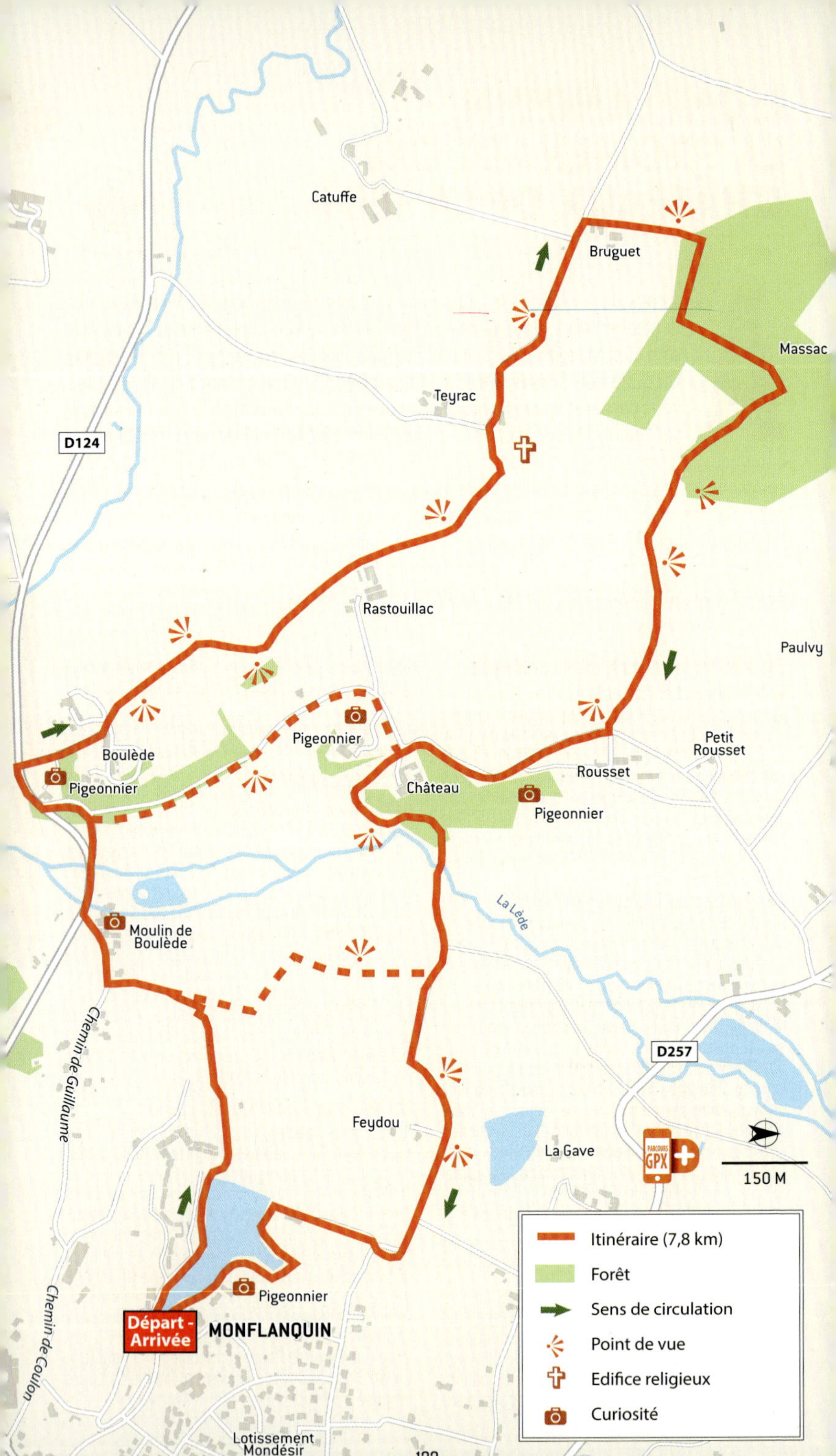

Catuffe
Bruguet
Massac
Teyrac
D124
Rastouillac
Paulvy
Boulède
Pigeonnier
Pigeonnier
Château
Rousset
Petit Rousset
Pigeonnier
La Lède
Moulin de Boulède
Chemin de Guillaume
D257
Feydou
La Gave
PARCOURS GPX
150 M
Pigeonnier
Départ - Arrivée
MONFLANQUIN
Chemin de Coulon
Lotissement Mondésir
Itinéraire (7,8 km)
Forêt
Sens de circulation
Point de vue
Edifice religieux
Curiosité

LES BONNES ADRESSES SUR LE PARCOURS

S'informer

Office de Tourisme Cœur de Bastides - Bureau d'Information de Monflanquin
Place des Arcades
47150 Monflanquin
✆ 05 53 36 40 19
www.coeurdebastides.com
Juillet et août 7j/7 : 9h30-13h et 14h-18h. D'avril à juin, en septembre et octobre : du mercredi au samedi 9h30-12h30 et 14h-17h. De novembre à mars : voir sur le site.

A visiter

Musée des Bastides
Place des Arcades
47150 Monflanquin
✆ 05 53 36 40 19
Fermé de novembre à mars. En mai, juin, septembre, octobre : du mercredi au vendredi 9h30-12h30 et 14h-17h. En été ouvert du mardi au vendredi 9h-13h et 14h-17h. Tarifs : 4 €, 1,50 € pour les 12-18 ans.
Au Moyen Âge, du temps où le Sud-Ouest était partagé entre Français et Anglais, sont nées 350 villes neuves : les bastides. Pour mieux les comprendre, un musée leur est dédié au sein même des locaux de l'Office de Tourisme, sur deux étages. La visite libre se fait à travers une scénographie incluant des panneaux explicatifs, des maquettes (dont une, imposante, de Monflanquin au début de sa construction), des supports pour enfants. Deux espaces ludiques s'adressent aux familles autour de l'habillement médiéval et de l'échoppe. Une visite vraiment intéressante à faire. Par ailleurs, il est possible de participer sur place à un escape game médiéval (réservation obligatoire).

Se loger / Se restaurer

Hôtel-restaurant Monform
Route de Cancon
47150 Monflanquin
✆ 05 53 49 85 85
Ouvert toute l'année. 30 chambres réparties dans 5 bungalows. De 49 € à 79 € la nuit. Formule du midi 16,50 €.
Posé à l'entrée de Monflanquin au bord d'un lac, ce complexe jouit d'un cadre agréable. Les confortables chambres disséminées dans le parc forment des petits pavillons de plain-pied tout équipés avec terrasse et salon de jardin. Côté restaurant, vous dégusterez une cuisine où le local et la saisonnalité sont privilégiés. Le bord du lac se prête aussi à des soirées bodega.

Hôtel Restaurant La Bastide des Oliviers
1, tour de Ville - 47150 Monflanquin
✆ 05 53 36 40 01
A l'année. 9 chambres doubles de 70 € à 108 €. Restaurant/service traiteur. Menus 16,90-32 €. Panier pique-nique.
Au pied de la bastide, l'établissement possède un charme certain. Les 9 chambres (dont une familiale pour 4 personnes) sont aménagées avec goût : sobres, élégantes et douillettes. Le restaurant propose une cuisine traditionnelle. Quand le temps est clément, profitez de la terrasse. Des paniers-repas peuvent être préparés.

Se restaurer

Le Bistrot du Prince Noir
45, place des Arcades
47150 Monflanquin
✆ 05 53 36 63 00
La cuisine appétissante de ce restaurant sous les cornières en fait une halte recherchée. Les amateurs de burgers pourront piocher parmi une jolie sélection. Les grillades à la plancha ou le mille-feuille d'aubergine font partie des classiques.

L'Effet Maison
25, Place des Arcades
47150 Monflanquin
✆ 09 52 13 07 73
Ouvert du mardi au samedi 19h-23h, le dimanche 12h-14h. A la carte : 45 € environ.
Une adresse reconnue par le Collège Culinaire de France, avec un Maître Restaurateur derrière les fourneaux ! Foie gras à l'armagnac, pigeonneau royal, maigre de ligne, craquelin à la crème de pruneaux... Qui sait quel produit du terroir va sublimer l'ardoise ?

La Bastide
29, place des Arcades
✆ 05 53 36 77 05
Ouvert toute l'année (sauf 3 semaines en février). En juillet/août tous les jours midi et soir. Hors saison fermé dimanche soir et lundi. Galettes salées à partir de 7 €, burger à partir de 9 €, plat du jour 10 €.
Le restaurant occupe un coin de la place centrale, avec sa terrasse abritée par les arcades. A la carte, outre le plat du jour, vous trouverez un bon choix de galettes de sarrasin, salades, burgers, crêpes sucrées. Les incontournables de la maison comptent la soupe gratinée à l'oignon et les crevettes en entrée, le confit, le tajine et le sauté de poulet coco ananas en plat de résistance. Ici, vous y mangerez bien et pour un prix raisonnable.

CAILLADELLES, RANDONNÉE DE CROUZILLAC À PECH REDON

La jolie balade de Cailladelles vous offrira de superbes points de vue sur les vergers, les tours des anciens moulins à vent et l'église de Saint-Pierre aux Liens qui domine la vallée du Pétrancat. N'oubliez pas d'emporter un appareil photo avec vous, le paysage est particulièrement sublimé en avril lors de la floraison des pruniers. À pied, vous aurez besoin de 3 heures et demi pour parcourir les 14 kilomètres de cet itinéraire au cours duquel vous traverserez des milieux variés, passant de la forêt aux vergers et des champs aux hameaux. Si vous préférez éprouver un peu plus vos mollets, vous pouvez faire cette balade en VTT, selon votre niveau, cela devrait vous prendre moins de 2 heures. Ici, les pruniers côtoient les noisetiers, deux cultures typiques de la région du Villeneuvois, on trouve donc aussi beaucoup de lacs d'irrigation. Les moulins anciens situés sur des plateaux surélevés aussi appelés pechs, nous indiquent que le blé, comme les prunes, poussent là depuis bien longtemps.

En descendant vers Crouzillac

Vous suivez le balisage bleu depuis l'église (latitude : 44.497403, longitude : 0.668095). Construite au XIIe siècle, elle fut reconstruite en 1682 après avoir été entièrement détruite par les Huguenots. Sa fraicheur s'estompant avec le temps, une campagne de restauration s'est achevée en 2021. C'est donc toute pimpante qu'elle nous apparaît aujourd'hui. Son clocher arcade à deux cloches et sa taille modeste sont caractéristiques des communes rurales. Elle garde aussi son cimetière à l'intérieur de son enceinte. Vous montez en laissant l'église sur votre droite, la route traverse des vergers de pruniers. En arrivant au point de recyclage, prenez le chemin à droite. D'ici, un point de vue s'ouvre sur de nombreux vergers, un lac d'irrigation et les collines avoisinantes. Vous traversez un bois, puis vous rejoignez le bitume et suivez la route vers la droite. Là encore, des pruneraies s'étendent à gauche et à droite. Après le réservoir d'eau, en entrant dans un nouveau bosquet, les pruniers laissent la place aux chênes. À la sortie du bois, vous faites un court passage sur une route goudronnée et vous entrez sur un chemin ombragé. De nouveau, vous pénétrez dans un bois, à la palombière, vous prenez à droite. En sortant du bois, des vergers de pruniers vous font face, vous remarquez de jeunes arbres, témoins d'une production dynamique qui se renouvelle sans fléchir. La vallée du Lot, avec ses terres bien irriguées est idéale pour la prune d'Ente, celle utilisée pour faire les pruneaux, elle y pousse depuis le Moyen Âge et poursuit son développement. Après avoir traversé la D420 avec prudence, vous passez le ruisseau du Pétrencat à gué sur des pierres et tournez à gauche. Selon la saison, il sera difficile de le franchir, dans ce cas, vous pouvez continuer la route vers le sud en direction de la Sauvetat-sur-Lède et prendre à droite à la prochaine intersection. Vous rejoignez les balises après le pont. Vous parvenez rapidement au hameau de Crouzillac où vous passez devant la Croix de fer sur un calvaire et un puits en pierre. Vous montez sur la route et vous vous engagez dans le bois de Figeac par un chemin herbeux qui part sur la droite. En sortant, la vue s'ouvre sur des champs et des vergers ponctués de fermes.

Les moulins à vent

Au niveau de la haie de ronces, prenez garde de bien tourner à droite, à moins que vous ne préfériez emprunter la variante qui continue tout droit vers la bastide de Castelnaud-de-Gratecambe. À droite, vous longez la haie en profitant du panorama sur l'église de Cailladelles, reconnaissable à sa couleur blanche et son clocher à deux arcades. Vous montez le long d'une haie et au sommet, des vergers de pruniers vous attendent, entre eux, sont creusés des lacs d'irrigation. Prenez à droite sur une route, vous profitez bientôt d'une vue sur les paysages alternant les champs de différentes cultures et les vergers avec, au milieu, l'église de Cailladelles. Au croisement du Fatigou, un pigeonnier a été conservé avec sa ferme. La voie goudronnée monte puis se change en chemin herbeux au niveau de la ferme. Poursuivez tout droit en direction du bois et traversez-le. Au milieu, prenez à gauche sur un chemin montant creusé par le ruissellement de l'eau, vous croisez une ancienne palombière.

Chemin des Nauzes
Lieu-Dit Lauche
La Planquette
Latapie
Menut
Ricaud
La Banette
Tours
Moulin à vent
D412
Tours
Moulin à vent
La Tuilerie
Lavescat
Roumagne
Palombière
Pech-Redon
Le Trel
CAILLADELLES
Puits
La Cavaillère
Départ -
Arrivée
Sarlatou
Rebéquet
250 M
Sensibrat
Itinéraire (13,9 km)
Forêt
Sens de circulation
Point de vue
Edifice religieux
Curiosité
Lascombes
D420
Le Renard
Cantarel
Trabade
Les Bertrands
La Sartale
Vers Castelnaud-
de-Gratecambe
Bois de Figeac
Combet
Rabanel
Joli Coeur
Crouzillac
Bonnefé
Calvaire
Pigeonnier

LES BONNES ADRESSES SUR LE PARCOURS

Se loger

Domaine Les Courteaux
671, route du Lac
Lieu-dit Les Courteaux
47290 Beaugas
Gîte : de 750 € à 980 € la semaine.
Chambres d'hôtes : de 100 € à 120 € la nuit, petit déjeuner inclus.
Gerda et Dario, un couple de Suisses alémaniques, ont l'habitude d'accueillir leurs hôtes avec un apéro de bienvenue. Leur propriété campagnarde de 2 hectares au milieu des noisetiers dispose d'1 gîte pour 5 personnes maximum et de 3 chambres de 2 ou 3 personnes décorées avec beaucoup de goût. Gerda y a pris plaisir et ça se sent ! Chacune des chambres dispose d'une douche à l'italienne. A l'extérieur, un petit plongeon dans la piscine ne se refuse pas. Une adresse bien agréable.

Château de Sénézelles
Lieu-dit Sénézelles
47440 Pailloles
✆ 05 53 41 03 10
Gîtes pour 4 personnes de 480 à 790 € la semaine, week-end dès 200 € hors saison.
2 piscines extérieures, des terrains de tennis et de pétanque, 1 mini-golf, 1 salle de sport et même des producteurs locaux qui viennent jusqu'à vous une fois par semaine : les services sont nombreux ici. Les gîtes ont du caractère et sont très bien équipés. Vous apprécierez de flâner dans le parc de près de 2 hectares.

Produits du terroir

Ferme du Vignal
Cailladelles
Lieu-dit Au Vignal
✆ 05 53 01 64 65
Du lundi au vendredi 9h-17h.
La famille Christ propose ses conserves fabriquées sur place de canard et oies grasses, terrines de campagne au piment d'Espelette ou de canard au poivre vert, rillettes de canard, plats cuisinés (cassoulet, saucisses lentilles, poulet basquaise). L'adresse se situe à deux pas du circuit du côté de Cailladelles.

François Saphy
466, chemin des Nauzes
Lieu-dit Les Nauzes
47290 Boudy-de-Beauregard
✆ 05 53 01 64 65
Du lundi au vendredi 8h-12h et 14h-18h (le vendredi 17h).
Les pruneaux (variétés d'Ente et Tardicote) sont la spécialité de cette exploitation qui a aménagé un petit point de vente pour ses produits : pruneaux au vin de Bergerac ou enrobés de chocolat, confitures, jus mais également des fruits à coque (noix, noisettes, amandes) et moelleux (abricots, dattes, papayes, baies de goji, etc.).

Activités

Villeneuve-sur-Lot Country Golf Club
La Menuisière
47290 Castelnaud-de-Gratecambe
✆ 05 53 01 60 19
Toute l'année. Green fee 18 trous de 30 € à 55 € selon la saison. Boutique. Piscine. Résidences du Golf.
Vous souhaitez quitter vos chaussures de randonnée pour aller taquiner la balle de golf ? Ce parcours de championnat de 18 trous, qui épouse le paysage vallonné, se révèle idéal pour les pratiquants confirmés comme pour les débutants. Le Villeneuve-sur-Lot Country Golf Club se montre très dynamique avec sa piscine et son restaurant, La Suite, où est servie une cuisine du marché aux accents gastronomiques.

Eglise de Cailladelles.

En sortant du couvert boisé, un point de vue digne de contes anciens s'offre à vous. Deux pechs côte à côte sont chacun surmontés d'un moulin-tour à vent. À droite, le Pech-Redon que vous contournerez bientôt. Vous cheminez entre des champs et des vergers, puis, au bout du chemin herbeux, prenez à droite sur la route goudronnée. Après avoir passé le Rebéquet, le chemin tourne à gauche dans le bois et ensuite à droite après une haie. De nouveau, franchissez le Pétrencat à gué puis passez un pont et rejoignez la route en franchissant un talus. Montez en face sur la piste herbeuse. Si le premier gué n'a pu être franchi, vous pouvez éviter le deuxième en n'entrant pas dans le bois, vous continuez simplement sur cette route jusqu'à ce qu'elle croise la D420. Vous la longez alors prudemment vers la gauche, laissant à droite la route pour Cailladelles, puis le Trel. L'itinéraire monte ensuite entre un verger de pruniers et un champ à droite juste derrière le panneau signalant le prochain croisement. Vous ne pouvez pas manquer de photographier les deux tours moulins avant de tourner à gauche au bout du verger. Vous montez en direction du Pech-Redon et apercevez au-dessus de vous, la tour. Au croisement de quatre chemins, continuez par celui le plus à gauche. Un panorama très profond s'ouvre sur les cultures et leurs lacs d'irrigation. En sortant du chemin boisé, vous vous retrouvez juste en dessous du second moulin-tour qui se laisse aisément photographier. Sur la droite, vous partagerez une partie de la vue quotidienne du meunier qui n'avait rien à envier aux militaires de tours de guet. Plus loin, vous longez par le bas la tour du Pech-Redon, parfaitement visible.

Entre les lacs

Vous quittez la route pour un chemin entre deux clôtures et passez un lac. Vous remontez ensuite vers un bois de chênes très broussailleux. En sortant, sur votre gauche, encore un lac entouré de vergers. Vous montez un chemin empierré puis au sommet, suivez la route vers la droite. Vous vous dirigez vers un bois dans lequel vous entrez légèrement en prenant le chemin le plus à gauche au niveau d'une ferme. Vous débouchez sur d'autres vergers et montez le long. En haut, retournez-vous pour contempler le panorama exceptionnel à près de 180 degrés qui vous montre une mer de vergers devant Monflanquin et au loin, le château de Biron. Entrez dans le bois par le chemin sur la droite et montez jusqu'à la sortie. Vous profitez d'une superbe vue sur les vergers, l'église de Cailladelles et son clocher puis, au loin, des collines. En haut, au hameau, sur la gauche un ancien puits et un autre point de vue lointain. Vous descendez ensuite la route sur la droite en direction de l'église. En face, la ferme du Vignal vous accueille dans sa boutique de produits locaux. Ici, on élève des canards et des oies, que vous avez aperçus à gauche de l'église en descendant et on produit aussi des pruneaux et des céréales, vous trouverez donc tous ces produits disponibles à la vente.

© CDT47

Place des arcades à Monflanquin.

ÇANCON, VERS MOULINET, À LA DÉCOUVERTE DU TERROIR

Les gourmands se donneront du courage pendant les 4 heures 15 de marche en imaginant le goûter qui les attend à l'arrivée dans la boutique Koki de Cancon, spécialiste de la noix et de la noisette de France. Les nombreux vergers de noisetiers que vous croiserez au cours de ces 16,3 kilomètres vous mettrons peu à peu l'eau à la bouche, le spectacle qu'ils offrent au printemps, à l'époque de leur floraison, est incontournable. Cette balade ne comprend aucune difficulté au niveau du terrain, en revanche, elle exige que vous vous protégiez du soleil et que vous partiez avec une réserve d'eau suffisante pour tout le circuit. Peu de tronçons profitent d'un véritable ombrage et vous ne rencontrerez aucun point d'eau potable. Il est possible de faire cette balade en 2 heures 10 à VTT, d'autant qu'elle passe majoritairement sur des routes goudronnées ou sur de larges chemins herbeux à travers champs. Coordonnées GPS du départ, latitude : 44.5361104, longitude : 0.62648892.

Une ville fondée au Moyen Âge

En partant de la mairie suivez le balisage jaune et prenez la direction de Castillonnès et montez à gauche les escaliers au-dessus d'un puits. En haut, la pompe trône sur le trottoir. Vous traversez très prudemment la N21 et vous entrez dans le haut Cancon, historique et même médiéval. Ce quartier du XIIIe siècle conserve ses maisons à colombages remplis de pierres et de briques mais aussi les pavés qui n'ont pas cédé devant le goudron. Vous montez sur le tertre par le chemin herbeux et vous atteignez l'emplacement de l'ancien château marqué par le vestige d'une tour. Ici, treize autres tours s'élevaient, jointes par de hautes murailles. Cette forteresse disparue fut construite au XIe siècle, 200 ans avant la ville qui l'entourait. La guerre entre les Français et les Anglais mis à terre le château une première fois au XVe siècle. Il fut ensuite reconstruit à partir de 1500 et le chantier ne s'acheva que vingt ans plus tard. En réalité, c'est presque toute la ville qu'il fallut remettre debout au cours du XVIe siècle. Vous pouvez comprendre l'intérêt de placer un bâtiment militaire en haut de ce tertre lorsque vous atteignez son sommet où la vue s'ouvre tout autour sur des dizaines de kilomètres. Une table d'orientation vous aide à repérer les éléments du paysage façonné principalement par les vergers de noisetiers et de pruniers ainsi que leurs lacs d'irrigation. Vous descendez ensuite par un sentier pentu. Après quelques pas sur le bitume, retrouvez un chemin herbeux le temps de passer sous un tunnel à la sortie duquel se trouve un ancien lavoir. Vous longez des vergers de pruniers sur votre gauche, puis des noisetiers. Quelques rangs de vigne s'intercalent et de nouveau, des pruniers. Vous quittez la route pour un chemin de gravier sur la droite et vous longez un lac. Juste derrière, un pigeonnier à colombages rend la scène très pittoresque. À la station de pompage, continuez entre un grillage et le second lac. Avant la digue, vous prenez à gauche sur un chemin herbeux entre deux champs. Au croisement de quatre chemins poursuivez en face puis remonter le long d'une haie.

Sur les traces de la ruralité d'antan

Vous traversez une première bande de bitume et rejoignez la seconde que vous empruntez vers la droite. Vous passez devant un puits en pierre dont le mécanisme a été conservé et sur la gauche, un pigeonnier à colombages. Dans le virage de Lacapelle, un second puits en pierre est couvert d'un toit en kiosque et un autre pigeonnier suit juste après. On comprend qu'il y a longtemps, deux fermes devaient se côtoyer ici. Les pigeonniers étaient utilisés dans toute la région par les agriculteurs jusqu'à la deuxième moitié du XXe siècle avec l'avènement de l'agriculture moderne et son lot d'engrais. Jusque-là, les fermiers possédaient peu ou pas de bétail, en revanche ils cultivaient des plantes comme le tabac très gourmandes en nutriments. Sans fumure pour amender leurs sols, les Gascons élevaient des pigeons pour récolter leurs fientes, constituant un engrais puissant.

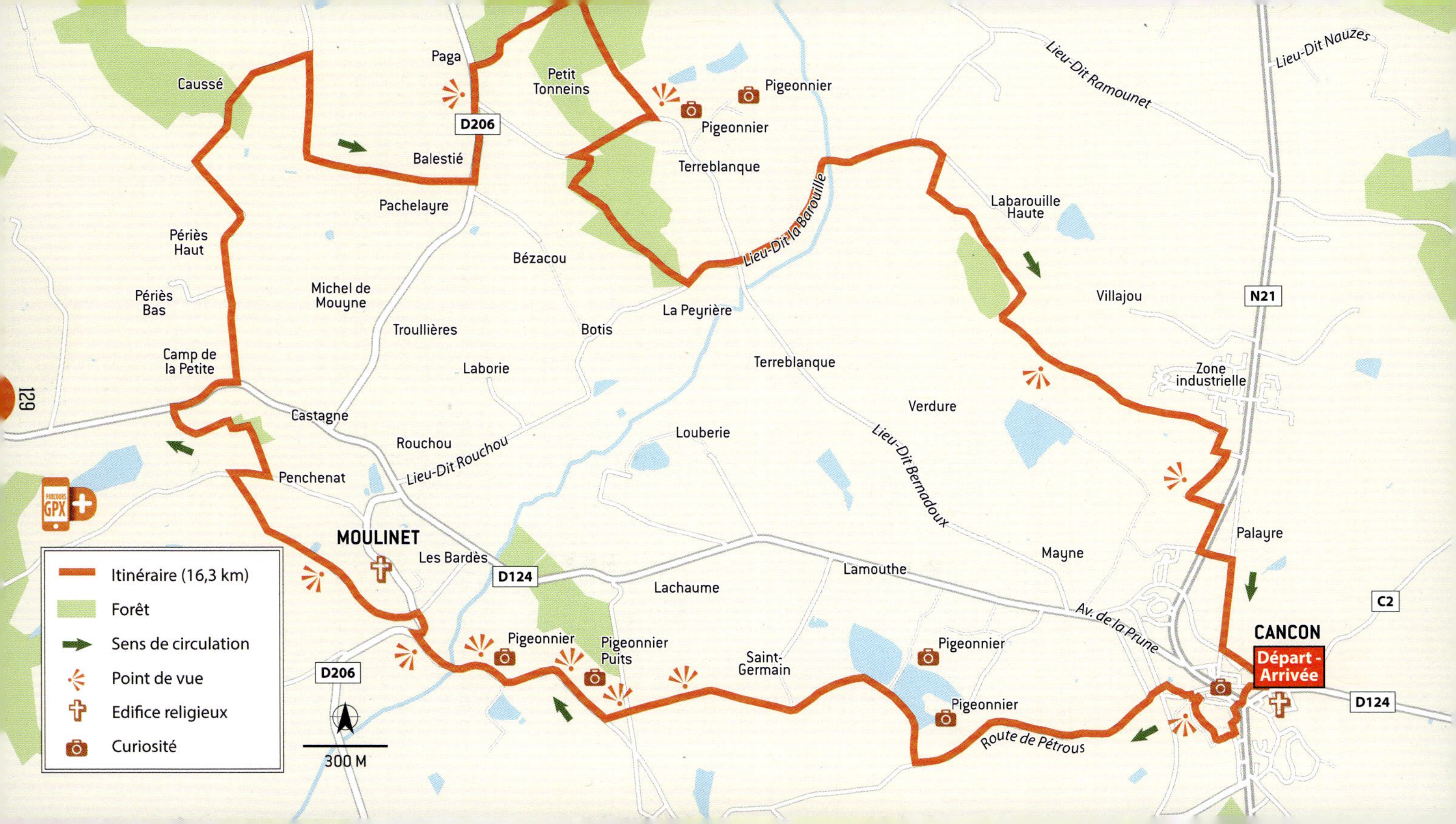

Caussé
Paga
Petit Tonneins
Pigeonnier
Pigeonnier
D206
Balestié
Terreblanque
Lieu-Dit Ramounet
Lieu-Dit Nauzes
Pachelayre
Labarouille Haute
Périès Haut
Bézacou
Lieu-Dit la Barouille
Périès Bas
Michel de Mouyne
Villajou
N21
La Peyrière
Troullières
Botis
Camp de la Petite
Terreblanque
Laborie
Zone industrielle
Castagne
Verdure
Rouchou
Louberie
Lieu-Dit Rouchou
Lieu-Dit Bernadoux
Penchenat
Palayre
MOULINET
Les Bardès
Mayne
D124
Lamouthe
Lachaume
Av. de la Prune
C2
CANCON
Départ - Arrivée
Pigeonnier
Pigeonnier Puits
Saint-Germain
Pigeonnier
D206
Pigeonnier
D124
Route de Pétrous
300 M
PARCOURS GPX
Itinéraire (16,3 km)
Forêt
Sens de circulation
Point de vue
Edifice religieux
Curiosité

LES BONNES ADRESSES SUR LE PARCOURS

S'informer

Office de tourisme Cœur de Bastides
✆ 05 53 36 40 19
www.coeurdebastides.com
Point d'information l'été chaque lundi matin sur le marché, sous la halle.

À visiter

La Coopérative Unicoque
Départ de la visite à la boutique Koki : 28, rue de la République à Cancon.
✆ 05 53 70 15 98
En juillet : mercredi et jeudi 15h, vendredi 9h30. En août : du mardi au jeudi 15h, vendredi 9h30. 5 € à partir de 12 ans, 3 € pour les 8-11 ans.

C'est le fleuron de Cancon ! Leader de la filière noisettes et noix en France, la coopérative Unicoque fait visiter en été ses vergers et son site de production. Comptez 2h pour découvrir toutes les étapes de fabrication, de la récolte aux sachets. Vous terminerez sous la halle du village par la dégustation bienvenue d'un assortiment de produits de la boutique Koki.

Se loger

Camping de Lougratte
Saint-Chavit - 47290 Lougratte
✆ 05 53 01 70 05 (mairie),
✆ 06 63 32 15 52 (camping en saison).
Du 15 juin au 15 septembre. 90 emplacements. 3,50 € la nuitée + 3,60 € par personne (2,50 € pour les 3-11 ans). Branchement électrique : 3,50 €. Location de mobil-homes à la semaine.

Ce camping municipal 3 étoiles vaut par sa situation enviable au bord du lac de Lougratte, où la baignade est autorisée du 25 juin au 28 août et surveillée de 14h à 19h. Beach-volley, location de canoës et de paddles, aire de jeux pour enfants, parcours de santé, tennis de table, tennis viennent compléter l'offre d'activités. Buvette-snack sur place.

Se loger / Se restaurer

Lac de Cancon
Lieu-dit Jeanmetge
47290 Cancon
✆ 05 53 41 11 39.
De mai à fin septembre. Forfait 1 emplacement camping + 2 personnes + 1 véhicule : 10 € la nuit. Électricité : +3 €. 11 gîtes de 2 à 6 personnes ouverts toute l'année : de 95 € à 195 € les 2 nuits hors saison, de 485 € à 640 € la semaine en juillet et août. Restaurant : à l'ardoise et menu du midi à 13,50 €.

Camping, gîtes, bar, restaurant : voilà un site touristique complet ! Ombragé et frais autant que possible, le camping se déploie sous un bois de chênes au bord d'un lac de pêche. La baignade n'est pas possible mais il existe une piscine 3 bassins ouverte en juillet et août. Les locataires des 11 gîtes peuvent également en profiter, tout comme du terrain de minigolf et des animations encadrées pour les enfants. Quant au restaurant, il privilégie la cuisine locale et de saison. Sa carte des pizzas, excellentes et peu chères, mérite une mention.

Produits gourmands

Koki la Boutique
28, rue de la République
47290 Cancon
✆ 05 53 70 15 98
En juillet et août : du lundi au samedi 9h30-12h30/14h30-19h. En basse saison : du lundi au samedi 9h30-12h30/15h-18h30.

Unicoque possède sa boutique face à la halle du village. Vous y trouverez les fruits de la coopérative, noisettes, noix et amandes, ainsi que les produits dérivés : huiles de noisette (dont une 100 % bio), pâtes à tartiner, farine, biscuits et huile de noix… ou encore les fameux « Kokichocos », des noisettes grillées enrobées de chocolat. Un régal ! Il existe aussi une gamme de cosmétiques à la noisette.

Seuls les plus importants propriétaires terriens avaient le droit de construire un pigeonnier, appelé alors « colombier », ce qui explique l'esthétique fière et soignée que beaucoup de ces perchoirs arborent. Vous passez ensuite un pont sur le Tolzac et vous montez légèrement sur la route, ce qui vous permet d'apercevoir l'église Saint-Jean de Lasbardes. Les parties anciennes datent du XIIe siècle, mais l'église fut en grande partie reconstruite au cours du XIXe. Le nom du lieu-dit « les Bardes » est bien plus ancien, hérité d'un ancien peuplement de Wisigoths au début du Ve siècle. Vous prenez à gauche sur une large voie de pierres, puis montez à droite et tournez à gauche en direction de Penchenat. Avant le ruisseau du Tolzac de Mangane et une allée entre deux haies, tournez à droite le long du cours d'eau. Redoublez d'attention à ce niveau car d'autres balises jaunes continuent tout droit. Vous traversez la route que vous suivez avec prudence pendant 270 mètres puis vous vous engagez à gauche dans l'allée empierrée. Vous êtes entourés de larges champs, puis vous regagnez la route vers la gauche au niveau d'un verger de pruniers. Arrivés au niveau de la maison de Paga et de ses vergers, engagez-vous dans le bois à droite. À une palombière, prenez le chemin sur la droite et descendez dans un champ. Vous rejoignez la route en face d'un pigeonnier et la suivez vers la droite. Vous vous engouffrez dans un bois par un chemin en épingle sur la gauche. En sortant, vous suivez le bitume jusqu'à La Barouille Haute où vous croisez un puits en pierre avec son mécanisme ancien.

Cancon, capitale française de la noisette

Vous vous engagez ensuite sur la droite vers une pinède en futaie. Vous marchez au début d'un bois de chênes entouré de champs et de vergers. Vous débouchez entre les noisetiers. Le long d'une haie, vous traversez une zone résidentielle qui vous annonce la proximité croissante de la ville. Vous contournez la piscine et longez le stade jusqu'à rejoindre la route bordée de platanes et vous la suivez jusqu'à une rue en face que vous empruntez. Retournez à droite puis à gauche dans la rue des Écoles qui débouche à la mairie. Avant de revenir vers la mairie, vous pouvez rejoindre le jardin public à côté du boulodrome pour un pique-nique ou un goûter. Un tout petit peu plus loin, en prenant la rue de la République, vous trouvez la halle métallique de la ville, construite en 1879, en remplacement de l'ancienne en bois située, à l'origine, dans le vieux bourg. Et encore un peu après, la boutique Koki où sont vendus des produits locaux, en particulier ceux de la coopérative Unicoque à base de noisettes et de noix de France : confiseries, huiles, cosmétiques, etc. Les producteurs adhérents sont en grande majorité des nuciculteurs du sud-ouest de la France, notamment du Lot-et-Garonne où sont produites la moitié des noisettes françaises. Et maintenant que vous avez traversé les vergers, vous pouvez continuer votre apprentissage de la nuciculture par la visite de la coopérative Unicoque créée en 1979 dans la ville. Aujourd'hui elle réunit les 350 producteurs de 98% des noisettes françaises.

© ADRT47

Cancon.

VILLERÉAL, DE LA BASTIDE À L'ÉGLISE DE PARISOT

Au nord du Lot-et-Garonne et à la frontière du Périgord, cette balade vous plonge dans la vallée du Dropt à la découverte d'une des bastides les plus remarquables du territoire et d'un village classé parmi les plus beaux de France. C'est l'occasion de découvrir la halle en bois dont l'état de conservation est incroyable ou encore ses maisons à colombages et encorbellements qui donnent à cette cité médiévale un fort caractère. Vous découvrirez l'église de Parisot et deux moulins à farine situés sur le Dropt, et ce, dans un mélange agréable de chemins, routes de campagnes et pigeonniers. Essayez de programmer cette balade un jour de marché. Ceux du samedi et du mercredi en période estivale sont très connus et réputés, ceux des producteurs de pays le lundi soir, sont une occasion de goûter des produits qui raviront vos papilles gustatives. À pied ou à VTT, démarrez ce parcours sur la place de la Libération (latitude : 44.637124, longitude : 0.74377655).

Du départ à l'église de Parisot

Avant de partir prenez le temps d'admirer cette magnifique halle construite au XIVe siècle, dont les poteaux auraient étés plongés dans l'eau du Dropt pendant près de trente ans pour les rendre imputrescibles. Vous prenez la rue à droite de l'église Notre-Dame au style gothique, construite en même temps que la bastide en 1265. Vous suivez pour cette balade le balisage bleu. Empruntez la rue Neuve, coupez la départementale avec prudence et engagez-vous sur un sentier qui passe derrière la caserne des pompiers et contre une maison de santé. Vous longez des habitations bordées d'une prairie, des stades et des résidences senior. Retournez-vous et profitez de la vue sur l'église. Vous arrivez à un petit étang, traversez une route goudronnée et poursuivez le chemin enherbé qui passe entre les champs s'étendant à perte de vue. Au bruit des coqs venant des fermes alentour, vous rejoignez un chemin de terre jalonné de chênes avant de franchir un cours d'eau (le Marlot). Vous circulez au milieu des vallons de la vallée du Lot. Après un court passage sur la route, vous montez vers Parisot. Vous arrivez au calvaire et à la charmante église Saint-Clair à la coupole romane.

Retour et moulins

Descendez et traversez prudemment la route départementale en direction des moulins, vous apercevez au loin le clocher de l'église de Villeréal. Vous arrivez au bord du Dropt, posé sur son lit, le moulin à eau de la Fage Haute datant du XIIIe siècle vous attend. Il a été récemment restauré pour reprendre son activité d'antan, celle de moudre la farine pour la fabrication du pain. Vous longez le Dropt en direction d'un second moulin à eau, la Fage Basse, ayant la même vocation. Le Lot-et-Garonne regorge d'un grand nombre de moulins à eau, souvent consacrés à la mouture du blé pour le transformer en farine. Certains avaient cependant d'autres fonctions : fabriques de ciment, filatures, forges, papeteries... Après une petite pause sur la pelouse devant le moulin, engagez-vous sur le chemin qui passe non loin d'un beau pigeonnier isolé. Vous traversez ensuite une petite ferme pour entamer un sentier bordé d'arbres qui se transforme en route goudronnée. Vous passez devant plusieurs pigeonniers joliment restaurés en habitation. Vous effectuez les derniers 600 mètres le long de la départementale sur une voie réservée, vous passez devant l'hippodrome avant de rejoindre le cœur du village.

Une bastide et des marchés aux mille saveurs

Vous rentrez dans la bastide construite en quatre ans seulement par le comte Alphonse de Poitiers. Baladez-vous dans les ruelles en damier classiques de toutes ces villes nouvelles du Moyen Âge. À l'issue de votre balade, le célèbre marché du matin n'est pas terminé ! Vous avez de la chance ! Effectivement, comme le stipule la charte des coutumes de 1288, le marché se déroulera tous les samedis matin auquel s'ajoutera, bien plus tard, celui du mercredi matin en période estivale. Circulez entre les nombreux étals pour goûter tous les produits qui sont proposés. Durant l'été, il y a également le lundi soir, un magnifique marché de producteurs de pays où vous pourrez vous délecter de mets locaux et typiques du Lot-et-Garonne. Le plus difficile restera le choix ! Sous les épaisses constructions des cornières se trouvent les restaurants et les commerces. C'est une bastide dynamique et vivante qui propose de nombreuses animations comme des brocantes, des concerts, des expositions et même des courses hippiques sur l'hippodrome. Cette bastide vous promet un moment d'exception, tant par la beauté des ouvrages que par l'ambiance qui y règne.

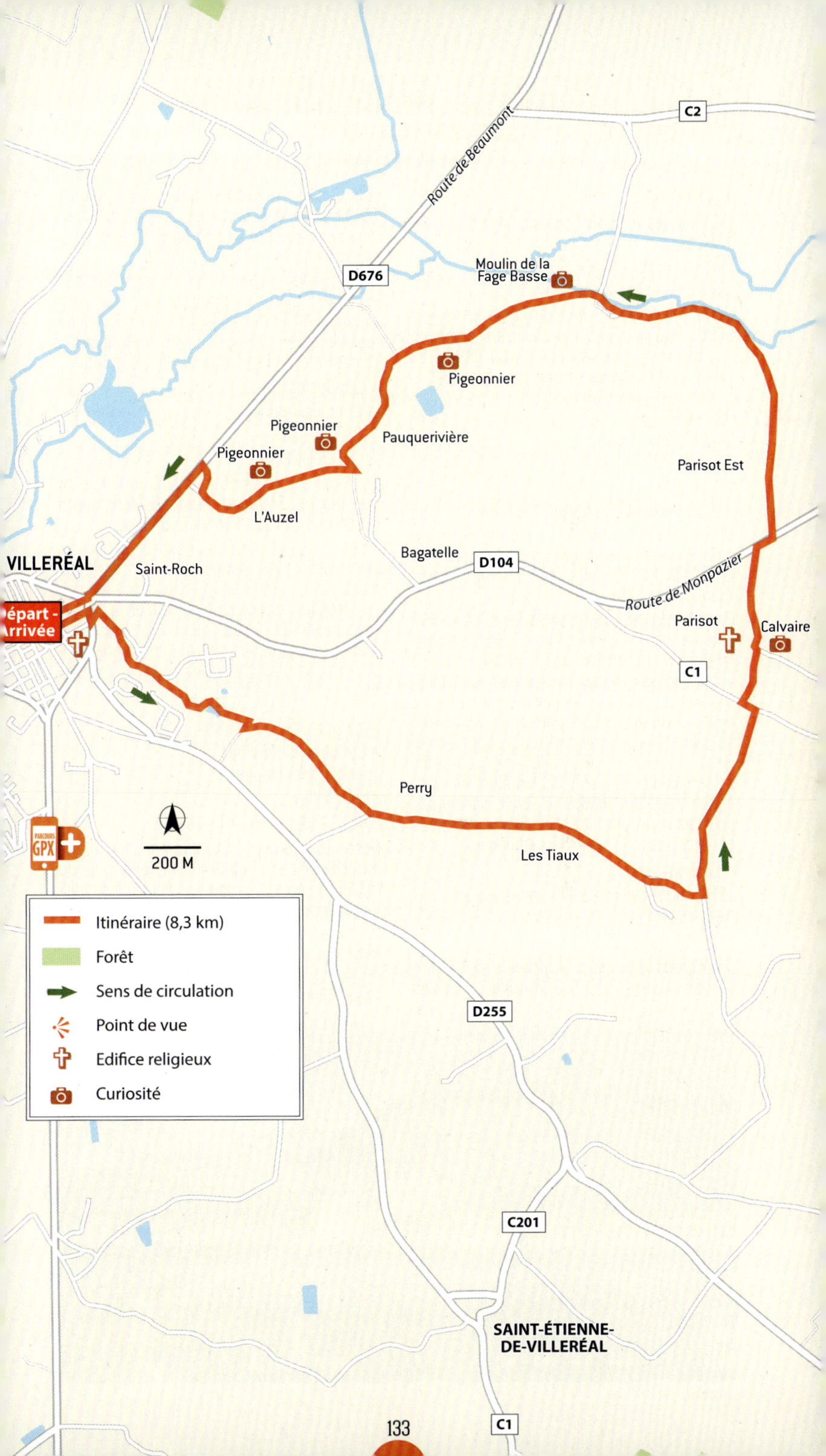

C2
Route de Beaumont
D676
Moulin de la Fage Basse
Pigeonnier
Pigeonnier
Pauquerivière
Pigeonnier
L'Auzel
Parisot Est
Bagatelle
D104
VILLERÉAL
Saint-Roch
Route de Monpazier
Départ - Arrivée
Parisot
Calvaire
C1
Perry
Les Tiaux
PARCOURS GPX
200 M
Itinéraire (8,3 km)
Forêt
Sens de circulation
Point de vue
Edifice religieux
Curiosité
D255
C201
SAINT-ÉTIENNE-DE-VILLERÉAL
C1

LES BONNES ADRESSES SUR LE PARCOURS

S'informer

Office de tourisme Cœur de Bastides - Villeréal

Place de la Halle ✆ 05 53 36 40 19
www.coeurdebastides.com

Ouvert en juillet et août du lundi au samedi 9h30-13h/14h-18h. D'avril à juin, en septembre et octobre du mercredi au samedi 9h30-12h/14h-17h. De novembre à mars : voir sur le site.

Se loger

La Maison Bleue

6, rue Saint-James
47210 Villeréal
✆ 05 53 70 34 20 - 06 83 09 48 74

Ouvert toute l'année. 5 chambres, dont une pour 3 personnes et une pour 4 personnes. De 90 € à 140 € la nuit. Petit déjeuner inclus. Table d'hôte. Gîte.

Dans la bastide même, La Maison Bleue offre une parenthèse idéale pour se ressourcer. Installée dans un ancien cloître, la bâtisse a été admirablement restaurée. L'accès aux somptueuses chambres se fait par la loggia fleurie. Le jardin, écrin de verdure, permet de se reposer, au calme, ou au bord de la piscine. Concept original : Frédérique, la propriétaire, tient sur place un magasin de brocante qui fait office de salon de thé : Papilles et Pampilles. L'endroit comprend également un gîte attenant. Ses 3 chambres peuvent accueillir jusqu'à 8 personnes.

Le Jeanquet.

1269, route d'Estrade, lieu-dit Jeanquet
47210 Villeréal
✆ 05 53 36 09 33

De Pâques à octobre. 5 gîtes de 2 à 5 personnes à partir de 70 € la nuitée hors saison (2 nuits minimum) et 1 maison jusqu'à 10 personnes à partir de 200 € la nuitée hors saison (2 nuits minimum). Location à la semaine l'été de 555 € à 2 290 €.

Il se dégage un charme fou de cette adresse que vous apprécierez autant pour son côté rustique et confortable que pour la vue de toute beauté sur la campagne environnante. Le centre du village se trouve à 4 kilomètres.

Lys de Vergne

Chemin de Vergne
47210 Villeréal
✆ 06 70 63 80 52

Chambre d'hôte de 60 € à 69 € la nuit selon les saisons. En juillet et août, réservation à partir de 3 nuitées. Petit déjeuner inclus.

Située à 1,5 kilomètre du cœur de la bastide, cette jolie ferme périgourdine est lovée au cœur d'un jardin fleuri et arboré où il fait bon se détendre, tout comme au bord de la piscine (accessible l'été uniquement). Votre passage ici sera d'autant plus plaisant que la chambre se révèle douillette. Marie-Ange, raconteuse de pays, vous parlera de la région avec plaisir.

Se loger / Se restaurer

La Table de L'Europe

1, place Jean Moulin
47210 Villeréal
✆ 05 53 36 00 35

Restaurant ouvert du mercredi soir au dimanche soir et de mi-juin à mi-septembre du mardi soir au dimanche soir. Formule du midi 23 €. Menus à partir de 34 €.

Chambre simple ou double de 68 € à 120 €. Petit déjeuner (servi à table) 12 €.

Une table réputée pour sa cuisine inventive et ses desserts surprenants. Les plus curieux ten-

© ADRT 47

Villeréal.

© ADRT 47

Villeréal.

teront le menu surprise, dont on ne sait rien à l'avance. Le lieu fait également hôtel. Il dispose de 6 chambres rénovées. 3 gammes sont disponibles avec le même souci de bien-être pour un repos salvateur. La chambre « Deluxe » fait dans l'hospitalité exceptionnelle, quand les chambres « Standard » et « Supérieure » conjuguent fonctionnalité et confort.

Se restaurer

L'Hippocampe
32, rue Saint-Roch
47210 Villeréal
✆ 05 47 99 05 36

Basse saison : vendredi, samedi, dimanche midi et soir (jeudi soir à emporter). Haute saison : le soir du mardi au samedi, dimanche midi et soir. Menus de 18 € à 31 €, à la carte 40 € environ.

Une envie de poissons, fruits de mer, huîtres, sushis ? Voici la référence dans le coin pour savourer une cuisine de la mer imaginative, complétée par des pâtisseries maison.

Pause gourmande

Pampa
5, Place de la Halle
47210 Villeréal
✆ 09 51 87 51 65

Ouvert du mercredi au vendredi 9h-12h30, 14h45-18h ; le samedi 8h-13h, 15h-18h ; le dimanche 9h-13h. Ouvert toute la journée les dimanches lors des animations (brocantes, etc.).

La gentillesse de Delphine Bodier n'a d'égale que la douceur de ses gâteaux. Elle a quitté Paris pour Villeréal où elle a ouvert en février 2022 sa pâtisserie qui fait aussi salon de thé et épicerie fine sucrée. La carte change fréquemment selon les fruits de saison et la créativité du moment. La maison a ses spécialités : le chou paris-brest aux noisettes de Castillonnès et la tarte citron kalamansi avec une meringue nuage italienne. Le brookie (mélange de cookie et brownie) a trouvé ses adeptes également. Le tout sans colorants ni conservateurs !

Produits du terroir

Château de Born
2062, route de Born
47210 Villeréal
✆ 07 72 06 36 16

Ouvert 7j/7 10h-13h, 16h-19h.

Les propriétaires du très beau château de Born possèdent 10 hectares de vergers avec lesquels ils fabriquent leurs propres produits d'exception autour du pruneau d'Agen : aussi bien des confiseries que des sauces et condiments, des crèmes dessert, de l'eau-de-vie… L'adresse fait aussi gîte d'étape et relais équestre.

Agenda

Villéréal accueille le 2e dimanche de chaque mois une brocante professionnelle très prisée sous et autour de la halle.

Le 4e dimanche a lieu un rassemblement mensuel de véhicules de collection.

Les lundis en juillet, août et jusqu'à mi-septembre sont organisés des marchés nocturnes gourmands de producteurs rencontrant un franc succès. L'été, un marché traditionnel hebdomadaire se tient également le mercredi matin en plus de celui du samedi matin qui a lieu toute l'année et qui apporte au centre-bourg une animation qu'il faut vraiment voir.

SAINT-AUBIN, LA RANDONNÉE PANORAMIQUE DU PECH DE ROUET

La balade autour de Saint-Aubin vous offre de nombreux points de vue très ouverts. Vous cheminerez principalement en plaine, entre les champs. Vous aurez donc peu l'occasion d'être à l'ombre, pensez absolument à vous protéger du soleil. Vous côtoierez aussi des vergers et quelques parcelles de vignes et vous ferez un détour à travers le bois au Pech du Rouet. Au sein de ce paysage, des fermes ponctueront votre balade, notamment celles de Monredon et du Plessis. Elles vous accueillent pour vous faire découvrir le trésor du terroir : le pruneau. Le village est classé site remarquable du goût pour ses pruniers d'Ente, savamment cultivés, entre autres par ces deux fermes. En tout, vous marcherez 3 heures pour terminer cette boucle de 12 kilomètres qui peut aussi se faire en VTT. Vous suivrez un balisage bleu au milieu d'une verdure permanente et paisible qui se pare de blanc, de jaune, puis de violet, au fil des saisons.

Vers Monredon

Au départ du parking de la mairie (latitude : 44.476237, longitude : 0.852645), vous descendez à gauche, le long de la route. Sur votre droite, des parcelles de vigne. Les vignobles de Saint-Aubin peuvent produire des vins entrant dans deux indications géographiques protégées (IGP) : l'Agenais et le Comté Tolosan, vous croiserez donc quelques ceps sur ce parcours. Engagez-vous sur un chemin de pierres sur la gauche et profitez du vaste panorama sur les champs, les haies et les vergers. Après une ferme, vous contournez une chênaie, possiblement une truffière... À votre gauche, un pigeonnier sans toiture qui ne doit plus accueillir d'habitants à plumes depuis longtemps. Vous rejoignez la route bitumée après quelques habitations et vous traversez le pont au-dessus du Dounech pour continuer en face. Après une légère montée, vous arrivez à un point de vue à 360 degrés, les paysages qui s'étalent devant vous sont d'une franche modernité. Jusqu'aux années 1950, les parcelles étaient bien plus divisées et formaient un patchwork de cultures. La polyculture était aussi majoritaire, les pruniers cohabitaient avec d'autres fruitiers et des plantes plus basses. La mécanisation de l'agriculture modifia profondément ces paysages. La route se change en chemin qui redevient goudronné, mais alors qu'il forme un angle droit vers la gauche, vous le quittez pour l'herbe sur la droite. Là encore, un point de vue remarquable, en particulier sur la colline. Arrivés aux vergers de pruniers, vous pouvez choisir de les contourner en continuant tout droit ou bien de les longer en prenant à gauche. Cette deuxième option est la plus instructive, car vous aurez l'occasion d'en apprendre plus sur le pruneau et sa culture grâce aux panneaux thématiques disposés sur le chemin. En plus, vous passerez directement devant la ferme de Monredon où fut créée l'Agenade, une sauce unique à base de pruneaux. N'hésitez pas à y faire une halte, vous y découvrirez beaucoup d'autres produits.

Vers le Rouet

Vous rejoignez la route et un large point de vue s'offre à vous, aux deux pins parasols, vous bifurquez légèrement sur la droite entre un verger de noisetiers et un autre de pruniers. De nouveau, vous tournez à droite sur une route qui se change en chemin de terre alors que vous longez une nouvelle pruneraie. Avant de tourner à droite sur un chemin montant, prenez le temps d'admirer le large panorama où se distingue l'église de Rouet et son clocher arcade. Ensuite, vous découvrez un lac d'irrigation entre les vergers. Puis, le chemin devient pierreux, alors, si vous vous retournez, les lignes du paysage se distinguent entre les parcelles, entrecoupées par les lacs et les habitations. Après une autre truffière potentielle, vous entrez dans un bois et vous montez vers la plaine du Pech de Rouet. En effet, vous débouchez sur un plateau très plat, contrairement aux autres pechs en dôme, d'où se dessine un large point de vue à travers les arbres. Vous arrivez au point le plus dégagé puis tournez à gauche et retrouvez un chemin qui descend en une pente assez forte. Ici, la prudence est de mise les jours de pluie car le terrain devient glissant.

Clausènes
Péguessau
Guyral
Plumeraisin
Martel
Lieu-Dit Espère
Espère
D233
Las
Téoullières
Lamy
La Taillade
Bioulé
Les Quatre
Routes
C201
Darrelbos
Mitras
Monredon
Bordeneuve
Brugassou
Lieu-Dit Brugassou
Lasplanèses
Lieu-Dit Bord
Lieu-Dit Pébrel
Roques
Saint-Martin
Eglise de
Rouet
Marinié
Calvaire
Statue St.-Martin
Départ -
Arrivée
SAINT-AUBIN
Boris Basse
Petit Paris
Plessis
Boris Haute
Laplaysière
D222
Lieu-Dit Saint-Quentin
Las Barrades
Lieu-Dit Mouycide
Monplaisir
Las Tuques
GPX
300 M
Itinéraire (12,1 km)
Forêt
Sens de circulation
Point de vue
Edifice religieux
Curiosité

En sortant du bois, une autre truffière vous accueille, et derrière elle, l'église de Rouet et son enceinte, digne d'un tableau avec son cyprès et ses sapins. Ne manquez pas de saluer saint Martin en passant devant le calvaire qu'il occupe. Représenté dans son jeune âge, il porte encore la tenue de la légion romaine qu'il quittera plus tard avant de finir moine puis évêque. Alors que vous vous dirigez vers l'église, regardez sur votre gauche la succession des strates de verdure : d'abord les champs en bas puis les vergers de prunes et les chênaies sur le coteau et enfin la forêt sur la crête. À l'église, vous trouverez d'anciennes sépultures et un ombrage agréable sous les sapins pour une halte éventuelle. Le lieu date du XIe et du XIIe siècles, cependant, des silex taillés ainsi que des tuiles gallo-romaines y ont été trouvés, preuve d'une activité humaine très ancienne.

Vers le Plessis

Vous descendez ensuite jusqu'à une route puis vous vous engagez sur le chemin herbeux à droite entre les champs. Alors que vous remontez, vous profitez encore d'une vision à 360 degrés sur les alentours. Là, entre les champs et les vergers, un manoir appelle le regard. Vous rejoignez une route au milieu d'un verger et la suivez en montant en direction de l'édifice. L'itinéraire continue ensuite à gauche sur la D222 pendant près de 250 mètres. Les vignes peuplent le coteau sur votre droite, arrivés au bout de la dernière parcelle, vous sortez de la route pour monter en la longeant. Vous arrivez à la ferme du Plessis. Le panneau vous indique la direction gauche pour une visite et la droite pour continuer votre balade. En choisissant de faire un arrêt à la ferme, vous apprendrez tout le processus de fabrication d'un véritable pruneau d'Agen, de la plantation du prunier d'Ente au séchage des prunes au four à gaz, ici on réalise toutes les étapes et on saura bien vous les expliquer. Encore mieux, la moitié de la production est directement transformée à la ferme en divers produits : confiture, jus, glaces, etc. À Saint-Aubin, la tradition du pruneau est vivante, chaque année, la foire aux pruneaux réunit de nombreux producteurs et acheteurs dans une ambiance festive. Cette tradition ancestrale, délaissée puis remise à l'honneur a lieu tous les deuxièmes week-ends de septembre. Après la ferme, vous cheminez entre les vergers de pruniers et bifurquez à gauche pour entrer ensuite sur un chemin entre deux haies de ronces. À gauche, l'église du village de Saint-Aubin se dessine avec son clocher à trois arcades. Petite église romane, ses murs bien entretenus ne disent pas leur âge mais sa façade en pierres apparentes parle pour eux. Les nombreuses couleurs de ces pierres et les importantes nuances de jaune rappelle que la Dordogne n'est pas loin et que dans cette région, les carrières ocres sont très réputées et furent beaucoup utilisées pour la construction au Moyen-Âge. En entrant dans le bourg, vous passez devant un calvaire qui porte plusieurs dates et commémore différents événements. Vous rejoignez ensuite le parking en passant derrière la mairie. En repartant dans la direction de Villeneuve-sur-Lot, juste avant le stade vous trouverez des tables de pique-nique et des jeux pour enfants pour un moment de repos.

Pruniers.

LES BONNES ADRESSES SUR LE PARCOURS

Se loger

Gîtes de Crozefond

1300, chemin de Bos Barrat

47150 Saint-Aubin

2 gîtes. A la semaine l'été, de 700 € à 2 400 €. Les week-ends au printemps et à l'automne, de 600 € à 800 €.

Jeanine et Jean-Claude ont aménagé sur leur propriété 2 gîtes dans 2 maisons individuelles dotées d'une piscine privée chacune. Avec ses 6 chambres, « Les Tilleuls » peut loger jusqu'à 12 personnes. Il fait 220 m². « Les Chênes » (100 m²) comporte 3 chambres et peut accueillir jusqu'à 6 personnes. Des VTT sont à disposition. Terrain de volley et practice de golf 5 trous sont également là pour vous occuper.

Ferme de Monredon

Lieu-dit Monredon

47150 Saint-Aubin

Le camping à la ferme : quelle bonne idée, surtout quand vous pouvez profiter du potager et l'entretenir pour les hôtes qui vous succéderont ! Ou comment participer au cycle de Dame Nature… Céline, prunicultrice, vend sur place les produits de ses vergers.

La Granja

661, Route de Favard

47140 Trentels

✆ 06 38 52 63 79

4 gîtes de 2 à 24 personnes, à la semaine l'été, pour 2 nuits minimum le reste de l'année. Voir tarifs sur le site www.gites-lagranja.com

Avec en toile de fond la riante campagne lot-et-garonnaise, cette belle ferme pittoresque comprend 4 gîtes dotés de beaux volumes. Chacun a sa propre piscine. « La Maison du Bonheur » accueille jusqu'à 24 personnes, « Establou » et « Lou Prat » de 8 à 10 personnes. Loués ensemble, ils forment le gîte « Les Coteaux » pour un groupe (20 maximum). Enfin, le plus petit, « Bouddha », est parfait pour les petits comités de 2 à 4 personnes. Les activités comprennent une salle de jeux intérieure, un boulodrome, des terrains de football, volley et badminton.

Camping Hameau de Lustrac

47140 Trentels

✆ 07 85 08 09 37

Camping en été seulement. Chalets ouverts toute l'année. Voir tous les tarifs sur le site https://campingdelustrac.jimdofree.com

D'un très bon rapport qualité-prix, tout confort, verdoyant et situé en bordure du Lot, ce camping 3 étoiles de plein air est vraiment de ceux que l'on aime ! Les emplacements sont vastes et ombragés et les chalets forment un ensemble locatif de choix. Piscine et aire de jeux complètent le site.

Produits du terroir

Ferme bio de Crozefond

Allée de Crozefond

47150 Saint-Aubin

✆ 05 53 36 42 41

Ouvert les mardis et mercredi après-midi et sur rendez-vous.

Cela fait plus de 60 ans déjà que la famille Pozzer travaille en agrobiologie ! Leur production est très variée : céréales, fruits, légumes… mais aussi charcuterie artisanale, produits laitiers (fromages, yaourts, fromages blancs, beurre, etc.). Leur grande spécialité reste la tome de vache au lait cru, nature ou aromatisée. Porcs et vaches sont élevés sur place et entièrement nourris avec les produits de la ferme. Sont aussi fabriqués des pâtes, des pâtisseries (tartes salées, sucrées), du pain au levain naturel. Vous avez eu un petit coup de chaud pendant votre randonnée ? Goûtez donc les sorbets aux fruits et aux plantes !

LAUZUN, LA BOUCLE DES ÉGLISES DE SAINT-MACAIRE, QUEYSSEL ET SAINT-NAZAIRE

La boucle des églises vous emmène à la rencontre de trois édifices religieux typiques du monde rural et reflétant les modes de vie des populations d'antan. En effet, par la taille des églises et leur éloignement géographique, on comprend qu'à une époque, elles étaient fréquentées par un nombre important de locaux vivant dans une zone très restreinte autour de chacune d'elle. Cette boucle de 14 kilomètres vous occupera un peu plus de 3 heures et demi. Vous marcherez sur des terrains plats et très praticables. Vous pouvez aussi choisir de faire cette balade à cheval ou en VTT. Vous emprunterez beaucoup de routes pas toujours ombragées, pensez donc à vous protéger. Vous passerez à 500 mètres du village de Lauzun dont la visite est indispensable. Le départ se fait du parking de l'église de Saint-Macaire (latitude : 44.642381, longitude : 0.466008), à moins de 2 kilomètres du village.

De l'église de Saint-Macaire à celle de Saint-Nazaire

Vous partez donc de l'église de Saint-Macaire, un bâtiment pas très haut, typique de l'architecture romane et dominé par un clocher mur pouvant accueillir deux cloches. Son enceinte abrite toujours un cimetière et vous trouverez un panneau explicatif retraçant l'histoire de celui dont elle porte le nom. En suivant le balisage jaune, vous vous engagez sur un chemin herbeux descendant à droite de l'entrée du cimetière entre des champs et des prairies. En arrivant à une route, prenez à droite sur une voie en castine et à l'angle d'un bois engagez-vous sur la route à gauche. En arrivant au lieu-dit Tuquet, un puits en pierre au toit de tuiles a été conservé sur la droite. Un peu après, sur votre gauche, l'horizon s'ouvre sur un beau point de vue. Arrivés à un carrefour, prenez à droite le long d'un cours d'eau et passez devant une grande bâtisse avec son pigeonnier. Dans le hameau de Queyssel, prenez à gauche au panneau indiquant l'église. Légèrement plus petite que celle de Saint Macaire, elle arbore aussi un clocher mur et un cimetière ceint par un mur de pierre. Retournez à Queyssel pour poursuivre la balade sur la route précédente. Un peu plus loin que la maison de Lestoc, tournez à droite sur une piste herbeuse le long d'une haie. À Mayne, continuer sur le chemin de l'autre côté de la route. À la sortie d'un chemin boisé, vous longez un verger de pruniers puis une nouvelle pinède sur la gauche ainsi qu'une peupleraie sur la droite. Alors que le paysage s'aplanit en redevenant champêtre, surgit le clocher en lauzes de l'église de Saint-Nazaire. Sur votre droite, un antique puits vous accueille. Le clocher est la principale différence entre cette église et les deux précédentes, en forme de flèche et non de mur, il abrite aussi deux cloches. Son style gothique nous apprend que des trois, cette église est la plus récente. De la même manière que les deux précédentes, elle est aussi entourée par un cimetière bordé d'un mur. Elle n'est pas dans un état permettant les visites mais un panneau devant les marches vous montre les anges qui l'habitent. Votre itinéraire se poursuit de l'autre côté de la D1 que vous franchissez avec la plus grande prudence. Vous traversez alors le hameau de Saint-Nazaire. Vous passez ensuite entre des champs puis tournez sur la droite dans un chemin boisé. Vous longez la forêt de Caussegro et le ruisseau de Lacalège. Ici, vous profitez d'une fraicheur agréable. À gauche, la vue s'ouvre sur une jeune peupleraie, des champs et des pinèdes. Vous sortez ensuite à découvert le long de champs de blé.

À la découverte de Lauzun

Au hameau de Chartron, la vue sur Lauzun vous laisse entrevoir son église et son château. De là, vous n'êtes qu'à 500 mètres du village et vous pouvez choisir d'y faire un crochet afin de découvrir ce bourg plein de richesses. On y trouve un château construit au fil des siècles depuis le XIIIe et qui fut la demeure du Duc de Lauzun. L'église Saint-Étienne est très grande et richement décorée. Datant du XIIIe siècle, elle fut construite à la même époque que le premier château. Cette imposante structure montre la richesse du village et le rang élevé de ses seigneurs. Juste en face, la maison aux cariatides dit la même chose mais elle est beaucoup plus récente puisqu'elle fut construite au XIXe. Longez la D1 avec prudence, pour terminer la balade, prenez à gauche sur une voie goudronnée qui se poursuit tout droit par un chemin herbeux à travers champs. Vous montez suffisamment pour atteindre un point de vue à 360 degrés qui englobe Lauzun et l'église Saint-Nazaire. Bientôt vous apercevez aussi Saint-Macaire, votre point d'arrivée.

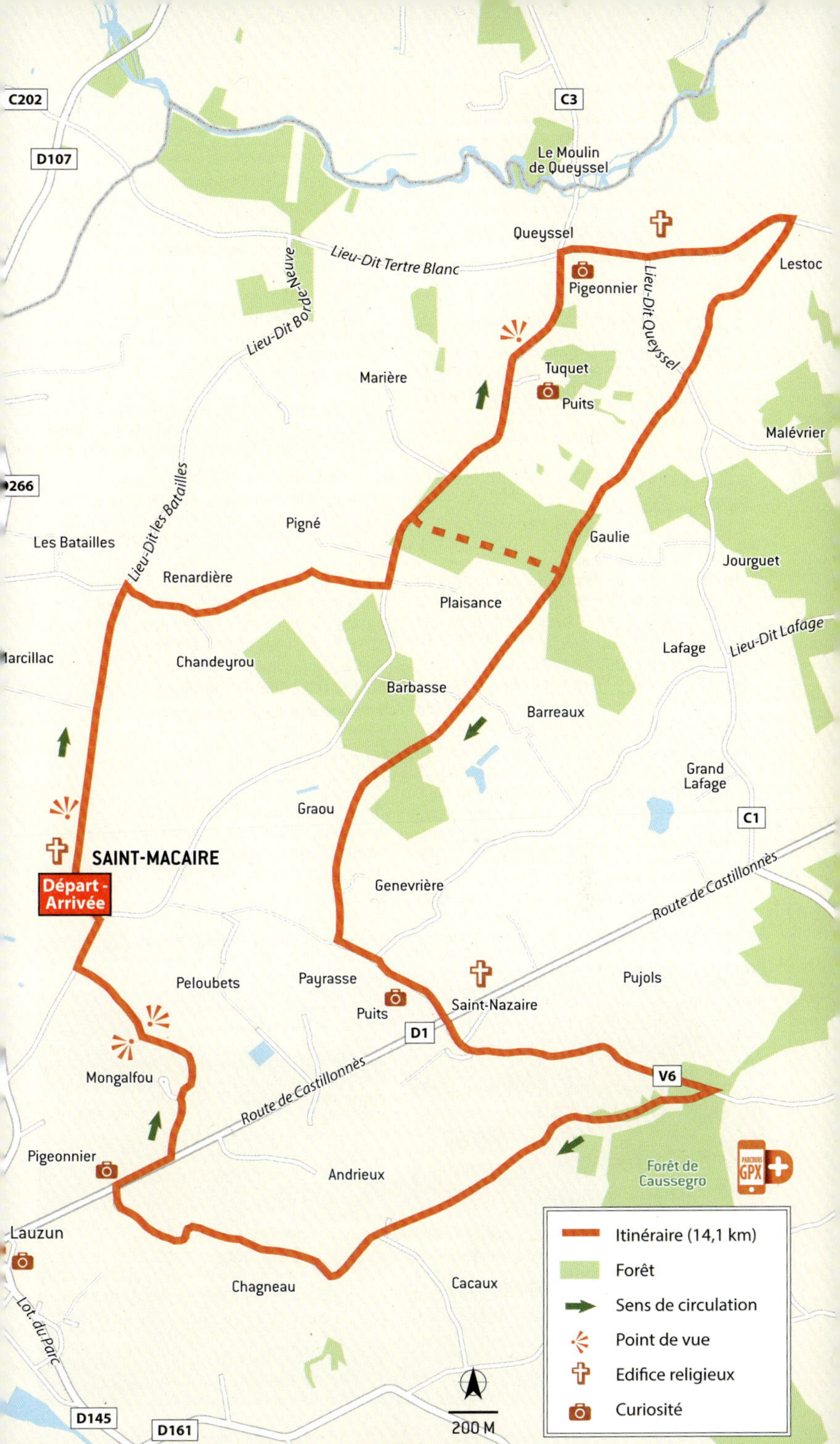
C202
D107
C3
Le Moulin de Queyssel
Queyssel
Lieu-Dit Tertre Blanc
Lieu-Dit Borde-Neuve
Pigeonnier
Lestoc
Lieu-Dit Queyssel
Tuquet
Puits
Marière
Malévrier
266
Les Batailles
Lieu-Dit les Batailles
Pigné
Renardière
Gaulie
Jourguet
Plaisance
arcillac
Chandeyrou
Lafage
Lieu-Dit Lafage
Barbasse
Barreaux
Grand Lafage
Graou
C1
SAINT-MACAIRE
Départ - Arrivée
Genevrière
Route de Castillonnès
Peloubets
Payrasse
Pujols
Puits
Saint-Nazaire
D1
Mongalfou
V6
Route de Castillonnès
Pigeonnier
Andrieux
Forêt de Caussegro
PARCOURS GPX
Lauzun
Chagneau
Cacaux
Lot. du Parc
200 M
D145
D161
Itinéraire (14,1 km)
Forêt
Sens de circulation
Point de vue
Edifice religieux
Curiosité

LES BONNES ADRESSES SUR LE PARCOURS

S'informer

Office de Tourisme du Pays de Lauzun - Bureau d'information de Lauzun
5, rue Marcel Hervé
47410 Lauzun
✆ 05 53 20 10 07
En été : lundi 13h30-17h, du mardi au vendredi 8h30-12h et 13h30-17h, le samedi 8h30-12h. Hors saison : du mercredi au vendredi 9h-12h, 14h-17h.

À visiter

Château de Lauzun
23, rue du Château
47410 Lauzun
✆ 06 74 25 16 65
Visites en période estivale à partir de 10h (dernière visite 11h) et 14h (dernière visite 17h). Hors saison : seulement pour les groupes de 10 personnes minimum. 6 €, 4 € - de 12 ans. Groupes : 5 € par personne.

Bâti en partie sur les remparts du village et occupant une position dominante, le château ducal de Lauzun attend de vous dévoiler son histoire. Votre guide, Jean-Paul Trilles, se fera un plaisir de partager son savoir sur le sujet au cours d'une visite centrée sur l'aile Renaissance de l'édifice. Vous y admirerez entre autres deux cheminées monumentales, dont une ornée de tableaux en pierre sculptés offerte en 1565 par Catherine de Médicis. À voir également dans la cour : le pilier de Tutelle, une pierre gallo-romaine en marbre. Des œuvres d'art contemporaines signées Richard Texier sont exposées sur le site.

Se loger

Camping de la Vallée de Gardeleau
Lieu-dit Gardeleau
47410 Sérignac-Pédoubou
✆ 05 53 36 96 96
Emplacement à partir de 13,90 €/nuit pour 2 personnes avec électricité. Mobil-home à partir de 270 €/semaine. Chalet à partir de 35 €/nuit. Repas : 15 € environ.

Nous aimons ce camping de 2 hectares autant pour son cadre boisé que pour les multiples activités qu'il propose : piscine, pétanque, ping-pong, volley, fléchettes, baby-foot, mini-golf, aire de jeux pour les enfants... Il possède un restaurant, L'Auberge, dotée d'une grande salle chaleureuse et d'une terrasse sous les arbres. Le service est assuré midi et soir. Le petit plus : une authentique cuisine du Yunnan (province chinoise) servie sur réservation.

Château de Lauquerie
2627, route d'Eymet
47140 Lauzun
✆ 06 09 39 92 44
Ouvert toute l'année sur réservation. 135 €/nuit pour 2, 245 €/nuit pour la suite de 4 pers. Petit déjeuner inclus. Accueil possible des groupes jusqu'à 44 pers. Table d'hôtes : 35 €/pers.

Village de Lauzun.

Château de Lauzun.

Qu'elle est belle la vie de château quand on séjourne dans cette demeure du XIVe siècle vibrante d'histoire ! L'esprit patrimonial des lieux se retrouve à travers le style classique des grandes chambres de 35 m² à 50 m². Le parc comprend piscine et court de tennis.

Se restaurer

Le Grand Duck
17, rue Eugène Mazelié
47410 Lauzun
✆ 09 88 51 82 29
Ouvert du mardi au samedi 11h30-13h30, 18h-21h. Burgers de 7 € à 14 €. Viandes de 13 € à 18 €. Salades 13 €.
Ce petit restaurant accueillant est devenu le rendez-vous incontournable à Lauzun pour déguster une bonne pièce de viande (entrecôte, magret, confit de canard) ou un burger et ses frites maison. Le steak peut être remplacé par une galette de pommes de terre. À l'heure de l'apéro, laissez-vous tenter par une planche à partager.

Gostar L'Artisan Culinaire
6, rue Eugène Mazelié
47410 Lauzun
✆ 05 53 94 10 15
Ouvert du mercredi au dimanche 12h-14h, 19h-21h30. Menus de 19 € à 34 €. Terrasse.
Une adresse gastronomique abordable, marquée par une élégance moderne aussi bien dans le décor que dans les assiettes. Les recettes du terroir s'ouvrent à de nouvelles perspectives raffinées. Cuisson excellente, goûts authentiques, service ponctué de délicates attentions : un sans-faute, y compris dans les vins et le délicieux pain maison !

Le Rendez-Vous Café
9, rue Marcel Hervé
47410 Lauzun
✆ 06 35 93 04 97
Ouvert du mercredi au samedi 8h30-13h30, 17h-21h30 (en été le mardi également). Le dimanche 9h-13h.
Il serait injuste de réduire Le Rendez-Vous Café à ses fameux friands à la saucisse très appréciés dans le coin ! Du petit déjeuner aux en-cas sympathiques, ce salon de thé à l'anglaise convivial a plus d'un atout sur sa carte.

Petite restauration

Boulangerie Danné
1, avenue de Paris
47410 Lauzun
✆ 05 53 94 29 75
Ouvert du mardi au dimanche 6h30-13h.
Voilà où vous rendre si vous comptez déjeuner léger d'un sandwich, une quiche, une pizza ou vous ravitailler en boissons fraîches ! Profitez-en pour goûter le gâteau spécialement créé par Gilles Danné en l'honneur de son village : biscuit noisette, croustillant chocolat blanc et crème brûlée au citron. Un délice !

Agenda

S'il y a un soir à ne pas manquer l'été à Lauzun, c'est le samedi ! Les « tables gourmandes » sont organisées par les restaurateurs et commerçants tout le long de la rue principale Eugène Mazelié. Un bon repas en musique, ça ne se refuse pas !

LAC DES GRAOUSSETTES, RANDONNÉE SUR LES CHEMINS DE GUYENNE

Cette longue balade de 15 kilomètres peut se faire en 1 heure 40 de VTT ou en 3 heures 45 de marche. Très peu de dénivelé vous attend et outre la longueur, aucune difficulté ne se cache sur ce parcours. Vous prendrez plaisir à traverser des milieux très différents mais tous très typiques de la région. En partant du bord du lac, vous longerez des vergers et des cultures variées. Vous vous engouffrerez aussi dans des bois de chênes et vous croiserez de nombreux éléments du patrimoine rural. Un des points forts de cette balade est la multiplicité des points de vue, pensez donc à emporter votre appareil photo. Coiffez-vous aussi d'un chapeau, car la plupart des chemins empruntés ne sont pas ombragés et n'oubliez pas une grande gourde d'eau. Repérez le balisage jaune que vous suivrez pour cet itinéraire. Une fois prêts, vous partirez du parking du lac (latitude : 44.5871816, longitude : 0.53110957), situé juste à côté de la digue.

Le lac des Graoussettes

Le lac que vous avez devant vous s'étend sur 36 hectares et atteint les 6 mètres de profondeur. Avec l'Escourroux et plusieurs autres, il permet de réguler le niveau du Dropt afin de garantir l'irrigation des cultures. Pour le lac des Graoussettes, cette alimentation du Dropt se fait via la rivière Dourdenne qui prend sa source tout près d'ici, un kilomètre environ à l'est du bourg de Ségalas. En plus de cet usage, une partie du lac tient lieu de réserve dans laquelle il est interdit de pêcher. Dans la partie où la pêche est autorisée, on trouve de nombreuses carpes, des brochets, des perches et aussi des indésirables comme l'écrevisse et le poisson-chat. On y rencontre aussi de nombreux oiseaux : le canard col-vert, le martin-pêcheur ou le héron cendré pour les plus communs. Si vous prenez le temps, vous pourrez observer ici la salamandre tachetée ou entendre quelques rainettes méridionales. En traversant la passerelle, regardez à droite le pigeonnier en pierre et son toit à quatre pentes. Cette forme dite en « tour carrée » est l'une des plus répandue par ici. Le rez-de-chaussée de ces pigeonniers servait bien souvent de remise agricole. Vous longez ensuite un bosquet où les pins se mêlent aux chênes. Juste après, le même pigeonnier ressurgit entre le lac et le vallon, voilà un premier cliché à ne pas manquer. Un autre petit bois de brousse sur votre droite, ces espaces sont volontairement gardés en friche afin que la faune et la flore s'y développent selon leur dynamique propre, sans intervention humaine. C'est un moyen de préserver la biodiversité naturelle des abords du lac. Prenez ensuite à gauche sur une route qui longe une pruneraie et quelques champs. Suivez la route sur la droite puis quittez la juste avant un nouveau verger en prenant à droite sur un chemin qui monte légèrement. Arrivés au sommet, ne manquez pas de vous retourner pour contempler le paysage bucolique qui s'étend sur votre droite. En arrivant à l'angle d'un bois, prenez la piste herbeuse sur votre gauche puis encore à gauche sur la route communale 8. Faites quelques dizaines de mètres et tournez à droite jusqu'à Favas Nord. Vous longez plusieurs haies puis traversez la D161. Après de nouveaux vergers, vous entrez dans le bois de Bourés. Ici la mousse grimpe allègrement sur les chênes entre lesquels poussent aussi lierre et faux-houx en quantité. En sortant du bois, prendre la route sur la droite entre des pâturages et tournez ensuite sur la route de Sérignac.

Des pigeonniers par milliers

Vous approchez d'une ferme ancienne à l'angle de laquelle vous tournez à gauche. Vous remarquerez le pigeonnier authentique en torchis et colombages accolé au bâtiment. Juste devant, un puits en pierre conserve une pompe manuelle. À quelques dizaines de mètres de là, une autre ferme, en ruines qui trône au milieu des champs. Alors que vous dépassez un verger de pruniers, vous longez ensuite une haie au bout de laquelle vous tournez à droite. Là, un point de vue se dégage sur les champs séparés par des haies et au fond, les collines. Sur la droite, une ruine se dissimule sous une végétation vorace. Alors que le chemin monte un peu, vous arrivez à un groupement de maisons qui abrite un pigeonnier en pierre, là continuez sur le chemin ombragé le plus à droite.

Grand Buc
Les Curades
D421
Pigeonnier
Naudounet
La Jarousse
Ruines
Cafrans
Pigeonnier
Four
Favas Nord
Pigeonnier
D161
Combraille
C8
Larougie
Pigeonnier
Sucaud
Saint-Colomb-de-Lauzun
Borde Neuve
Départ - Arrivée
Labouriette
Limouzy
La Souque
D254
SÉRIGNAC-PÉBOUDOU
Gardelle
La Souque Basse
PARCOURS GPX
Pebougnol
Lac des Graousettes
La Dourdèze
La Tuquette
D145
Les Graousettes
C107
Las Cafourgues
Maurillac
350 M
Itinéraire (15 km)
Forêt
Sens de circulation
Point de vue
Edifice religieux
Curiosité

À travers la haie, vous pouvez distinguer un autre pigeonnier en pierre sur la droite. À force de croiser des pigeonniers, vous vient peut-être la question de leur usage. Ces constructions, appelées aussi « colombiers » ont permis d'élever des pigeons pour en récolter les fientes. Jusqu'à l'apparition de l'agriculture moderne, la région comptait très peu de bétail. Cela s'expliquait par des parcelles de terre exigües et des paysans trop pauvres pour acquérir des bêtes. Pourtant, les cultures avaient besoin d'engrais et le tabac et le chanvre, alors très cultivés, en demandaient de grandes quantités. C'est pourquoi, à défaut de récolter le fumier du bétail pour l'épandre sur leurs champs, les paysans du Lot-et-Garonne et des départements voisins élevaient des pigeons afin d'obtenir une fumure pour leurs cultures qu'ils appelaient « la colombine ». Mais attention, ces élevages étaient réservés aux propriétaires les plus aisés qui ornaient leur colombier de manière à exprimer leur fierté aux yeux de tous. Pourtant, l'élevage de pigeons avait aussi son revers, en effet, les volatiles se servaient allègrement dans les cultures de blé et de maïs. C'est pourquoi, l'arrivée des engrais chimiques a rapidement mis fin à l'utilisation de la colombine. Reste aujourd'hui des milliers de pigeonniers inutilisés. Arrivés sur la route, prenez à gauche et passez devant le corps de ferme rénové et son pigeonnier aperçu plus tôt puis engagez-vous sur la route à gauche en direction du camping de la vallée du Gardeleau. D'ici, un joli point de vue sur les champs, les collines et les haies s'offre à vous. Un peu après, au Baumié, un four à deux portes et trois cheminées semble ne pas être hors d'usage. Sa structure en briques et en pierres appartient à l'architecture typique de la région. Arrivés au lieu-dit du Gardeleau, prenez le chemin herbeux face à vous. Sur votre droite, une maisonnette rénovée reprend les divers éléments de l'architecture locale de manière originale. Alors qu'une façade est en pierre, deux autres à structure en pans de bois sont remplies de briques et de torchis. Vous longez un champ et vous pénétrez dans un bois. En sortant par un chemin qui monte légèrement, vous tournez à droite à son sommet et continuez à travers champs et vergers. Vous descendez ensuite sur la route, à gauche, l'église de Sérignac apparaît en hauteur. Au bout de cette route, vous pouvez prendre à gauche pour visiter ce hameau puis revenir sur vos pas. Au lieu-dit la Gardelle, voyez une ferme à colombages sur votre droite et juste derrière un hangar abrite un pigeonnier intégré à son toit.

La nature façonnée par l'humain

Vous passez ensuite entre une pruneraie et un lac sur une route qui monte. Au sommet, ne manquez pas de vous attarder sur le riche point de vue qui englobe le lac, un saule pleureur, un verger et un bois répartis sur un premier plan et des champs sur les vallons ainsi que les crêtes en arrière-plan. Tous les éléments du paysage de la moyenne Garonne sont réunis ici dans un assemblage très harmonieux. Vous suivez la route vers la droite jusqu'à un chemin goudronné qui descend légèrement sur la gauche en longeant un verger de pruniers et qui vous emmène vers le lac des Graoussettes. Face à la berge, l'itinéraire continue à gauche, mais avant de poursuivre, attardez-vous sur le panneau thématique planté à droite.

Lac des Graoussettes.

© ADRT 47

Il vous présente la flore du lac et de ses alentours et il vous met en garde contre la cueillette de certaines plantes, soit parce qu'elles sont protégées, soit parce qu'elles sont invasives. La biodiversité d'un milieu est un équilibre souvent fragile que l'homme influence par ses actions. Nous pensons trop souvent qu'en tant qu'individu nous n'avons qu'un impact mineur sans conséquence. Le panneau nous apprend que certaines plantes ont été importées ici par la main humaine et se sont ensuite développées au point de menacer les autres espèces endémiques. La Jussie en est un bon exemple, importée d'Amérique pour agrémenter les aquariums domestiques, elle prolifère aujourd'hui dans de nombreux cours d'eau français et le Dropt est très atteint. Cette plante prend la place d'autres végétaux et elle modifie significativement la qualité physico-chimique des eaux, au point que la survie de certains poissons est aussi menacée. Alors que vous allez vous engager sur la digue pour traverser ce bras du lac, vous remarquez sur la gauche un ponton handipêche. Ce type d'aménagement se répand dans toutes les zones de pêche de la région. Il permet à une personne ayant un handicap moteur et se déplaçant notamment en fauteuil roulant d'accéder au bord du lac avec son véhicule puis de pratiquer la pêche de manière sécurisée. Ces pontons sont aussi bien adaptés à l'apprentissage de la pêche pour les enfants. Une fois sur l'autre rive du lac, vous le longez un moment dans un bois de chênes que vous traversez ensuite pour rejoindre l'embouchure d'un deuxième bras du lac. Vous croisez une pinède de brousse ainsi que deux ruines que vous contournez par la droite. Pour la fin du parcours vous reprenez vos distances avec le lac, vous quittez ses abords par une voie qui monte et rejoint une route que vous suivez sur quelques dizaines de mètres avant de reprendre à gauche un autre chemin montant. Faites attention au rucher qui se trouve sur votre gauche. Vous atteignez une crête depuis laquelle vous dominez un paysage à 360 degrés de champs et de vergers ponctués par quelques fermes. D'ici, vous constatez que les terrains agricoles, autrefois très découpés sont aujourd'hui convertis en de grands espaces homogènes. Ici se révèle la révolution agricole qui a touché tout le pays : alors qu'avant chaque famille possédait un lopin de terre, aujourd'hui les agriculteurs sont plus rares et cultivent chacun de bien plus grandes surfaces. Cette transformation a été possible grâce à l'arrivée des engrais chimiques et des engins agricoles. Ce qui a peu changé en revanche, ce sont les fermes disséminées dans ce paysage qui se regroupent rarement en hameaux puisque les villages demeurent plutôt en hauteur, sur les pechs, là où ils ont été établis dès le Moyen-Âge. Vous suivez le chemin de crête à droite et vous pouvez ainsi profiter un bon moment du panorama qui vous entoure. Vous rencontrez le dernier verger de pruniers de l'itinéraire et vous passez entre deux bosquets. Les nombreux cervidés qui vivent là traversent parfois d'un bosquet à l'autre devant le randonneur silencieux, peut-être aurez-vous cette chance. Vous marchez un peu sur la route avant de bifurquer à droite sur la piste empierrée par laquelle vous avez dû arriver en voiture. Il ne vous reste plus qu'à la suivre jusqu'en haut pour rejoindre le parking et la berge du lac.

LES BONNES ADRESSES SUR LE PARCOURS

S'informer

Office de Tourisme Cœur de Bastides

✆ 05 53 36 40 19

L'Office de Tourisme Cœur de Bastides tient un point d'information l'été chaque mardi matin sur le marché traditionnel de Castillonnès ainsi que les mardis et mercredis après-midi dans la zone Grand Bois, près de la boutique « Rody Chocolaterie ».

Se loger

Camping de la Vallée de Gardeleau

47410 Sérignac-Pédoubou

✆ 05 53 36 96 96

Emplacement à partir de 13,90 €/nuit pour 2 personnes. Mobil-home à partir de 270 €/semaine. Chalet à partir de 35 €/nuit.

A proximité du lac des Graoussettes, quel plaisir de se retrouver au milieu d'un environnement boisé dans ce sympathique camping de 2 hectares ! Natation, pétanque, ping-pong, volley, fléchettes, baby-foot, mini-golf, aire de jeux pour les enfants... Les activités sont légion. Les fruits et légumes cultivés sur place sont servis au restaurant L'Auberge, doté d'une grande salle conviviale et d'une terrasse sous les arbres. Le petit plus : une authentique cuisine du Yunnan (province chinoise) servie sur réservation.

Cabanes Flottantes du Lac de Pélisse

1715, Route du Lac de Pélisse

47330 Douzains

✆ 06 22 96 65 96

Fermé en janvier et février. 2 cabanes. 172 € la nuit pour 2 personnes, petit déjeuner inclus. 132 € à compter de la deuxième nuit. Panier-repas : 25 € par adulte, 10 € par enfant.

A moins de 10 kilomètres de Ségalas, vivez l'expérience insolite de passer une nuit (ou plus) dans une jolie cabane en bois au milieu d'un lac, à laquelle vous accéderez en barque. Le petit déjeuner vous sera livré ainsi qu'un panier-repas en supplément si vous le commandez. Le menu généralement servi : salade périgourdine, profiteroles de confits de canard, financier aux pommes.

Le Capy

430, Route du Capy

47330 Douzains

✆ 06 14 18 14 87

Ouvert d'avril à octobre. 4 chambres (dont 1 familiale). Chambre double de 50 € à 65 €, chambre triple à partir de 60 €. Petit déjeuner inclus. Lit supplémentaire : 10 €.

Marie-Claire vous ouvre les portes de la demeure familiale, une maison de maître de 1858 située sur un ancien domaine viticole. Les 4 chambres (dont une grande de 3 ou 4 personnes) peuvent accueillir jusqu'à 10 personnes. Côté déco, l'esprit de l'ancien se mêle à des pièces plus contemporaines. Marie-Claire se fera un plaisir de vous faire déguster ses confitures maison servies avec le petit déjeuner, fort copieux, dont des gâteaux qui varient selon l'inspiration. Une agréable adresse où le calme est roi.

Activités

Ecurie de la Lys

Lieu-dit Pillourges Bas

47410 Ségalas

✆ 06 83 26 46 83

Toute l'année sur réservation.
20 € pour 1h puis tarifs dégressifs.

Ismena vous réserve un accueil charmant. Elle propose des balades équestres quel que soit le niveau, du débutant au cavalier confirmé. Au cœur d'un territoire préservé, vous suivrez des boucles entre forêts, champs et vignes. Vous pourrez même faire une virée jusqu'au lac des Graoussettes.

PUJOLS, PANORAMAS SUR LES VALLÉES DU LOT ET DU MAIL

À 5 km de Villeneuve-sur-Lot, cette balade vous plonge au cœur d'une ancienne place forte albigeoise, un village médiéval classé parmi les plus beaux de France, celui de Pujols. Un site magnifique où le charme authentique et inconditionnel est prouvé par son histoire, ses belles pierres et ses façades. Il faut absolument aller à la table d'orientation qui domine le site, vous y profiterez de nombreux points de vue sur la vallée du Lot avec les briques rouges de la bastide de Villeneuve-sur-Lot ainsi que sur la vallée du Mail où s'écoule la Masse. Vous serez également accompagné tout le long de votre circuit de paysages vallonnés et colorés, sur un sentier très bien balisé qui le rend vraiment agréable. Vous vivrez un moment d'exception dans un cadre qui saura vous amadouer de la plus belle des façons. À pied à cheval ou à VTT, pour commencer cette balade rendez-vous sur le parking de la place de la mairie (latitude : 44.3861624, longitude 0.69041132).

Du départ à l'église du Mail

Vous engagez ce circuit en suivant le balisage jaune. Prenez à gauche l'allée du Docteur Pierre Derrieux, ne soyez pas inquiet vous aurez l'occasion de découvrir le village médiéval de Pujols plus tard, comme le dit l'expression « le meilleur pour la fin » ! Vous remarquez au passage la tour Nord-Est du château construit au XIVe siècle. Lancez-vous dans une grande descente enherbée. Vous profitez rapidement d'un magnifique point de vue verdoyant imprenable sur la vallée du Mail. Vous passez sous un joli pigeonnier et à côté d'une étendue d'eau pour ensuite remonter un chemin de verdure le long d'un champ. Vous arrivez sur une route goudronnée qui passe devant des maisons avant de s'enfoncer sur un chemin de terre dans un bois, un panorama semble se dessiner à travers les arbres. Après un nouveau et court passage sur du bitume, vous êtes entrainés par une descente sur une piste forestière. C'était bien ça, le paysage ne se dessine plus mais s'ouvre entièrement à vous, impossible de se lasser des formes et des belles couleurs de la vallée ! En bas du vallon, une variante est possible, vous pouvez raccourcir la balade en suivant le chemin de droite. Dans le cas contraire, partez sur la gauche pour effectuer les 7,5 kilomètres qui restent à votre trajet. Le chemin remonte à travers les arbres jusqu'à une petite route goudronnée qui rejoint l'avenue Saint-Antoine. Prenez-la prudemment sur 200 mètres en suivant le balisage et tournez à droite sur le chemin Monjinoul. Vous apercevez au loin le clocher de l'église de Pujols. Le revêtement du sentier varie entre terre, herbe, goudron. Les grandes collines autour de vous sont magnifiques. Longez la ligne de crête pour rejoindre la route à côté d'un petit silo. Non loin de là, vous rejoignez le point d'arrivée de la variante. Vous franchissez la Masse au niveau du moulin pour prendre le chemin de droite en direction de l'église du Mail, un édifice datant du XIIIe siècle avec un beau clocher-mur typique des églises du Lot-et-Garonne.

Retour au village médiéval de Pujols

Vous entamez une montée, sous les chênes et les haies de fleurs blanches. Durant l'ascension, profitez du panorama de la vallée du Mail. Vous rejoignez le chemin du Grand Cause, passez quelques bâtisses et poursuivez le sentier en terre qui s'engouffre dans un bois parsemé de monticules rocheux. Vous voyez le village, descendez et passez un petit verger de prunier. Après avoir traversé prudemment la grande route et pris le chemin de Gramont, quittez le pour une ultime piste enherbée avant le village. Vous rentrez dans Pujols par la porte fortifiée des Anglais. Il est temps de flâner dans le bourg médiéval. Il est situé sur un éperon rocheux culminant à 180 mètres d'altitude. Pujols a toujours été, au fil des siècles, une place forte et stratégique. Sa position haute et dominante garantissait la sécurité du village et de ses habitants. Malgré cela, durant le XIIIe siècle lors de la croisade contre les Albigeois (les Cathares), la forteresse est assiégée et détruite par les croisés de Simon de Monfort. Un siècle plus tard, le village se régénère et son seigneur instaure une charte de coutume pour dicter la vie dans la cité. Profitez des nombreuses caractéristiques des constructions qui rendent le village si unique. Après le puits profond de 32 mètres, vous arrivez sur la halle du XIXe siècle et devant l'imposante collégiale Saint-Nicolas. Auparavant chapelle, devenue une collégiale en 1547, cet édifice de style gothique faisait également partie du système défensif du village. Passez par la table d'orientation qui domine la vallée du Lot et rejoignez le parking de la mairie pour clôturer cette balade.

D118
C207
PUJOLS
Départ - Arrivée
Bel-Air
Avenue de Saint-Antoine
Pigeonnier
Genouillacou
Gramont
Mothis
Nicoy
Tarisse
Le Bel
Avenue de Saint-Antoine
C154
Grand Cause
Roquetour
Le Mail
D226
Petit Bois
Barsalou
PARCOURS GPX
200 M
Itinéraire (10,5 km)
Forêt
Sens de circulation
Point de vue
Edifice religieux
Curiosité

LES BONNES ADRESSES SUR LE PARCOURS

Se loger

Camping Lot et Bastides

Allée de Malbentre

47300 Pujols

D'avril à début novembre. Emplacement 13 €-24 €/nuit. Mobil-home (4-6 personnes) 210 €-640 €/semaine. Chalet (4-6 personnes) 225 €-640 €/semaine.

Situé au pied du village, ce camping propose des emplacements spacieux et confortables. Vous pouvez par ailleurs louer des chalets, mobil-homes, tentes meublées... Piscine, épicerie, snack : le site se révèle très complet, qui plus est à proximité de plusieurs boucles de randonnées pédestres ou VTT.

Hôtel La Résidence

17, avenue Lazare Carnot

47300 Villeneuve-sur-Lot

✆ 05 53 40 17 03

13 chambres. Simple ou double de 58 € à 66 €, triple ou familiale (4 personnes) de 63 € à 76 €. Petit déjeuner 8 €. Demi-pension (avec le restaurant voisin Le Terminus) : 20 € par personne et par jour.

A proximité de Pujols, cet hôtel 2 étoiles présente l'avantage de n'avoir que des chambres côté jardin, où se trouve une terrasse pour apprécier un petit déjeuner composé de produits frais et/ou maison.

Se restaurer

Villa Smeralda

Passage des Ponts Castels

47300 Pujols

✆ 05 53 36 72 12

Basse saison : du mardi soir au dimanche midi. Haute saison : du mardi midi au dimanche soir. Menu 32 €. Formule midi 19 €.

Découvrez une cuisine méditerranéenne généreuse et parfumée à travers les recettes typiquement sardes du chef Jean-Pierre Chrusnik. Parmi les spécialités : le cochon de lait grillé, les ravioles aux orties ou aux pommes de terre accommodées de sauces italiennes, en dessert le tiramisu mais aussi un flan sarde au caramel, entre autres. Bon appétit... ou plutôt *buon appetito* !

Le Maka

1, Place Saint-Nicolas

47300 Pujols

✆ 05 53 01 61 33

Basse saison : ouvert du mardi au dimanche le midi, le vendredi et le samedi le soir. Haute saison : du mardi au samedi le midi et le soir, le dimanche midi. Plat de 13 € à 14,50 €, entrée et dessert à 5,50 €.

Des produits frais de saison et bio pour une cuisine végétarienne faite de couleurs et de saveurs, avec parfois de jolies échappées sur le monde. L'adresse, face à l'église Saint-Nicolas, est recommandée à Pujols pour manger sainement.

Le Pianothé Crêperie

Place Saint-Nicolas

47300 Pujols

✆ 05 53 71 90 91

Ouvert 7j/7 l'été 10h-23h. Tous les jours sauf le mercredi hors saison 10h-22h. Menus de 14 € à 25 €.

Ici, galettes et crêpes sont préparées sur de véritables tuiles bretonnes. En salé, la Saint-Jacques et la Landaise (gésiers et foie gras) sont toujours très demandées. Salades, omelettes, tartines, croque-monsieur ou madame font également partie de la carte. Des smoothies frais sont préparés sur demande. Un grand choix de parfums de glaces est disponible. Le tout dans un décor rustique très médiéval, avec la terrasse donnant sous la halle d'époque.

Activités

Centre Aquatique de Malbrente

Rue André Grousset

47300 Pujols

✆ 05 53 70 97 26

En été 7j/7 12h-20h. En période scolaire : lundi 11h30-22h, du mardi au vendredi 11h30-20h, samedi 9h-12h30/14h-19h, dimanche 9h-12h30. Entrée 4,50 €, gratuit - de 5 ans.

Un centre aquatique fort bien équipé où les plus sportifs plongeront dans le bassin de 25 mètres avec ses 6 couloirs de nage et les familles dans le bassin d'apprentissage. Vous pourrez également barboter dans le bain de l'espace balnéo-détente avec ses douches hydromassantes et son hammam. En été, place au bassin ludique extérieur avec station d'hydromassage et banquettes bouillonnantes, pataugeoire destinée aux tout-petits. Les plus : pentaglisse de 6 pistes, plages minérales et espaces verts de détente, avec une superbe vue sur la bastide.

NOAILLAC, RANDONNÉE BUCOLIQUE DANS LE VILLENEUVOIS

À 10 kilomètres de Villeneuve-sur-Lot, cette balade vous emmène au cœur de la vallée de la Masse. C'est un circuit idéal pour prendre un grand bol d'air, vous profiterez de la hauteur pour bénéficier d'une magnifique vue panoramique. À travers les paysages du Grand Villeneuvois, ce somptueux mélange de vallons, coteaux et plateaux sera vous faire passer un délicieux moment. Vous partirez à la rencontre du patrimoine local, le joli village de Noaillac, les nombreux pigeonniers, séchoirs à tabac ainsi que la source de Fonbourrugues. Vous irez dans les bois, les champs, sur les plateaux calcaires et les vergers, cette grande diversité de paysage permet de varier les plaisirs. Les sentiers de ce parcours sont de très bonne qualité et se dévorent à grandes foulées. À pied, à VTT ou à cheval, pour commencer cette balade, rendez-vous au petit parking le long de la route sous l'église de Noaillac (latitude 44.340907, longitude 0.679883).

De l'église de Noaillac à la hauteur du plateau

Montez le petit chemin en direction du petit hameau de Noaillac et de son église romane Saint-Martin-de-Tours. Vous suivez pour cette balade le balisage jaune en descendant le chemin enherbé le long d'un champ. Vous entrez dans un tunnel végétal créé par les arbres. Une grande montée sollicite vos mollets, vous replongez ensuite dans une grande pente. Dans la forêt, écoutez le grincement des arbres. Une première vue sur les vallons colorés se dévoile. Vous grimpez en direction d'une petite route de campagne qui passe devant deux beaux pigeonniers, merveilles du patrimoine local. Le chemin se transforme en terre devient étroit bordé d'arbres le long d'un champ. Au loin, vous devinez le clocher de Pujols, un des plus beaux villages de France qui mérite d'ailleurs une petite visite. Vous coupez la route en suivant les panneaux directionnels. Vous passez ensuite devant des maisons en pierre. Vous longez le pré jusqu'à une route que vous traversez prudemment. Au bout d'un champ, vous franchissez une première fois la Masse. Il s'ensuit une grande ascension sur une ligne de crête accompagnée d'une vue dégagée sur la vallée. Après le verger-poulailler, vous suivez le chemin à travers les arbres pour atteindre le point culminant de cette balade. Ça y est vous y êtes ! L'effort en valait la peine ! Les champs magnifiques et les couleurs différentes des vallons offrent un panorama à couper le souffle, une photo s'impose ! Vous surplombez la Masse, son trajet se devine grâce aux arbres qui la borde. Après plusieurs fermes et hangars vous marchez sur le plateau le long d'une route goudronnée, que vous quittez après presque 500 mètres pour un chemin entre une haie et un champ. Vous marchez sur un sentier dans les cultures qui s'engouffre et serpente dans la forêt.

Source de Fonbourruges, forêt et sols calcaires

Durant la descente, vous passez en contrebas de pierres creusées par l'érosion. Le long du chemin, en dehors du parcours, partez à la recherche de la source et du lavoir de Fonbourrugues. Ouvrez l'œil ils se font discrets ! Un petit indice, suivez un chemin sur la droite au niveau d'une grosse pierre, juste avant la remontée. Vous arrivez devant un site d'exception : une eau claire et cristalline qui se jette dans un bassin en pierre et se dirige ensuite dans le lavoir formant un cercle parfait. On devine encore à travers la végétation les pierres à laver le linge. Après ce moment fort agréable, remontez le long d'un talus en pierre et sortez du bois en longeant une bâtisse qui surplombe la forêt. Le chemin entre à nouveau dans le bois où vous retrouvez peu à peu la vallée de la Masse. Sur la ligne de crête, durant la descente vous profitez des trouées à travers les arbres donnant sur la vallée. Vous traversez la route et la Masse au niveau de la station de production d'eau du Mail. Une variante vous est proposée sur la droite pour raccourcir la balade sinon continuez le parcours, il vous reste 4 kilomètres. Vous êtes dans le champ au dessus de la rivière que vous suivrez au plus près par la suite. Vous partez à l'assaut de la colline, le chemin serpente et monte fortement. Il offre une vue sur la vallée pendant toute l'ascension. Entre plusieurs palombières vous marchez sur le plateau, il vous reste 2 kilomètres. Vous amorcez la descente sur une piste goudronnée en passant devant le lieu-dit Citadelle Haute. Vous commencez à apercevoir l'église, après un grand lacet vous retrouvez le point d'arrivée de la variante. En suivant un ultime chemin tout en profitant des prés fleuris, vous rejoignez la route qui vous ramène à l'église et clôture cette belle balade.

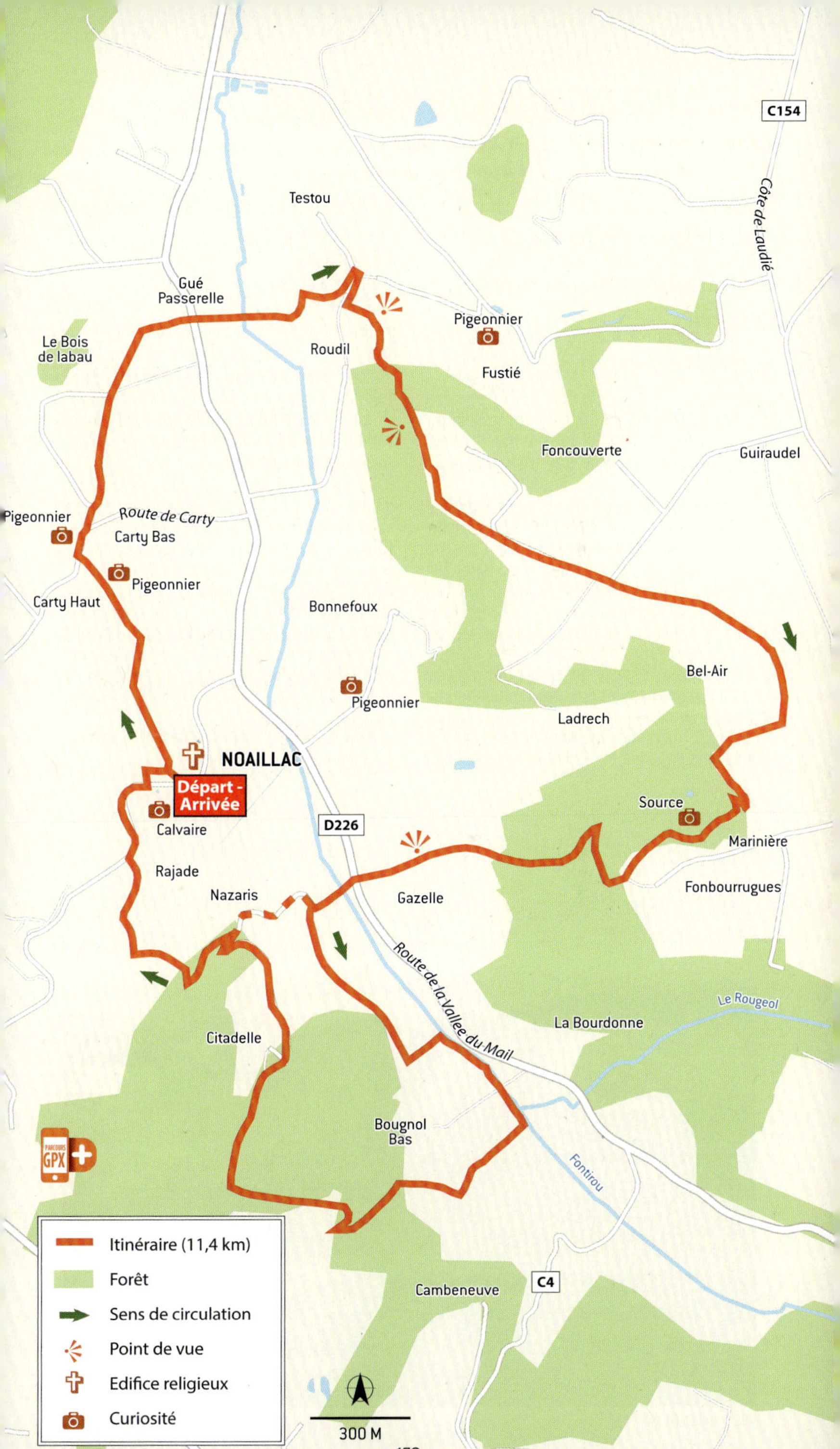
C154
Côte de Laudié
Testou
Gué
Passerelle
Le Bois
de labau
Roudil
Pigeonnier
Fustié
Foncouverte
Guiraudel
Pigeonnier
Route de Carty
Carty Bas
Pigeonnier
Carty Haut
Bonnefoux
Bel-Air
Pigeonnier
Ladrech
NOAILLAC
Départ -
Arrivée
Source
Calvaire
D226
Marinière
Rajade
Nazaris
Gazelle
Fonbourrugues
Route de la Vallee du Mail
Le Rougeol
La Bourdonne
Citadelle
Bougnol
Bas
Fontirou
PARCOURS
GPX
Itinéraire (11,4 km)
Forêt
Sens de circulation
Point de vue
Edifice religieux
Curiosité
C4
Cambeneuve
300 M

LES BONNES ADRESSES SUR LE PARCOURS

À visiter

Les Grottes de Fontirou
Route des Grottes de Fontirou
47340 Castella
✆ 06 32 92 99 13

Tarifs grottes : 8 €, 6,50 € 3-14 ans. Pass 2 sites (avec Z'Animoland) : 16 € (au lieu de 19 €) et 14 € (au lieu de 15,50 €) pour les 3-14 ans. Tarifs mini-golf : 4,50 € par personne, pass famille 10 € (5 joueurs maximum). Ouverture d'avril à septembre. Voir les jours et horaires sur le site www.grottesdefontirou.com

Avant de passer sous terre où la fraîcheur règne agréablement durant les mois chauds, vous aurez accès à un petit musée d'histoire naturelle inauguré en 2021. La visite guidée des grottes dure 40 minutes. Avec un éclairage entièrement revu en LED, les lieux prennent une nouvelle dimension car les détails sont mieux visibles. Au fur et à mesure de votre progression, vous serez émerveillé par les formations impressionnantes de stalactites et stalagmites. Une activité supplémentaire est proposée : un mini-golf 18 trous. Boissons chaudes ou fraîches et glaces sont en vente au snack. Possibilité de pique-niquer dans un sous-bois.

Z'Animoland
470, Voie Romaine
47340 Monbalen
✆ 06 32 92 99 13

Entrée : 11 €, 9 € pour les 2-13 ans. Pass 2 sites (avec les Grottes de Fontirou) : 16 € (au lieu de 19 €) et 14 € (au lieu de 15,50 €) pour les 3-14 ans. Ouverture d'avril à novembre. Voir les jours et horaires sur le site www.z-animoland.com

A proximité des Grottes de Fontirou s'étend un domaine de 12 hectares où petits et grands voisinent avec des animaux domestiques et sauvages qu'ils soient à plumes ou à poils : cochons, chèvres, chameaux, dromadaires mais aussi tigres, zèbres, kangourous, autruches, marmottes… Toute une faune diversifiée proposée à la découverte ! Isabelle et Jérôme ont créé en 2006 ce lieu original et à part. Sur place, essayez-vous à la réalité virtuelle dynamique. Profitez des jeux d'eau, structures gonflables, trampolines, piste de karting à pédales pour adultes et enfants… Tout pour une journée réussie !

Villeneuve-sur-Lot.

LAROQUE-TIMBAUT, SUR LES PAS DE ROLAND

Entre Agen et Villeneuve-sur-Lot, cette courte balade vous invite au cœur d'un petit village médiéval. À travers ces quelques pas vous découvrirez les vestiges du château, le donjon et ses remparts ainsi que la magnifique halle du marché mais ce n'est pas tout ! Ce circuit plaira à tout le monde. Si vous êtes amateur d'histoire, la chapelle Saint-Germain et sa source miraculeuse abritent une légende en lien avec ce cher Charlemagne et son neveu. Si vous appréciez les ouvrages en belles pierres ou le patrimoine oublié, ce sont le donjon, les lavoirs ou encore la grande roue qu'il faudra chercher ici. Si vous êtes tout simplement féru de pêche à la mouche ou passionné de nature, c'est au bord du lac qu'il faudra lézarder. Cette balade surprenante, remplie de surprises, vous transportera dans un autre univers le temps de 5 kilomètres. Le point de départ de ce circuit se trouve sur la place de la mairie (latitude : 44.2821940, longitude : 0.76314210).

Du départ à la chapelle et sa légende

Traversez la place jusqu'à l'église et prenez la route en direction de Penne-d'Agenais. En suivant le balisage jaune, vous vous engagez sur un petit chemin en terre bordé de lauriers et d'un mur en pierre. Des paysages urbains vous accompagnent pour ce début de balade. Après avoir traversé la route départementale prudemment à la sortie du village, prenez le chemin des Brioudes, une voie en terre assez sauvage sous les chênes. À travers les feuillages vous apercevez le clocher de l'église. Vous déambulez grâce au balisage dans le lotissement que vous quittez par un chemin de terre longeant des maisons. Non loin du château d'eau, en prenant la rue Monplaisir vous pouvez effectuer une variante qui raccourcit votre trajet (2,2 km) et évite de descendre au lac. Dans le cas contraire, vous passez devant une demeure privée jusqu'au cimetière et l'ancienne église. Empruntez sur la gauche un chemin qui descend fortement entre les arbres dans la vallée jusqu'à une grande aire de pique-nique. Sur cette esplanade trône la chapelle Saint-Germain avec sa fontaine miraculeuse. Selon la légende, en 778 l'armée de Roland, neveu de Charlemagne, se dirigeait vers l'Espagne et fit une halte dans le vallon de Saint-Germain. Sous l'Empire romain, une source alimentait les thermes des villas gallo-romaines. Son armée étant atteinte de la peste, Roland fit vœu de construire un oratoire si ses hommes guérissaient grâce à cette eau. Le miracle se produisit et Roland a donc tenu ses engagements. Quelques années plus tard, Charlemagne, au courant de cette guérison miraculeuse fit construire une chapelle qu'il dédia à Saint-Germain, l'évêque de Paris pour lequel il avait une grande admiration. Il est temps pour vous de reprendre la route.

Lac Saint-Germain et village médiéval

Laissez la chapelle dans votre dos et remontez la route en passant devant un premier lac privé, quelques pas plus tard, vous arrivez à un second. Ce lieu propice à la détente est un havre de paix bien connu des amateurs de pêche à la mouche. Le long de la route vous pouvez vous éloigner du circuit et monter la côte afin de voir la grande roue. Construite entre 1970 et 1975 elle mesure dans les 6 mètres de diamètre, ses godets actionnaient deux pompes qui alimentaient la réserve d'eau du donjon pour fournir l'eau potable au village. Redescendez et reprenez le circuit, vous continuez le tour du lac en direction du lavoir de Montfourton. Plongez-vous quelques temps en arrière en imaginant les femmes lavandières qui se mettaient à genou autour de ce bassin de 12 m² pour battre et laver le linge sur les pierres. Franchissez le lavoir et amorcez la montée tout en profitant des trouées sur les paysages vallonnés, le chemin est bordé d'une paroi en pierre. Vous arrivez dans un hameau que vous quitterez en empruntant la voie en terre à gauche d'un pylône électrique. Le sol en terre se transforme en route goudronnée, le chemin de la Garenne. Vous sortez du village, passez devant la résidence Barou en prenant une piste enherbée qui devient un peu plus étroite. À travers les arbres vous profitez d'une vue sur le lac. À la sortie du bosquet, descendez à gauche la petite route au pied des remparts et montez les quelques marches sur votre droite, vous passez une ruine et contournez la tour ronde. La remontée au village se fait entre de très beaux murs de pierres. Vous dépassez le donjon servant au XXe siècle de réserve d'eau. Vous sortez sous la tour horloge utilisée en tour de guet car la fortification était dépourvue de herse et de pont-levis. Après une pose pour admirer la halle du XIIIe siècle en excellent état de conservation, lieu de tous les marchés, vous terminez la balade en tournant à droite sur l'axe principal que vous suivrez pour rejoindre la place de la mairie.

Chemin de Lagarrigue
Guillemont
Avenue de la Résistance
Lieu-Dit Brioudes
Pierre Belle
D110
Lotissement
Guillemot
D103
Rue du Lavoir
Bejouah
Rue Jasmin
Ecole
Boulevard du 11 Novembre
Rue Monplaisir
D10
Mairie
Départ -
Arrivée
LAROQUE-
TIMBAUT
Vieille Eglise
Chem. du Barron
Route du Lac
Avenue Paul Dangla
Chemin du Barou
Aire de
pique-nique
Saint-Germain
D11
Barou
Route du Lac
PARCOURS
GPX
Chem. de Tilleuls
Rue de la Prune d'Ente
Montfourton
Chemin des Églantiers
Pigeonnier
Itinéraire (5 km)
Forêt
Sens de circulation
Point de vue
Edifice religieux
Curiosité
100 M

LES BONNES ADRESSES SUR LE PARCOURS

À visiter

Musée Gertrude Schoen
Place de la Halle
47340 Laroque-Timbaut
✆ 05 53 95 71 36

Une incursion artistique contemporaine dans un village médiéval agenais : voilà ce qui vous attend au musée consacré à l'œuvre de la sculptrice sur métal franco-allemande Gertrude Schoen (1919-2016). Un contraste symbolisé par son œuvre *Le Messager*, une grande statue érigée place de la Halle. L'exposition permanente dévoile ses créations : pièces d'orfèvrerie, pastels, petite et moyenne statuaire, sculptures monumentales...

Se restaurer

Le Picadou
7, rue Ribalous
47340 Laroque-Timbaut
✆ 05 53 96 10 14

Du mardi au samedi 12h-14h, 19h30-21h30 et le dimanche 12h-14h. Réservation conseillée le midi et obligatoire le soir.

Dans le métier depuis presque 30 ans, le dynamique Cyril Chambareau fait tourner ce restaurant depuis 2018. Sa cuisine bistronomique très personnelle et entièrement faite maison (y compris le pain) emporte l'adhésion. La qualité des viandes est plébiscitée. Sur la terrasse, les clients peuvent les faire griller eux-mêmes sur des braséros au feu de bois. L'idée plaît énormément.

Café Paradiso
12, place de l'Hôtel-de-Ville
47340 Laroque-Timbaut
✆ 05 53 67 04 38.

Du mardi au samedi midi et soir. Pizzas de 7,50 € à 11,50 €.

Une envie de pizza ? C'est par ici que ça se passe ! Christophe, tout en jovialité, fait lui-même sa pâte à l'huile d'olive qu'il pétrit à la main. Vous n'aurez plus qu'à faire votre choix parmi une vingtaine de recettes, des plus classiques à la plus lot-et-garonnaise, la bien-nommée « Donald Duck » au magret séché maison, gésiers et foie gras. Pariez qu'il n'en restera pas une miette !

Le Roquentin
9, boulevard du 11-Novembre
47340 Laroque-Timbaut
✆ 05 53 95 78 78

Le midi uniquement (fermé le samedi). Formule à 16,90 €, à 39 € le dimanche avec buffet de hors-d'œuvre ou plat/dessert 32 €.

Cette bonne table de Laroque-Timbaut invite à découvrir une cuisine du terroir à laquelle le chef Jérôme Chamoulaud apporte sa touche gastronomique inspirée. Les produits de saison proviennent en majorité de filières courtes. Du goût et de belles présentations dans les assiettes. La cuisine maison est disponible aussi via un distributeur automatique d'entrées, de plats à réchauffer et de desserts installé au début de l'année 2022 dans le restaurant. Belle innovation !

Petite restauration

Le Gascon
2, boulevard du 11-Novembre
47430 Laroque-Timbaut
✆ 05 53 95 71 24

Ouvert du mardi au samedi 6h30-13h30, 15h30-19h30, le dimanche 6h30-13h.

Comptez sur cette boulangerie pâtisserie pour vous fournir en sandwichs classiques, pains bagnat, quiches, pizzas et fougatines. Pas de café mais des boissons fraîches et des glaces l'été.

Point de ravitaillement

Un Carrefour Contact est présent à Laroque-Timbaut, rue de Beljouan. Ses portes sont ouvertes du lundi au samedi de 8h à 20h et le dimanche de 9h à 13h.

CASSENEUIL, LA BALADE AUX 500 MARCHES

À 10 kilomètres au nord-ouest de Villeneuve-sur-Lot et en bordure du Lot, cette balade vous promet un petit décrassage, comme insinué dans son nom. Vous gravirez quelques centaines de marches, un point de vue ça se mérite ! Cet itinéraire est rempli d'histoire. Vous traverserez le village de Casseneuil qui selon les autochtones aurait hébergé la famille du célèbre Charlemagne et foulerez le Pech Neyrat avec sa vue imprenable sur la confluence de la Lède et du Lot. Vous admirerez les fresques de l'église Saint-Pierre-Saint-Paul ou pourquoi pas prévoir une sortie fluviale sur le Lot au départ de Castelmoron. Vous pourrez tout simplement flâner sur les hauteurs du Pech et profiter de la vue. Dans un paysage urbain et boisé, c'est une balade assez courte mais qui chauffera tout de même vos mollets avec ses nombreuses marches pour ensuite les apaiser en vous promenant sur les bords de la Lède. Le départ se fait depuis l'espace multifonctionnel de Casseneuille (latitude : 44.4423173, longitude : 0.62129616).

Du départ au Pech Neyrat

Vous prenez le départ du parking en passant dans le tunnel qui passe sous la départementale, vous suivez le balisage bleu qui vous fait traverser le village. Prenez une petite rue sur la gauche pour rejoindre la berge du Lot et la base nautique. Vous longez la rivière sur cinquante mètres et empruntez la ruelle montante sur votre droite qui vous ramène dans le village. Vous arrivez sur une petite place, prenez quelques instants pour trouver la petite ruelle Saint-Martin où les jolies façades s'égayent grâce aux pots de fleurs colorées accrochés sur toutes leurs surfaces. Vous traversez ensuite la Lède au niveau du partage de ses eaux avec le Lot et longez ses berges qui sont très animées durant la saison estivale. Vous quittez la route pour commencer l'ascension en direction du Pech Neyrat. Ce chemin en terre prend de la hauteur et de beaux points de vue sur le Lot commencent à se dégager. Plusieurs bancs sont à votre disposition pour contempler ce calme et splendide spectacle. Une vue sur la confluence de la Lède et du Lot mérite bien une petite photo souvenir. Saurez-vous dénicher la meilleure place pour pique-niquer ? Plusieurs tables sont à votre disposition, une se démarque avec sa vue dégagée qui surplombe le Lot en flanc de falaise. Vous sillonnez le Pech en gravissant ses nombreuses marches. La rivière en contrebas vous accompagne presque tout le long de votre balade. Vous sortez du bois un court instant pour reprendre une longue série d'escaliers. Vous êtes au point le plus haut du parcours. Vous profitez d'une ambiance très nature dans un bois de chênes, après un couloir végétal vous pointez le bout de votre nez dans un champ avec une vue sur la Vallée du Lot et ses vallons. Vous avez atteint le point le plus éloigné de votre balade.

Retour et vieux bourg

Pour amorcer le retour, vous suivez le champ qui borde la vallée et le remontez pour retrouver le sentier. Vous prenez des parties déjà foulées durant votre ascension avec quelques portions inédites. Notamment, vous arrivez après quelques marches sous une maison en bois dans une clairière partagée par un muret de pierre, toujours sur les hauteurs du Pech Neyrat. Après quelques autres tables de pique-nique, vous surplombez le village et profitez maintenant d'une vue sur les toits et sur le clocher de l'église. Vous descendez et rejoignez la route le long de la Lède, des endroits sont aménagés pour pouvoir jeter la canne à l'eau. Sur le pont rouge, vous franchissez prudemment la Sône, qui rejoint ensuite la Lède. Vous passez devant le cimetière et prenez à droite au rond-point pour rentrer dans le vieux bourg, vous descendez à droite vers le théâtre de verdure. Vous marchez au milieu des remparts, des murs en briques et sur les rives de la Lède. Vous montez les dernières marches de cette balade et passez sous le porche pour arriver sur la place Saint-Pierre. Poussez les portes de l'église St-Pierre-St-Paul dont les plus anciennes parties datent du XIIIe siècle, pour admirer ses fresques classées, un joyau des Casseneuillois. Il existe aussi une légende à laquelle les locaux sont attachés : sur le Pech Neyrat se trouveraient les ruines d'un palais gallo-romain fortifié et d'autres bâtiments qui auraient abrité la famille de Charlemagne. Ce village aurait même servi de capitale au nouveau royaume d'Aquitaine durant son règne. Malgré tout, huit siècles plus tard, les chercheurs et historiens n'ont pas pu confirmer la légende. Le parcours touche maintenant à sa fin, vous prenez la rue le long du château, passez devant l'ancienne mairie avec l'horloge et sa girouette puis sur votre droite empruntez la petite rue de la Fontaine qui passe devant l'école. Vous retrouvez le tunnel et votre point de départ.

Chemin de Lanougarède
Côte de la Nougarède
Pech Neyrat
Le Lot
D225
100 M
PARCOURS GPX
Itinéraire (4,3 km)
Forêt
Sens de circulation
Point de vue
Edifice religieux
Curiosité
Avenue de Bellevue
Rue des Abeilles
Rue des Martins-Pêcheurs
Rue des Palombes
Rue des Canaris
Rue des Pinsons
Rue des Violettes
Rue des Géraniums
Rue des Roses
Rue des Hortensias
Les Tandis
Rue des Mimosas
Les Trois Rivières
Quai des Gabarres
D217
Rue du Port
Rue Paillouse
Rue Grande
Rue du Vieux Pt.
Le Lède
D133
Remp.-Rovinhan Balencs
Chemin Traversier
CASSENEUIL
Départ - Arrivée
Chemin de Pascalet
Pl.-St.-Jean
Voie Communale-la Roque
D430
Allée des Cramats

LES BONNES ADRESSES SUR LE PARCOURS

Se loger

Appartement Birgitta
5, La Peupleraie
47440 Casseneuil
✆ 06 25 04 86 20
Situé dans un petit lotissement, ce logement pour 2 personnes occupe le rez-de-chaussée d'une maison dont l'étage est loué à l'année. Ses 40 m² regroupe une chambre, une salle de bains, une pièce à vivre avec cuisine. Vous avez à disposition un jardin avec terrasse où prendre vos repas. Le centre de Casseneuil se rejoint à pied, de même que la voie verte située à 200 m de là au niveau de la boutique Maître Prunille.

Le Cartounier
Lieu dit Cartouniers
Route de Saint-Pastour
47380 Pinel-Hauterive
✆ 09 67 05 10 68
Toute l'année. 2 chambres de 65 € à 85 € la nuit, 1 tiny house à 105 € la nuit. Repas : 15 €.
Géraldine et Jean-Yves ont à cœur la convivialité. Leur tiny house en bois plaît beaucoup aux randonneurs et cyclotouristes de passage. Elle est posée dans le parc au milieu des animaux, chevaux et ânes. Ces derniers ont donné leurs noms aux chambres d'hôtes, Brindille et Joséphine, épurées et reposantes. Vous avez la possibilité de disposer le soir d'un plateau repas composé de produits locaux. Des paniers pique-nique à emporter peuvent être préparés sur demande.

Aire de stationnement pour camping-cars
Elle se trouve à Casseneuil, au bord de la Lède sur la départementale 225 et jouxte une aire de pique-nique. Gratuite, elle permet de vidanger et de refaire le plein en eau.

Petite restauration

Boulangerie Le Saint-Jean
5, place Saint-Jean
47440 Casseneuil
✆ 05 53 01 91 22
Ouvert tous les jours (sauf le mercredi) 6h30-19h30.
À emporter en salé : sandwichs, paninis, quiches, croque-monsieur, pizzas, croissants au jambon, salades composées (l'été), en sucré : viennoiseries et pâtisseries.

Produits du terroir

Maître Prunille
Lieu dit Savaud
47440 Casseneuil
✆ 05 53 36 19 11
Ouvert du lundi au vendredi 9h-12h, 14h-18h30.
Cette boutique se situe à l'entrée du siège de la Coopérative « France Prune », créée en 1963 pour développer la production et la consommation du pruneau d'Agen. L'entreprise a su diversifier ses activités au travers de la marque « Maître Prunille », le leader du fruit sec sous toutes ses formes : pruneaux nature, enrobés de chocolat, fourrés à la crème... Sont aussi disponibles à la vente des fruits séchés, moelleux, oléagineux ainsi que divers produits locaux : jus, conserves, confitures… Pas de visite de l'entreprise, mais des dégustations et des conseils avisés vous attendent au magasin.

Domaine Lou Gaillot
Les Gaillots, route de Bias
47440 Casseneuil
✆ 05 53 41 04 66
Point de vente mardi, jeudi, vendredi 9h30-12h30, 14h-18h, samedi 9h30-12h30. L'été du lundi au samedi 9h30-12h30, 14h-18h30.
Un vignoble familial dont la production bio en IGP Agenais comprend des rouges élevés en cuves sans sulfites et d'autres plus complexes et de garde vieillis en fûts de chêne, ainsi que des blancs et des rosés secs et demi-secs. Gilles Pons recommande « La Réserve » en rouge et « L'Élégance » en blanc. Il propose aussi gratuitement un circuit de balades dans ses vignes.

SAINTE-COLOMBE-DE-VILLENEUVE, LA BALADE DU LAC DE BANIÉRETTES

Vous êtes à moins de 10 kilomètres de Villeneuve-sur-Lot, cette magnifique balade vous emmène dans les paysages typiques du département. À travers le patrimoine rural et de nombreux panoramas, partez à la découverte du lac de Baniérettes et son verger conservatoire composé de nombreuses espèces d'arbres fruitiers ainsi que des impressionnantes grottes de Lastournelles. La vie sous terre dans le Lot-et-Garonne vous promet de belles surprises, vous déambulerez en fin de parcours dans les vergers de pruniers d'Ente. Ils sont magnifiques à toutes les saisons, en bourgeons, en fleurs ou en fruits, vous profiterez des couleurs et des odeurs qu'ils dégagent. Un circuit agréable qui ravira tout le monde, que vous soyez amoureux de la nature, sportif amateur de trail, vététiste ou cavalier, cet itinéraire est fait pour vous. Pour commencer cette balade, rendez-vous sur la place devant la mairie (latitude : 44.3591751, longitude 0.66000580).

Du lac aux Grottes de Lastournelles

Une fois sur la place de la mairie, dirigez-vous en suivant le balisage vert en direction du lieu-dit Maguagnou. La route goudronnée se transforme rapidement en terre et descend dans le bois. Passez la jolie tour d'une bâtisse en pierre, vous commencez à apercevoir une étendue d'eau. Vous êtes dans une grande prairie où le vert est dominant ! Traversez le petit cours d'eau, vous arrivez à une option de variante qui permet un petit tour de seulement 2,5 kilomètres pour revenir au village de Sainte-Colombe-de-Villeneuve, sinon partez en direction du lac de Baniérettes. Cette étendue d'eau artificielle sert à irriguer les plantations pendant les sécheresses mais est aussi un lieu idéal pour manger, pêcher ou simplement flâner sur ses berges. L'eau est calme et reflète magnifiquement le ciel. En partant, vous passez devant un verger conservatoire, vous y verrez de nombreuses espèces typiques de la région. Vous croiserez des arbres comme l'érable sycomore, le saule pourpre, le bouleau pubescent mais aussi des noisetiers, des cerisiers et une multitude d'autres fruitiers dont les variétés se comptent par douzaine pour les pommiers et par vingtaine pour les figuiers. Ce verger est une grande richesse du site qui permet de lutter contre l'érosion, maintenir les sols et améliorer la qualité de l'eau du lac. Vous continuez le chemin au pied de la prairie en suivant le ruisseau qui alimente le lac, comme c'est agréable de marcher en écoutant l'écoulement de l'eau. Vous amorcez une montée pour gagner un point de vue où vous verrez le creux des vallons, le lac, les plaines et les prairies, vous ferez alors le plein de sensations. Suivez la ligne de crête jusqu'au lavoir. Vous découvrez le bélier hydraulique, une véritable prouesse mécanique, le panneau explicatif vous aidera à comprendre son utilité. Dans moins de 200 mètres, vous arrivez aux Grottes de Lastourelles. Offrez-vous l'expérience d'un passage sous terre. Cette cavité naturelle a été découverte en 1878 par des fermiers creusant leur puits, ils ne trouvèrent pas d'eau mais cette incroyable galerie souterraine. Un bon moyen, à l'air frais des entrailles de la terre, d'en apprendre davantage sur la géologie caractéristique du Pays de Serres.

Passage dans les vergers de pruniers d'Ente

Après ce moment passé sous terre, vous pouvez profiter des tables pour grignoter avant de reprendre l'itinéraire le long de la route de campagne. Vous la quittez en remontant entre deux champs pour rentrer dans les bois. En suivant le balisage, vous alternez entre chemins en lisière de culture et passages dans la forêt. Vous pouvez contempler les vallons et les champs bigarrés qui s'étendent à perte de vue. Dans une grande prairie, vous devinez au loin un verger formant des « boules » colorées. Un panneau vous indique qu'il reste 4 kilomètres à parcourir. Après un instant dans un bois, vous arrivez face à un verger de pruniers d'Ente. Points forts de cette balade, ils provoqueront chez vous des sensations variées et feront ressurgir des souvenirs d'enfance, c'est le moment d'imaginer le goût d'une bonne tarte, d'une bonne confiture ou tout simplement celui puissant du pruneau d'Agen. Vous retrouvez une route goudronnée et rejoignez le point d'arrivée de la variante. Vous passez au milieu de bâtisses en pierre pour ensuite bifurquer à droite au petit puits et admirer un dernier pigeonnier magnifiquement restauré. Juste avant de clôturer cette balade, suivez la route qui arrive au pied de l'église Sainte-Colombe et de sa belle cloche juste à côté de la place de la mairie.

C202
Chemin de Sainte-Colombe au Mail
Départ - Arrivée
Pigeonnier
Calvaire
SAINTE-COLOMBE-DE-VILLENEUVE
Saint-Jean
Maguagnou
D118
La Dodie
Pigeonnier
Palazy
D220
Puits
Lac des Banièrettes
Rouzières
Verger Conservatoire
Peyrugasaa
Maurel
Le Pech
La Tonnielle
Noyer
C10
Castagné
Castagné Haut
Pigeonnier
Grottes de Lastournelles
Tuques de Lastournelles
Route des Grottes de Lastournelles
Foncaubès
Itinéraire (8,3 km)
Forêt
Sens de circulation
Point de vue
Edifice religieux
Curiosité
200 M

LES BONNES ADRESSES SUR LE PARCOURS

A visiter

La grotte de Lastournelle
47300 Sainte-Colombe-de-Villeneuve
✆ 05 53 40 08 09

Du 1er avril au 30 juin et du 1er au 30 septembre visite à 14h et 15h30. Ouvert en juillet et août 10h-18h. 7,50 €, 5 € (4-14 ans), gratuit - de 4 ans.

Formée il y a plus de 25 millions d'années, la grotte a été découverte en 1878 alors que le propriétaire voulait creuser un puits. Ouverte au public depuis 1957, la visite dure 45 minutes environ. Vous longerez sur 300 mètres le lit d'une ancienne rivière souterraine. Sur votre chemin, 7 salles vous feront découvrir la magie de leurs multiples stalactites et stalagmites. La température de la grotte, hiver comme été, affiche 14 °C. Des animations ludiques et familiales sont organisées. Boutique et snack complètent le site.

Se loger

Gîte du Roc du Lapin
434, Route de Cazeneuve
Lieu-dit Saint-Jean
47300 Sainte-Colombe-de-Villeneuve
✆ 07 66 63 38 88

Toute l'année. Hors saison : 500 € la nuit (réservation pour 3 nuits minimum). A la semaine en juillet/août : 3 500 €.

A proximité de la boucle de randonnée, une location classée 4 étoiles. Et elle les mérite largement ! Vous retrouverez dans cette ancienne grange de 350 m² le charme vrai de la pierre et du bois, dans une ambiance cosy. Les 6 chambres ont une capacité d'accueil totale de 12 personnes. L'auvent du bâtiment fait office de salon d'été, quand vous n'êtes pas occupé à profiter de la piscine !

Domaine de Villot
1540, Route de Cazeneuve
Lieu-dit Villot
47300 Sainte-Colombe-de-Villeneuve
✆ 05 53 01 65 35

De 50 € à 420 € la nuit (réservation de 2 nuits minimum). Petit déjeuner : 8 €. Table d'hôtes hors saison uniquement : 25 €.

Sur la route en direction du village d'Allez-et-Cazeneuve, ce somptueux domaine de 3 hectares totalise 6 gîtes authentiques et modernes à la fois, rassemblés autour d'une cour carrée. 41 couchages en tout sont disponibles. Le plus grand des hébergements permet d'accueillir jusqu'à 14 personnes. Détente à la piscine, activités sportives (foot, basket, volley, badminton, tennis de table, etc.) ou plus relax comme la pétanque, vous n'aurez que l'embarras du choix.

Produits gourmands

L'Epicerie De Nos Campagnes
47110 Dolmayrac
✆ 06 99 78 36 10

Ouvert du mardi au samedi 14h-19h.

Tenue par le sympathique Julien, une petite épicerie de producteurs locaux en apparence confidentielle mais qui rassemble tout ce que le Lot-et-Garonne a de meilleur à offrir : charcuterie de porc noir, magret de canard, foie gras, brebis fermier et autres fromages, spécialités aux pruneaux, aux noisettes, vins AOP Côtes de Duras… Une cave aux trésors !

Grotte de Lastournelle à Sainte-Colombe-de-Villeneuve.

AUTOUR DU LAC DE L'ESCOURROUX, ENTRE LOT-ET-GARONNE ET DORDOGNE

Le tour des lacs de l'Escourroux est accessible à tous les marcheurs, en deux heures et quart, vous parcourrez facilement les 8,4 kilomètres du chemin. Les plus pressés pourront abréger le trajet en coupant par la route-digue, cependant, ce raccourci ampute la balade de toute la partie ornithologique. La troisième option est de ne faire que le tour du petit lac, en passant par les points d'observation des oiseaux. Ce circuit se fera en moins d'une heure, il est particulièrement bien adapté aux enfants, même aux plus petits. À savoir, il n'est pas permis d'emprunter ce chemin autrement qu'à pied. La discrétion est de mise pendant votre marche si vous souhaitez admirer les nombreux oiseaux qui vivent sur le lac. Vous en apprendrez plus sur eux et sur leurs modes de vie grâce aux panneaux pédagogiques et aux jeux disposés sur la berge nord-est du lac. Vous pourrez aussi faire une halte dans l'une des cabanes d'observation.

Un site semi-naturel à préserver

Vous partez du parking situé sous la digue du lac (latitude : 44.663670, longitude : 0.345571) et vous empruntez un chemin de terre qui monte directement sur la berge en suivant le balisage jaune. Là, un panneau vous présente le lac ou plutôt les lacs. Il s'agit en effet de deux lacs séparés par la route-digue. Le premier est une réserve de pêche et tient lieu d'observatoire ornithologique alors que le second, plus étendu, est principalement destiné à l'irrigation. Le site est classé Natura 2000 depuis peu, ce réseau vise à préserver la biodiversité du patrimoine naturel et semi-naturel. Vous êtes invités à en faire autant en respectant le lac et ses habitants. Vous commencez cette balade en prenant à gauche, de manière à garder le lac sur votre droite. Tout au long de cette balade, vous suivez la bordure du lac. En passant au niveau du Roubineau, vous remarquez trois séchoirs à tabac côte à côte. Juste après une chaîne fermant le passage, vous montez sur la route et vous traversez la route-digue vers Lubriac, puis vous rejoignez rapidement le chemin herbeux en contrebas sur la droite. À partir d'ici, pêcheurs et oiseaux vous sauront gré de respecter le calme des lieux.

Connaître la faune locale

Au point le plus au nord du lac, vous croisez l'Escourou, le ruisseau qui l'alimente. Vous avez parcouru la moitié du trajet et vous entrez maintenant dans le parcours ornithologique. Les panneaux pédagogiques et les jeux vous présenteront les habitants à plumes du lac : huppe fasciée, poule d'eau, sarcelle d'hiver et beaucoup d'autres. Vous apprendrez notamment que tous ne vivent pas ici à l'année. Pour profiter complètement de ce moment, il est fortement conseillé de prendre le temps de se cacher dans une des cabanes d'observation pour laisser le loisir aux oiseaux les plus méfiants de sortir de leur cachette. Peut-être aurez-vous la chance d'apercevoir l'échasse blanche ou le héron garde-bœuf. Avant de repasser la route-digue, vous rencontrez le ponton handipêche. Juste à côté, un panneau vous défie de retrouver ceux qui vivent ici.

Le patrimoine ancien

Derrière vous, un sentier permet de monter vers une église du XIIe siècle qui offre une vue dominante sur le lac. Pour poursuivre le circuit, vous devez longer la route sur quelques dizaines de mètres avant de la traverser pour retrouver le sentier. Attention, avant de rejoindre le bord du lac, il est fortement conseillé d'emprunter le sentier qui part sur la gauche vers la source troglodyte ou touron. Un lavoir a aussi été construit dans la continuité de la grotte. Un panneau vous permettra de comprendre comment l'eau circule sous terre pour rejaillir ici. Après un tour au frais dans l'abri rocheux, vous pouvez retourner sur vos pas pour terminer le tour du lac et revenir à la première digue.

Patria
D281
Le Nébout
Cabanes d'observation
Lubriac
La Garenne
C202
SAINT-SULPICE
D'EYMET
Faye
D25 E
Grotte
Source
Lavoir
Coutrille
Lieu-Dit Roche
C22
Eybro
Terrade
Lac
de
l'Escourroux
Le Roubineau
C1
150 M
PARCOURS GPX
Itinéraire (8,4 km)
Forêt
Sens de circulation
Point de vue
Edifice religieux
Curiosité
Digue
Le Pauvert
Départ -
Arrivée
C4
Batan

LES BONNES ADRESSES SUR LE PARCOURS

© JACQUES TESTET

Musée de Soumensac.

À visiter

Musées de Soumensac
Rue des Musées
47120 Soumensac
✆ 06 81 70 45 05
En juillet et août 7j/7 14h-17h30.
Le reste de l'année sur rendez-vous.

Jacques Testet est un sacré bonhomme ! Collectionneur dans l'âme, il recherche en permanence de nouvelles pièces pour ses 3 musées insolites. Ceux-ci regroupent des milliers d'outils manuels de 50 corps de métier différents, 250 fers à repasser dont la pièce la plus ancienne provient de la Chine du Ve siècle, 550 poupées traditionnelles et folkloriques. On se plaît à imaginer quelles histoires chacun de ces objets pourrait nous raconter. Un hommage passionné et sincère à la mémoire artisanale.

Allemans-du-Dropt

Et si vous profitiez de votre passage dans la région pour faire un crochet par cet adorable village bordé par le Dropt ? Prenez le temps d'admirer la vue depuis le pont sur le déversoir et l'ancien moulin. Passez devant la halle en bois du XVIe siècle et celle dite « aux prunes » reconstruite après avoir brûlé en 1855. Surtout, faites un arrêt dans l'église Saint-Eutrope où sont visibles des peintures murales classées, datant du XVe siècle. Ces scènes bibliques ont bénéficié d'importantes restaurations et le résultat est remarquable.

Produits du terroir

Domaine Mouthes-Le Bihan
47120 Saint-Jean-de-Duras
✆ 05 53 83 06 98
Sur rendez-vous. Point de vente, dégustation et visite du chai sur demande.

Vous recherchez des vins bio et en biodynamie ? Dans ce vignoble prime l'esprit de terroir. Les vendanges sont manuelles. Aucun levurage ni enzymage avant l'élevage en cuve. Sont conseillés l'entrée de gamme « La Pie Colette » à boire jeune, la cuvée 2017 « Vieillefont » en rouge, le haut de gamme en rouge « Les Apprentis » et le haut de gamme en blanc « Pérette et les Noisetiers ».

Domaine de Laplace
Lieu-dit Laplace
47120 Saint-Jean-de-Duras
✆ 06 88 75 02 13
Accueil les lundis, mardis, jeudis, vendredis et samedis 9h-12h, 14h-19h.

Un vignoble familial qui produit des vins rouges, rosés, blancs secs et moelleux en AOC Côtes-de-Duras. Le domaine a été fondé en 1924 par Jean Carmelli. Aujourd'hui c'est son petit-fils, Jean-Luc, qui se trouve aux commandes. Sa maxime : « L'innovation ne doit pas faire oublier la tradition ». Sont recommandés la cuvée « Petit Jules » en rouge et « Au Fil du Temps », un autre rouge, traditionnel et très fruité. Les dimanches 17 juillet et 21 août 2022 seront organisés le midi un marché fermier. L'occasion de goûter la viande de Blonde d'Aquitaine du domaine.

BALEYSSAGUES, LA BALADE DES RIQUETS

Cette balade vous propose une immersion totale au cœur des vignobles de Duras. Vous cheminerez dans les vignes, les noisetiers et les vergers de pruniers d'Ente. Un éloge à la nature où la flore se distinguera. Elle s'invitera tout le long de votre trajet afin de ravir tous vos sens. Une belle boucle de 9 kilomètres qui vous présente le petit patrimoine du pays de Duras, vous croiserez des puits, un moulin à eau et des pigeonniers. Si vous êtes d'un naturel curieux et sociable, vous pourrez même aller à la rencontre des propriétaires du domaine des Riquets pour partir à la découverte de la flore typique de ces sols calcaires. Vous accomplirez cette balade accompagnés par la lointaine et splendide vue sur le château des Ducs, le château de Duras. Vous pourrez profiter de ce parcours à pied, à cheval ou en VTT. Le plus simple pour effectuer cette randonnée est de se garer sur la place de la mairie et de partir en direction de l'église.

Du départ au domaine des Riquets

Sur la place de la mairie (latitude : 44.6838807, longitude : 0.15430212), partez en direction de l'église Notre-Dame, le balisage jaune de cette balade vous fait passer devant le cimetière et vous emmène sur une route qui sort du village. Profitez sur votre gauche d'un point de vue, entre deux vergers de pruniers, sur le château de la Grave Béchade du XIXe siècle et son domaine viticole. Le long de la route de campagne, les vergers se succèdent dans les vallons. Vous passez sous une petite retenue d'eau privée et, en quittant le goudron, engagez-vous dans un petit sentier en direction du moulin de Chambon. Devant le moulin, vous franchissez le cours d'eau du Dousset, suivez le chemin montant entre deux grands champs jusqu'à la route, vous la traversez pour passer dans le hameau du Gazon. Continuez le chemin en terre et à son sommet, retrouvez l'atmosphère des vignes et des arbres fruitiers. Suivez la route de droite, vous passerez devant plusieurs fermes et petites maisons pour arriver au village de Sainte Colombe de Duras. Vous passez devant l'église. Construite au XIIe siècle, elle a sans cesse évolué au fil des décennies, actuellement en restauration elle devrait vite retrouver sa splendeur romane d'antan. Elle est inscrite sur la liste des monuments historiques depuis 2009. Continuez sur la route en direction de la mairie et profitez de la panoplie de couleurs que proposent les vallons qui l'entourent. Vous quittez la route principale et commencez une ascension de 50 mètres de dénivelé.

© ADRT 47

Les Cours
C6
La Femme Morte
D237
Pigeonnier
Les Riquets
Peyre
Matelot
Pigeonnier
Puits Gavach
La Ganne
Lieu-Dit la Ganne
Grenouilleau
D312
C7
D411
Mignon
Pigeonnier
SAINTE-COLOMBE DE DURAS
Tropet
Le Petit Majour
Jénicot
Baillarde
Gagliarda
Puits
Monicat
Puits
Camelot
Saint-Jean-le Court
C1
Gazon
Puits
Moulin de Chambon
Jean de Mignon
Départ - Arrivée
BALEYSSAGUES
Route du Village
Puits
Lamothe
C4
Dousset
Château
200 M
D234
D134
Itinéraire (9 km)
Forêt
Sens de circulation
Point de vue
Edifice religieux
Curiosité
PARCOURS GPX

© ADRT 47

Château de Duras.

En suivant la voie sur votre droite, vous naviguez en alternance entre parcelles de vignes et de vergers. Vous dominez la vallée. Prenez quelques secondes pour contempler la vue sur les vallons et les champs en enfilade. Vous amorcez la descente, ne laissez pas le petit puits Gavache isolé au milieu du champ sans attention, si vous l'apercevez au milieu des cultures. Vous retraversez le Dousset vers un ancien moulin et un pigeonnier magnifiquement restauré. Vous arrivez au lieu-dit Les Riquets.

Découverte de la flore locale

Au lieu-dit Les Riquets, suivez le balisage qui passe devant la ferme. Vous pouvez, grâce aux propriétaires du domaine, suivre un petit sentier botanique et découvrir des fleurs type marjolaine, genêt des teinturiers, serpolet et tant d'autres encore. Si vous réalisez cette balade à la fin du printemps, sur ce sentier botanique vous pourrez admirer une dizaine d'orchidées différentes. C'est une belle immersion au cœur des vignobles de Duras qui pourra rajouter un volet rencontre à votre balade afin de magnifier l'expérience. Après ce lieu-dit, vous entamerez une montée en trois temps et trois ambiances. Vous commencez le long d'un champ, vous enchaînez en suivant la bordure d'un grand verger de pruniers d'ente pour finir par un bois. Vous arrivez à Mignon, un nouveau lieu-dit qui porte bien son nom.

Une vue splendide sur le château

Votre balade s'achève bientôt, la fin du parcours vous offre un panorama d'exception sur le Château de Duras. Aussi appelé château des Ducs, cet ouvrage qui surplombe fièrement la vallée du Dropt a été construit au XIIe siècle, après des modifications, il est passé au grade de forteresse au XIVe siècle. Il a évolué au fil des années en une belle demeure de plaisance. Vous profitez d'une vue lointaine sur le village de Duras qui méritera d'être approfondie après votre balade en le rejoignant. Les reconstitutions des chambres du Duc et de la Duchesse ainsi que toutes les autres pièces du château valent vraiment ce petit détour. La vue sur le château vous accompagne tout au long de votre descente qui vous amène à un petit point d'eau en contrebas du village de Baleyssagues. Prenez une inspiration de ce bon air qui circule entre les vergers et imaginez le goût sucré d'une tarte ou d'une confiture maison. Vous remontez le chemin par le sentier d'Émilie et vous arrivez sur la route non loin de l'église au niveau du puits.

LES BONNES ADRESSES SUR LE PARCOURS

S'informer

Office de tourisme du Pays de Duras
14, boulevard Jean-Brisseau
47120 Duras
© 05 53 93 71 18
www.tourismeduras.com
Juillet/août du lundi au samedi 9h-12h30, 14h-18h, le dimanche et les jours fériés 10h-13h. Hors saison : du lundi au vendredi 9h-12h30, 14h-17h30 (les lundis fériés 10h-13h).

À visiter

Le château de Duras
2, Le Château
47120 Duras
© 05 33 14 00 38
Ouvert toute l'année (sauf en janvier) 7j/7. Visite libre (audioguide + 2,50 €) : février/mars/novembre/décembre 14h-18h, avril/mai/juin/septembre/octobre 10h-13h et 14h-18h, juillet/août 10h-19h. Visite guidée l'été à 10h30. Tarif : 10 € (adulte), 7 € (13-18 ans), 5 € (5-12 ans). Tarifs du 9 juillet au 28 août avec spectacles : 14 € (adulte), 9,50 € (13-18 ans), 8 € (5-12 ans). Mapping : 8 € à partir de 15 ans, 3 € (7-14 ans).

Théâtre de nombreuses animations l'été (tournois de chevalerie, spectacles de fauconnerie, de mousquetaires, mapping, escape game), l'édifice classé monument historique est devenu l'un des sites touristiques les plus visités dans la région. Autrefois forteresse moyenâgeuse, il a été transformé à la Renaissance en un élégant château d'agrément. Le parcours scénographique vivant vous conduira à travers une trentaine de salles. Des sous-sols au sommet de la tour avec vue imprenable sur le village et ses environs, vous passerez par les cuisines du Moyen Âge taillées dans la roche, la salle « aux secrets » dotée d'une surprenante particularité acoustique (on entend dans un coin ce qui est murmuré à l'autre bout). Vous pourrez admirer la magnifique charpente en bois ou bien encore les appartements du duc et de la duchesse meublés en partenariat avec le Mobilier national. L'ensemble constitue une véritable merveille.

Le Jardin de Boissonna
Lieu dit Boissonna
47120 Baleyssagues
© 05 53 83 81 43
De début mai à fin septembre, du vendredi au lundi 10h-18h. Adulte : 6 €.

Des myriades de roses colorées (près de 500 variétés), de plantes foisonnantes et d'arbres centenaires : le jardin conçu par Véronique s'apparente à un véritable éden où il fait bon flâner, s'asseoir sur un banc pour écouter le chant des oiseaux, le bourdonnements des insectes, respirer les senteurs autour de vous. En bref, profiter de l'atmosphère paisible et de la poésie des lieux ! Ne repartez pas sans avoir goûté un thé ou une glace maison à la rose. Boissonna a été labellisé en 2009 « Jardin Remarquable ». Le rendez-vous idéal pour tous les amoureux de la nature !

Se loger

Le Vallon de Guerry
Lieu dit Guerry
47120 Sainte-Colombe-de-Duras
© 06 88 99 61 70
Chambres d'hôtes de 100 € à 120 € la nuitée.

Au cœur d'une exploitation agricole bio, une belle adresse dont les 2 chambres familiales et les 2 suites peuvent accueillir jusqu'à 12 personnes. L'espace bien-être est en accès libre avec piscine chauffée de mai à octobre, bain bouillonnant, sauna et massages (en supplément).

Se loger / Se restaurer

L'Hostellerie des Ducs
Boulevard Jean Brisseau
47120 Duras
© 05 53 83 74 58
Restaurant : du mardi au vendredi midi et soir, le samedi soir et le dimanche soir. De juillet à septembre : également le dimanche midi et le lundi soir.

Jean-François Blanchet officie en cuisine avec son fils Vincent. Tous deux apportent une dimension gastronomique à la cuisine locale. Des produits frais. Du savoir-faire. De l'inventivité. Tous les ingrédients sont réunis pour faire de votre repas une réussite.

L'Hostellerie des Ducs, c'est aussi un hôtel de standing installé dans un ancien couvent, comprenant de belles chambres et suites, une piscine, un spa.

Boire un verre

Chai et Rasade
8, place du Marché
47120 Duras
© 05 53 93 20 20
Basse saison : 8h-12h30, 15h-19h, fermé le mercredi et le dimanche après-midi. L'été : 8h-19h (fermé le mercredi).

© OTPD

L'Hostellerie des Ducs à Duras.

Une halte agréable pour profiter d'un verre de vin du pays, d'une bière brassée localement, un café ou un jus de fruit, accompagné d'une bonne planche de charcuterie ou de fromages. Le petit plus l'été : des glaces et sorbets artisanaux.

Produits gourmands

Comptoir de Marguerite
13, rue Paul Persil
47120 Duras
✆ 05 53 84 43 87
Du lundi au samedi 9h-12h30, 15h-19h (sauf mercredi après-midi), dimanche matin en été.
Confitures, pâtés, foie gras, biscuits, guimauves… Que choisir ? Laurent saura vous conseiller avec un grand sourire. Dégustation de thés sur place.

La P'tite Confiote
2433, route de Dieulivol
47120 Baleyssagues
✆ 06 78 20 36 85.
Ouvert du mardi au samedi de 10h à 18h30.
Maître confiturier de France, Vincent Beylard a été sacré champion du monde 2020 aux Confituriades de Beaupuy. Plus de 80 parfums vous attendent dans la boutique attenante à son atelier. Des classiques revisités comme la fraise et l'abricot mais aussi des saveurs plus surprenantes : framboise géranium, poivron rouge, courgette fleur d'hibiscus, gelée de thé ou de sauvignon aux paillettes d'or… Des sirops, des miels aux huiles essentielles et divers produits régionaux sont en outre à la vente.

Maison Guinguet
Les Cavales
47120 Duras
✆ 05 53 83 72 47
Ouvert du lundi au samedi de 9h à 12h30 et de 14h à 18h30.
Chocolats et pruneaux sont les deux spécialités de la Maison Guinguet, dont le nom est réputé dans tout le département. La boutique est un appel à la tentation avec ses spécialités chocolatées en forme de langue de chat ou de saucisson, ses fameuses Muscatines aux noisettes, amandes et crêpe dentelle, ses pruneaux fourrés… Toutes sortes de jolis assortiments sont disponibles. Du plaisir à l'état pur.

Produits du terroir

Les Vignerons de Berticot Graman
1360, route de Sainte-Foy-la-Grande
47120 Duras
✆ 05 53 83 75 47
Du lundi au samedi de 9h à 12h30 et de 14h à 17h30. En juillet et août de 9h à 18h.
Retrouvez en boutique les meilleurs crus des Côtes de Duras ainsi que des vins de Bordeaux en rouge, blanc et rosé. Dégustation possible sur place.

Agenda

L'été, profitez les jeudis soir de l'ambiance joyeuse dans les rues de Duras lors des marchés d'été gourmands nocturnes.

Pour les amateurs de musique électro, le Durassic Festival se tient en juillet sur le site du château.

PARDAILLAN, LA BOUCLE MARGUERITE DURAS

Non loin de Duras, cette balade vous propose de suivre la trace de la famille Donnadieu. Ce nom ne vous dit peut-être rien et pourtant, il y a dans ce village l'empreinte d'une célèbre femme de lettres. Cette femme dont l'encre coule dans le village de Pardaillan n'est nulle autre que Marguerite Duras. Au cœur du pays de Duras, cet itinéraire vous permet de découvrir comment bois, vignes et vergers se partagent ces grands espaces. De ce fait, les paysages seront changeants, les couleurs, les odeurs ne cesseront d'évoluer. Puits, cabane de vigne, séchoirs à tabac et autre petit patrimoine sont également à l'honneur ici. Cette balade de presque quatre heures d'une difficulté moyenne peut également être réalisée à cheval (un grand nombre d'équidés se trouvent dans les prés le long du chemin) ou à VTT. Le point de départ de cet itinéraire se trouve en contrebas de l'église, sur le parking du boulodrome (latitude : 44.6626476, longitude : 0.27929306).

Sur les pas de Marguerite Duras

Au départ il n'est pas encore question de Marguerite Duras mais de son père, Henri Donnadieu, qui avait acheté une belle demeure au lieu dit Le Plattier dans le village de Pardaillan. Malheureusement, il meurt d'une maladie qu'il avait contractée en Asie. Après sa mort, toute la famille, dont Marguerite (née en 1914), part d'Indochine pour s'installer dans cette maison. Marguerite a huit ans quand elle découvre le Lot-et-Garonne avec ses frères. Sa vie est à l'opposé de ce qu'elle connaissait à Saïgon. Elle joue beaucoup dans les champs, elle garde les vaches et se fait des amis. Elle repart quelques années plus tard avec sa mère en Indochine et ne reviendra qu'en 1965. Son pseudonyme de Marguerite Duras apparut lors de la sortie de son premier roman *Les Impudents* en 1943, car son nom devenait difficile à porter – Don à Dieu – et aussi en mémoire et souvenir de son passage ici dans le Lot-et-Garonne. Aujourd'hui la demeure du père n'est plus qu'une ruine perdue en pleine nature. Une plaque commémorative à l'effigie de Marguerite avec un extrait de son premier roman est visible au pied de l'église Notre-Dame, vous en profiterez en fin de parcours.

Du départ au séchoir à tabac

En partant du petit parking du boulodrome en contrebas de l'école, vous suivez pour cette balade le balisage bleu. Directement plongés dans le thème de cette randonnée, vous commencez par longer des vignes. Vous passez devant un pré sur votre droite et un grand verger sur votre gauche. Vous marchez alors sur une route de campagne avant de vous engager dans un champ en bordure d'un bois. Continuez le chemin entre les deux talus. Une ambiance totalement forestière sur un chemin très agréable à fouler vous enveloppe. Vous sortez maintenant du premier bois pour passer devant de belles bâtisses. Vous êtes sur le sentier bordé du Bois des Landes d'un côté et d'une grande plaine de l'autre. Le sentier se rétrécit et vous voilà sur un chemin très étroit qui serpente entre les grands arbres de la forêt. À travers tous ces arbres, il serait facile de se perdre mais grâce au balisage de qualité, vous naviguez dans le bois sans aucune erreur possible. Vous enjambez le petit ruisseau, le Moustier, et en sortie de bois vous arrivez face à une très grande prairie légèrement vallonnée qui offre des couleurs ravissantes selon les saisons. Vous pourrez éventuellement apercevoir si vous êtes attentifs et discrets, des chevreuils qui courent d'un champ à l'autre. Vous retrouvez une petite route de campagne au niveau du lieu dit Sissac. Vous longez maintenant de nombreux prés de chevaux où leur quiétude est flagrante. Accompagnés de quelques hennissements, vous profitez de lointaines vues dégagées sur les prairies et les champs alentour. Vous traversez à nouveau un ruisseau pour remonter un chemin forestier duquel on aperçoit un bosquet au sommet du vallon. Vous arrivez au lieu dit Charly où vous découvrez un puits couvert, sur le faîte de son toit une girouette vous permettra de voir la direction du vent. Dans ce lieu-dit, il y a également d'autres vestiges de ce petit patrimoine typique du Lot-et-Garonne, comme les deux séchoirs à tabac visibles le long de la route.

Palombières, vignes et retour au village

Vous quittez les séchoirs à tabac et suivez la route de campagne avec des vergers sur votre gauche. Passez le réservoir d'eau potable de la Sauvetat-sur-Dropt et continuez sur la route de campagne en suivant le balisage. Prenez le petit chemin dans les vignes.

PARDAILLAN
Départ - Arrivée
Geanty
Calvaire
Route de Pardaillan
Route Saint
D281
D422
C1
Pigeonnier
Le Malromé
Laubié
Terrier Blanc
La Place
Lieu-Dit la Place
D309
La Nique
V3
Fougeyrat
PARCOURS GPX
Forêt du Marsalou
Le Marsalou
Lauzanette
Carème
Le Bois des Marrons
Sansouille
Coulouma
Sissac
Le Sorbier de Michau
V2
Cabane
Peyronnette
Puits
Séchoir à tabac
Serres
Bellonne
Guillegorce
Meynot
D13
Saint-Germain
La Borde
LA SAUVETAT-DU-DROPT
D25
250 M
Itinéraire (14,5 km)
Forêt
Sens de circulation
Point de vue
Edifice religieux
Curiosité

LES BONNES ADRESSES SUR LE PARCOURS

S'informer

Office de Tourisme du Pays de Duras

14, boulevard Jean-Brisseau
47120 Duras ✆ 05 53 93 71 18
www.tourismeduras.com

Juillet/août du lundi au samedi 9h-12h30, 14h-18h, le dimanche et les jours fériés 10h-13h. Hors saison : du lundi au vendredi 9h-12h30, 14h-17h30 (les lundis fériés 10h-13h).

À visiter

Centre Marguerite Duras

1, place du Couvent
47120 Duras ✆ 06 72 76 27 69
www.margueriteduras.org

Sur rendez-vous à tout moment 7j/7. En période estivale 14h30-19h. Tarifs : 5 €, 4 € étudiant et personne sans emploi, gratuit pour les moins de 15 ans.

Vous souhaitez en apprendre davantage sur la vie et l'œuvre de la célèbre écrivaine ? Le centre, qui a fêté ses 25 ans, accueille l'exposition « Marguerite Duras, toute une vie j'ai écrit » constituée de nombreux documents fournis par Jean Mascolo, le fils de Marguerite : photos, textes, film documentaire… Sublime, forcément sublime !

La maison de Marguerite Duras

Le Platier
47120 Pardaillan ✆ 06 72 76 27 69
En accès libre toute l'année.

Votre pèlerinage sur les traces de Marguerite Duras ne saurait être complet sans une visite du Domaine du Platier, où elle vécut avec sa mère et ses deux frères de 1922 à 1924 puis en 1931. Son premier roman publié en 1943, *Les Impudents*, doit beaucoup à cette période de sa vie, à commencer par son nom de plume, elle qui naquit Marguerite Donnadieu !

Le château de Duras

Voir les infos et le descriptif de la visite dans les pages du circuit de Baleyssagues.

Produits du terroir

SAS Fruit Gourmet

Le Pregay
47800 Allemans-du-Dropt
✆ 05 53 20 22 20

Lundi, mardi, vendredi 9h-12h, 14h-17h. Mercredi, jeudi 9h-12h. Fermé les 3 premières semaines d'août.

Il existe un point de vente directement sur le site de production de cette entreprise spécialisée dans les fruits séchés (pruneaux, abricots, figues, bananes, pommes craquantes, etc.). Notez qu'il n'y a pas de dégustation sur place.

Vins

Maison des Vins de Duras

130, route du Stade
Fonratière
47120 Duras ✆ 05 53 94 13 48

Basse saison : du mercredi au samedi 10h-13h, 14h30-18h30. Juillet/août : du lundi au samedi 10h-13h, 14h30-18h30.

Au pied du village, une halte s'impose ici pour les amateurs de vins. Avec d'abord la possibilité de découvrir et déguster gratuitement des crus de l'appellation AOC Côtes de Duras, guidé par une équipe de passionnés. Ensuite, suivez à l'extérieur le « Parcours du jardin des vignes de Duras » où des panneaux explicatifs vous apprendront comment se cultivent les vignes. Les tables ombragées sous les tonnelles constituent l'endroit rêvé pour un pique-nique.

Domaine du Vieux Bourg

Vieux Bourg
47120 Pardaillan ✆ 05 53 83 02 18
www.vignoblesvincentbireaud.fr

Du lundi au vendredi 9h-13h, 14h-17h, samedi sur rendez-vous.

Acheté en 1952 par le grand-père de Vincent Bireaud, le domaine comprenait à l'époque 3 hectares de vignes et 2 de pruniers. Le père de Vincent, Bernard, l'a considérablement développé au point qu'il compte aujourd'hui 50 hectares de vignes et 30 de pruniers. Dégustation gratuite de vins des Côtes de Duras, accompagnée d'une visite du chai et de l'atelier de fabrication de pruneaux. Parmi les cuvées du domaine, Vincent vous conseille le blanc sec sauvignon aux notes de pamplemousse, le rouge tradition léger et fruité et la cuvée Sainte-Anne, un vin de caractère avec une note vanillée.

Domaine de Laulan

535 Petit Sainte-Foy
47120 Duras ✆ 05 53 83 73 69
www.domainelaulan.com

Du lundi au vendredi 8h-12h, 13h30-18h30.

En 1974, la famille Geoffroy a fait l'acquisition de ce domaine de 34 hectares où sont élaborés des blancs secs et moelleux, des rosés et des vins rouges en appellation Côtes de Duras. Des dégustations gratuites sont proposées dans le chai à découvrir. Régis, le fils, vous recommande le rouge Duc de Laulan aux touches fruitées et épicées, ainsi que le blanc sec Sauvignon Domaine de Laulan.

Bientôt ces fruits serviront à fabriquer le nectar emblématique de la région ! Vous passez devant la petite cabane de vigne, n'hésitez pas à mettre la tête à l'intérieur pour sentir cette atmosphère austère et pesante qui y règne. Vous passerez avec attention et prudence sur une petite portion de départementale (environ 100 mètres) avant de rentrer dans un chemin enherbé qui descend. Vous passez devant un point d'eau qui reflète les vergers et les grands arbres qui lui succèdent. La topographie des sols varie constamment, à aucun moment la lassitude n'aura l'occasion de s'installer. Il s'ensuit une longue partie agréable sous les arbres. Vous retraversez avec vigilance la route départementale pour suivre un petit chemin bordé d'arbres et de prairies. Vous êtes couverts en alternance par des chênes et des châtaigniers qui laissent leurs fruits au sol suivant les saisons. Vous déambulez dans la forêt du Marsalou. Cachées dans les bois, de grandes palombières se fondent complètement dans le décor. Ce sont ces cabanes de chasseurs de palombes souvent installées dans des bois à dominance de divers feuillus ou de chênes, très communes dans les régions du grand Sud-Ouest. Le principe est de monter dans cette cabane atteignant la cime des arbres et d'utiliser des appeaux pour attirer les palombes de passage et les tirer au fusil. Souvent très bien camouflées, leurs architectures sont très intéressantes. Vous sortez du bois pour retrouver les paysages des plaines et des prairies qui vous ont accompagnés tout le long de votre marche. Vous entamez vos deux derniers kilomètres avant d'arriver dans le centre du village de Pardillan à travers un grand vignoble et un verger. Pour clôturer cette balade, arrêtez-vous à l'église Notre-Dame construite au XVIe siècle, chapelle d'un ancien couvent bénédictin au style gothique. À son pied ne manquez pas la plaque commémorative à l'honneur de l'auteure du Pays de Duras, la célèbre Marguerite.

Au-delà de cette balade

Au terme de cette balade, il vous est conseillé d'aller dans deux villages aux alentours, La Sauvetat-du-Dropt et Allemans. Vous découvrirez là-bas des merveilles du patrimoine du Lot-et-Garonne, tous deux situés à moins de 7 kilomètres. Le déplacement vaut vraiment le détour. Dans le charmant village de la Sauvetat-sur-Dropt, c'est le Pont Roman qui est à l'honneur. Classé monument historique depuis 1992, ce pont aux 23 arches a été construit en deux phases. Il est édifié au XIIe siècle avec 11 arches de style roman. Cent ans plus tard, le Dropt ayant subi de fréquentes crues, son lit se retrouve fortement modifié, ce qui oblige la construction de 12 arches complémentaires de style gothique cette fois. Pour bien l'admirer, traversez-le et descendez sur la partie enherbée au bord du Dropt. Au village d'Allemans, poussez les portes de l'église romane Saint-Eutrope du Xe siècle. À l'intérieur vous découvrirez des fresques classées de la fin du XVe siècle, elles représentent la Passion du Christ, le Jugement dernier ainsi que l'Enfer.

Fresques de l'église d'Allemans-du-Dropt.

LA VÉLOROUTE DE LA VALLÉE DU DROPT

Cet itinéraire cycliste emprunte des routes peu fréquentées sur des dénivelés très légers et traverse le nord du département d'ouest en est. Il s'étend sur 88 kilomètres balisés partant au sud de Duras pour atteindre Monsempron-Libos où peut se faire la connexion avec la véloroute de la vallée du Lot et où se trouve aussi une gare SNCF. Vous traverserez le pays des bastides, vous passerez aussi un peu en Dordogne et vous vous approcherez de sites historiques remarquables. Ce trajet est accessible à tout cycliste pratiquant régulièrement mais c'est à vous de choisir la longueur de vos étapes, en fonction de votre niveau et de vos envies. Il y a tant de choses à découvrir sur le tracé qu'il est bon de prendre son temps pour en profiter. Vous longerez des cultures variées aux multiples couleurs où alternent parcelles fleuries et vergers de fruitiers.

Entre Lot-et-Garonne et Dordogne

Il est fortement conseillé de visiter Duras avant de partir, son château du XIIe siècle, sa tour de l'horloge, etc. Une dégustation du vin des Côtes de Duras est aussi préconisée aux amateurs. Vous pourrez ensuite descendre 4 kilomètres plus au sud pour rejoindre la vélo-route de la vallée du Dropt. Vous arrivez rapidement à Allemans-du-Dropt, où vous devez absolument poser pied à terre pour découvrir les richesses médiévales conservées ici. En entrant dans le village, vous croiserez le lavoir qui servit jusqu'en 1993. Puis, vous serez face à la vieille halle en bois dont la version actuelle date de 1732. Derrière elle, l'église Saint-Eutrope. Elle date probablement du Xe siècle mais a subi plusieurs réfections au cours de sa longue histoire. Au XVe siècle, des fresques d'épisodes marquants de la Bible furent peintes sur les murs. Certaines d'entre elles sont extrêmement bien conservées et sont toujours visibles aujourd'hui en échange d'une pièce glissée dans le tronc pour que la lumière soit. En sortant, la rue de l'église vous emmène à la halle aux prunes construite en pierre, d'abord au XIVe siècle mais qui dut être reconstruite au XIXe après un incendie. La route continue vers la Dordogne où elle passe à Eymet puis à Serres-et-Montguyard où vous trouverez de quoi pique-niquer en direction de la fontaine bâtie. En passant devant l'église du village, vous pouvez apprendre le fonctionnement des moulins locaux grâce à un panneau pédagogique. Vous longez ensuite une mosaïque de cultures agricoles et de peupleraies dont beaucoup sont jeunes. Ces futaies récentes sont l'expression d'une culture florissante. Comme elle nécessite d'importants apports en eau, on la trouve particulièrement le long des cours d'eau, ici, comme dans la vallée de la Garonne.

Le temps des bastides

Après avoir traversé le Dropt, deux fois de suite, vous voyez apparaître Cahuzac et sa blanche église au clocher arcade. Seulement deux vergers de pruniers et un lac vous séparent alors de Castillonnès, bastide proclamée en l'an 1259. Vous ne manquerez pas de visiter cette citée séculaire conservant sa place ceinte de cornières ainsi que sa halle du XVIIe surmontée d'une échauguette en poivrière. Mais aussi son église et son Musée d'Histoire et de Patrimoine. Après quelques kilomètres, vous franchissez de nouveau le Dropt et en arrivant à Villeréal, vous le traversez une dernière fois, car ici, vos chemins se séparent, lui part au nord, vers la Dordogne. Vous êtes toujours à l'intérieur d'une authentique bastide qui est construite autour de sa halle médiévale, ses cornières, ses maisons à colombages comblés de torchis ou de briques...

Villeréal est classée parmi les plus beaux villages de France, la construction de cette ville royale débute en 1269. Des douves la protègent des envahisseurs et des pilleurs. L'église elle-même fut pensée pour la défense, ses équipements et sa robustesse permettait d'accueillir et de protéger la population en son sein. Un fort fut aussi érigé mais malgré ces systèmes de défense, la ville subit de nombreuses attaques, d'abord pendant la guerre de Cent Ans, puis pendant les guerres de religion. Bien d'autres éléments de l'histoire se cachent à Villeréal, comme la porte de la léproserie par exemple, n'hésitez pas à arpenter ses rues pour les trouver. En revenant sur la route, vous profitez toujours d'une vue ouverte sur les champs. Avant Dévillac, vous passez le château d'eau puis sur votre gauche apparaît le magnifique château de Biron, composé de quatorze édifices différents, sa construction s'est étalée sur près d'un millénaire. Vous descendez alors le long d'un verger de pruniers et traversez successivement des prairies et des bois avant d'arriver au Moulinal, où un bâtiment médiéval est aujourd'hui converti en village de vacances coloré.

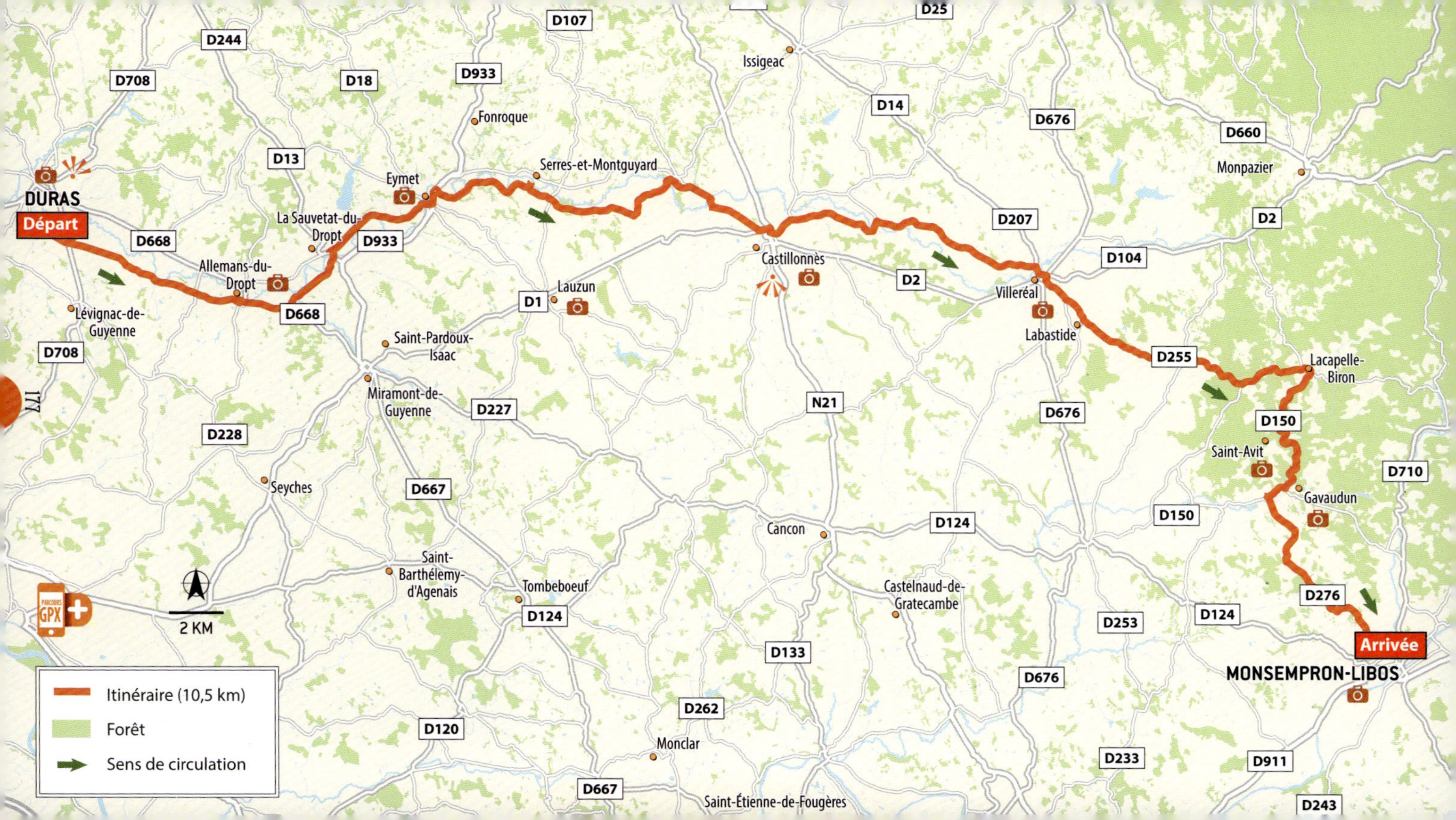
DURAS
Départ
Arrivée
MONSEMPRON-LIBOS
Lévignac-de-Guyenne
Allemans-du-Dropt
La Sauvetat-du-Dropt
Eymet
Serres-et-Montguyard
Fonroque
Issigeac
Castillonnès
Lauzun
Saint-Pardoux-Isaac
Miramont-de-Guyenne
Seyches
Saint-Barthélemy-d'Agenais
Tombeboeuf
Cancon
Castelnaud-de-Gratecambe
Monclar
Saint-Étienne-de-Fougères
Villeréal
Labastide
Monpazier
Lacapelle-Biron
Saint-Avit
Gavaudun
D708
D244
D18
D107
D933
D25
D14
D676
D660
D13
D668
D207
D2
D104
D1
D255
D227
N21
D150
D228
D667
D710
D124
D276
D253
D133
D262
D120
D233
D911
D243
2 KM
GPX
Itinéraire (10,5 km)
Forêt
Sens de circulation

LES BONNES ADRESSES SUR LE PARCOURS

Location de vélos

Stations Bee's
Boulevard Alphonse de Poitiers
47210 Villeréal
✆ 06 26 61 80 85
Ouvert du mardi au vendredi 9h-18h30, le samedi matin. Les autres jours sur réservation. VTC demi-journée 25 €, journée 36 €. VTT demi-journée 36 €, journée 46 €. VTT sport demi-journée 46 €, journée 60 €.
VTT, VTC, tricycle adulte, monopousseur (modèle adapté pour pousser un fauteuil roulant) : ici, tout est électrique ! Sont aussi disponibles des accessoires (remorque, siège enfant, etc).

S'informer

Office de Tourisme du Pays de Duras
14, boulevard Jean-Brisseau
47120 Duras
✆ 05 53 93 71 18
www.tourismeduras.com
Juillet/août du lundi au samedi 9h-12h30, 14h-18h, le dimanche et les jours fériés 10h-13h. Hors saison : du lundi au vendredi 9h-12h30, 14h-17h30 (les lundis fériés 10h-13h).

Office de Tourisme Cœur de Bastides - Bureau d'information de Villeréal
Place de la Halle
✆ 05 53 36 40 19
www.coeurdebastides.com
Ouvert en juillet et août du lundi au samedi 9h30-13h, 14h-18h. D'avril à juin, en septembre et octobre du mercredi au samedi 9h30-12h, 14h-17h. De novembre à mars : voir sur le site.

Office de Tourisme Cœur de Bastides - Bureau d'Information de Monflanquin
Place des Arcades
47150 Monflanquin
✆ 05 53 36 40 19
www.coeurdebastides.com
Juillet et août 7j/7 : 9h30-13h, 14h-18h. D'avril à juin, en septembre et octobre : du mercredi au samedi 9h30-12h30, 14h-17h. De novembre à mars : voir sur le site.

Office de Tourisme du Pays de Lauzun - Bureau d'information d'Allemans-du-Dropt
13, place de la Liberté
47800 Allemans-du-Dropt
✆ 05 53 20 25 59
Ouvert du 5 juillet au 3 septembre 2022, du mardi au samedi 10h-12h, 14h30-17h30.

À visiter

Rody Chocolaterie - Le Musée du Chocolat
Lieu-dit Grand Bois
Route de Villeneuve-sur-Lot
✆ 05 53 36 50 95
Basse saison : mardi au samedi 10h-18h. Haute saison : lundi au samedi 10h-19h.

© ADRT 47

Moulin de Cocussotte.

La boutique de l'artisan chocolatier Teddy Beauvié (connu pour ses réalisations en forme d'outils ou de personnages et vaisseaux des films *Star Wars*) se double d'un musée ludique. De la culture des cacaoyers dans les forêts tropicales à la fabrication des chocolats, tout le processus est retracé. Une visite gourmande !

Se loger

Le Moulin de Cocussotte

47120 Saint-Pierre-sur-Dropt

✆ 06 74 16 46 82

1 chambre d'hôte du 1er mai au 30 septembre, 85 € la nuit pour 2 (lit supplémentaire 15 €), petit déjeuner inclus. 2 gîtes à l'année de 250 € à 385 € la semaine.

Le Moulin de Cocussotte met à votre disposition une suite de 90 m² avec chambre, salle de bains privée (douche et baignoire), toilettes séparées et séjour/salon. Située au premier étage de cet édifice du XIIIe siècle, elle dispose d'une loggia qui offre une superbe vue sur la rivière et le superbe parc, lieu d'exposition de sculptures en été. L'un des propriétaires, Jacques, est Raconteur de Pays. Il vous en apprendra plus sur l'histoire de ce lieu magique et de la navigation sur le Dropt.

La Maison Bleue

6, rue Saint-James

47210 Villeréal

✆ 05 53 70 34 20

Ouvert toute l'année. 5 chambres de 90 € à 140 € la nuit. Petit déjeuner inclus. 1 gîte (200 m²) de 3 chambres pour 6 à 8 personnes, 250 € la nuit (minimum de réservation 2 nuits).

Une adresse pleine de charme occupant un ancien cloître, dotée d'un jardin et d'une loggia splendides. Original : la propriétaire, Frédérique, parfaitement adorable, a ouvert sur place un magasin de brocante qui fait en même temps office de salon de thé. Elle loue aussi 2 VTC (1 modèle homme et 1 modèle femme) au tarif de 5 € par jour et par vélo.

Hôtel Restaurant Monform

Route de Cancon

47150 Monflanquin

✆ 05 53 49 85 85

Ouvert toute l'année. 30 chambres réparties dans 5 bungalows. De 49 € à 79 € la nuit. Formule du midi 16,50 €.

L'étape parfaite combinant le gîte et le couvert. Posé à l'entrée de Monflanquin au bord d'un lac, ce complexe jouit d'un cadre agréable. Les confortables chambres disséminées dans le parc forment des petits pavillons de plain-pied tout équipés avec terrasse et salon de jardin. Côté restaurant, vous dégusterez une cuisine où le local et la saisonnalité sont privilégiés. Un local est disponible pour parquer vos vélos la nuit.

Camping Les Catalpas

1335 chemin de Gaillardel

47500 Fumel

✆ 05 53 71 11 99

Ouvert de mi-avril à mi-octobre.

Voilà un camping 3 étoiles au calme bienfaiteur qui ne manque pas d'atouts, avec d'abord une grande piscine en bord du Lot. Les vastes emplacements ou le parc locatif (chalets, mobil-homes...) constituent d'excellentes options pour une nuit reposante. Labellisé Accueil Vélo.

Le 72 Watts

72, avenue de l'Usine

47500 Fumel

✆ 07 87 08 96 92

Tarifs à la nuit : 67 € (1 personne), 69 € (2 personnes), suite 73 €. Petit déjeuner inclus.

Une halte hôtelière de qualité sur la D710, face à l'ancienne usine de Fumel dont elle s'est inspirée pour sa déco industrielle tendance. Un local vélos est à votre disposition.

Se restaurer

Le Palissy

29, rue du Monument

47150 Lacapelle-Biron

✆ 05 53 75 04 08

Basse saison : ouvert du mercredi au dimanche le midi et le soir. Haute saison : du mardi au dimanche le midi et le soir. Entrée/plat, plat/dessert 17 €, menu du chef 19 €.

Ici, on vous sert une cuisine familiale variant en fonction de la saison. Font partie des incontournables la terrine du chef en entrée, en plats l'entrecôte fumée, les travers de porc sauce fruits rouges et le burger aux ingrédients frais (option végétarienne disponible), le tout servi avec des frites maison. Aux beaux jours, optez pour la terrasse.

Maggie's

1, place de la Libération

47210 Villeréal

✆ 05 53 01 21 27

Ouvert le mardi, le mercredi et le vendredi 10h-17h, le samedi 9h-14h. Menu du jour 13,50 €. A la carte de 4,95 € à 10,50 €. Pâtisseries de 1 € à 3,95 €. Boissons de 2,20 € à 4,50 €.

Avec son salon cosy et sa terrasse face à la très belle église de Villeréal, ce mignon coffee shop propose une petite restauration végétarienne avec option végane. Vous apprécierez surtout d'y prendre une boisson chaude ou froide accompagnée d'une savoureuse pâtisserie maison (certains gâteaux sont faits sans gluten).

Boire un verre

Café Lou Drot

1, place de la Liberté
47800 Allemans-du-Dropt
✆ 09 52 06 05 29

Ouvert du mardi au jeudi 9h-13h, 14h-19h30, le vendredi 9h-13h, 14h-23h, le samedi 9h-23h, le dimanche 9h-13h.

Un bar de village comme on les aime. La personnalité enjouée de Christophe entre bien sûr en ligne de compte. Faites donc une halte conviviale le temps d'un verre !

Produits gourmands

Comptoir Quatre

Grand Bois
47330 Castillonnès
✆ 05 47 01 10 29

Toute l'année du mardi au samedi 10h-12h30, 14h30-19h.

Viviane travaille avec plus de 60 producteurs locaux (installés en majorité dans un rayon de 30 km) afin de proposer une offre diversifiée et qualitative aux clients de son épicerie fine. Les produits sont sélectionnés avec soin. Salés ou sucrés, familiers ou inattendus, ils ont tous le goût de l'authentique : fromages au lait cru, yaourts bio, miels, pruneaux, réalisations gourmandes autour de la noisette, confitures, biscuits, foie gras, huiles, vinaigres, farines, cafés, thés, tapenades, glaces et bières artisanales... Le goût du Lot-et-Garonne, en somme !

© SIXQUATREDEUX

Monflanquin.

© ADRT 47

Les moulins de la Lède

Vous traversez Lacapelle-Biron et plongez vers le sud, le long de la Lède jusqu'à Gavaudun. Le long de cette vallée, site naturel classé, vous croisez d'abord Saint-Avit, village médiéval dans un superbe état de conservation. Ici, n'hésitez pas à mettre pied à terre pour une virée dans le temps. Ce tronçon est le plus ombragé et la proximité avec la rivière amène une fraîcheur supplémentaire. Alors que la Lède se sépare en deux bras sur quelques dizaines de mètres, vous croisez le moulin de Saint-Avit. Il en existe quarante autres sur cette rivière, vestiges des quarante-trois qui fonctionnaient encore au début du XXe siècle. Il s'agit bien sûr de moulins à eau dont la principale fonction était de moudre la farine, mais certains en avaient une autre, comme le suivant, dit le moulin de la Papeterie ou celui d'après, nommé Cabirol, qui extrayait de l'huile de noix en plus de moudre le blé. Au XVIIe siècle, ce sont deux frères qui exploitaient le bâtiment, l'un était maître meunier, Barthélemy Avezou et son frère Jean, producteur d'huile de noix. Le moulin comprend toujours deux meules à farine et une meule à huile qui étaient actionnées par une roue horizontale. Un peu plus loin, vous arrivez au bourg de Gavaudun. Vous êtes invités à profiter d'une halte sur une aire de pique-nique mais laissez-vous d'abord happer par les vestiges du château faisant corps avec l'énorme socle calcaire. Datant des XIe et XIIe siècles, son donjon de six niveaux domine encore la vallée de la Lède, intimidant les arrivants. Vous pouvez visiter cette forteresse mais trouverez-vous son entrée ? Un tour dans le village vous permettra de découvrir l'imposante herse, la petite halle et le moulin. Lorsque vous quittez Gavaudun, la route se fait moins boisée et les champs réapparaissent. À Salles, vous croisez une église avec son clocher arcade typique de la région et un cimetière disposant d'un point d'eau. Vous laissez la Lède se diriger à l'ouest, vers Monflanquin, alors que vous finissez ce trajet en descendant au sud. Sur ce dernier tronçon, les points de vue se multiplient entre les champs et les vergers. En passant à Condezaygues, un superbe panorama sur Fumel et la vallée du Lot s'ouvre devant vous à plus de 180 degrés. Vous descendez enfin vers Monsempron-Libos par une succession de lacets avec vue sur un clocher, une tourelle et toute la ville.

LE CANAL DES 2 MERS À VÉLO

La V80 relie la Méditerranée à l'Atlantique en 750 kilomètres. Elle emprunte le canal du Midi, le canal de la Garonne et l'estuaire de la Gironde. Cet itinéraire premièrement fluvial et destiné au commerce est aujourd'hui touristique. Toujours praticable en bateau, la voie cyclable a été construite ensuite. La portion lot-et-garonnaise du canal des Deux-Mers à vélo suit le canal latéral de la Garonne sur 87 kilomètres et rencontre 16 écluses. Revêtue de bitume et ombragée, la majorité du tracé est aménagée en piste cyclable et certains tronçons empruntent des routes peu fréquentées. L'avantage majeur du canal est de proposer un itinéraire cyclable abordable à tous puisqu'il reste plat sur tout le département, un vrai plaisir pour toute la famille. Le plus pratique, la voie de chemin de fer, sur l'autre rive de la Garonne, facilement accessible pour le retour.

D'Agen à Feugarolles

Le canal des Deux-Mers entre en Lot-et-Garonne par le sud-est, sur la commune de Saint-Romain-le-Noble; à cet endroit, la Garonne serpente au sud du canal. Pour rejoindre la voie verte par le train, vous pouvez descendre en gare de Lamagistère ou bien d'Agen. C'est à la sortie nord de la ville que le canal passe au sud de la Garonne. Pour ce faire, un pont canal de près de 500 mètres et de 23 arches lui permet d'enjamber le fleuve. Ce superbe ouvrage mérite d'être vu depuis le sol et si vous descendez dans la prairie, vous pourrez improviser une séance photos très agréable. À côté, le Café Vélo propose des services parfaitement adaptés aux besoins des cyclistes : restauration, hébergement, location, réparation, etc. Une fois remontés sur le pont, n'enfourchez pas votre vélo. Il faudra traverser à pied en raison de l'étroitesse des trottoirs. Vous profiterez en revanche d'un fabuleux panorama à 360 degrés. En vous éloignant de la ville, vous traversez les cultures, pommiers et peupliers s'alignent sur votre droite. De Sérignac-sur-Garonne à Montesquieu, vous empruntez une petite route parallèle au canal. Quand vous le retrouvez, le paysage est plus ouvert, les haies ne vous entourent plus. Vous entrez dans la plaine agricole ou s'étendent les champs et les prairies à foin ainsi que les marais qui attirent de nombreux oiseaux. Au niveau de Feugarolles, une aire de pique-nique est aménagée de l'autre côté du pont. Peu après, vous passez sur un autre pont-canal qui vous permet de franchir la Baïse. Ce pont est bien plus modeste que celui d'Agen, long de 61 mètres répartis en trois arches, il n'en demeure pas moins tout aussi poétique.

Écluse sur le Canal des Deux mers.

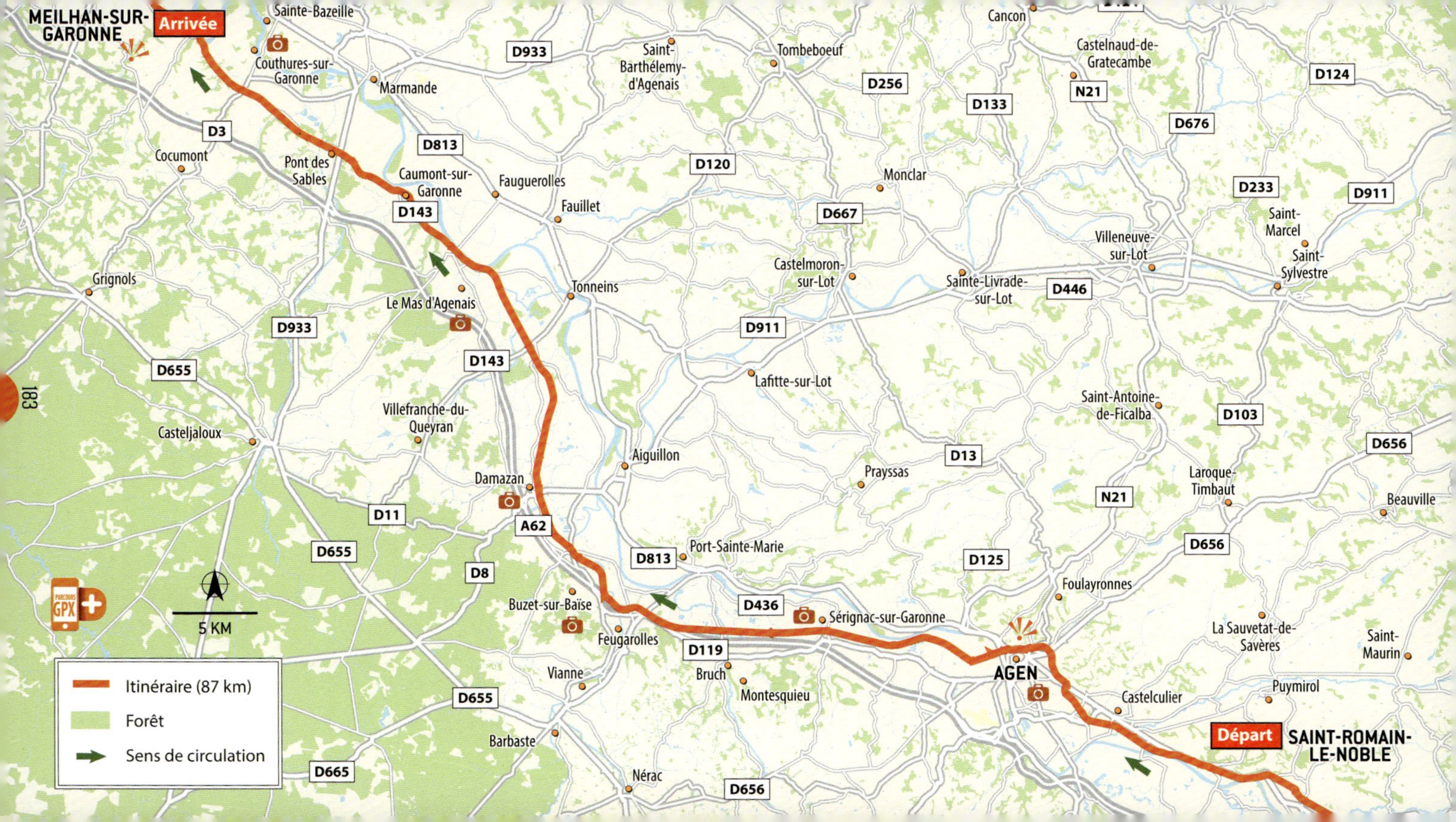
MEILHAN-SUR-GARONNE
Arrivée
Sainte-Bazeille
Couthures-sur-Garonne
Marmande
D933
Saint-Barthélemy-d'Agenais
Tombeboeuf
Cancon
Castelnaud-de-Gratecambe
D124
D256
D133
N21
D676
D3
Cocumont
Pont des Sables
D813
Caumont-sur-Garonne
Fauguerolles
Fauillet
D120
Monclar
D233
D911
Saint-Marcel
Saint-Sylvestre
D143
D667
Villeneuve-sur-Lot
Grignols
Le Mas d'Agenais
Tonneins
Castelmoron-sur-Lot
Sainte-Livrade-sur-Lot
D446
D933
D911
D143
D655
Lafitte-sur-Lot
Villefranche-du-Queyran
Saint-Antoine-de-Ficalba
D103
D656
Casteljaloux
Aiguillon
D13
Prayssas
Damazan
Laroque-Timbaut
N21
Beauville
D11
A62
D655
D813
Port-Sainte-Marie
D125
D656
D8
Foulayronnes
Buzet-sur-Baïse
D436
Sérignac-sur-Garonne
La Sauvetat-de-Savères
Saint-Maurin
Feugarolles
D119
5 KM
AGEN
Vianne
Bruch
Montesquieu
Puymirol
Castelculier
D655
Départ
SAINT-ROMAIN-LE-NOBLE
Barbaste
Itinéraire (87 km)
Forêt
Sens de circulation
D665
Nérac
D656
PARCOURS GPX

LES BONNES ADRESSES SUR LE PARCOURS

Location de vélos

Émeraude Location
213, Pont des Sables
47200 Fourques-sur-Garonne
✆ 06 23 89 19 33
Ouvert 7j/7 en juillet et août. Mai, juin, septembre du mardi au samedi, le dimanche sur réservation.

Vélos adultes ou enfants, vélos suiveurs ou tandems, remorques enfant : là, vous trouverez la location qu'il vous faut ! Sinon, en marge de votre randonnée cycliste, appréciez autrement la douceur de vivre du canal à bord d'un bateau sans permis.

Cycles Sud-Ouest
58, boulevard de la République
47160 Buzet-sur-Baïse
✆ 07 52 05 90 48
En juillet et août, ouverture du lundi au dimanche 9h30-19h, de septembre à juin sur rendez-vous.

Plus qu'un point de location de cycles, vous trouverez ici un lieu de conseil de balades et d'équipements pour optimiser vos virées. 70 vélos et 10 vélos électriques sont disponibles. Du VTC au tandem en passant par la remorque enfant, tout y est ! Cycles Sud-Ouest assure aussi des dépannages (crevaison, réglage des freins ou du dérailleur, etc.) sur rendez-vous hors saison, sinon passez directement au magasin.

Aquitaine Navigation Nicols
47160 Buzet-sur-Baïse
✆ 05 53 84 72 50
Du 1er avril au 31 octobre. VTC adulte 15 € la journée, 12 € la demi-journée. VTC enfant 10 € la journée, 8 € la demi-journée. Remorque enfant 10 € la journée, 8 € la demi-journée.

Point d'information et de location de bateaux à la confluence du canal de Garonne et de la rivière Baïse, la capitainerie du port propose également des vélos à la journée. Glaces, boissons fraîches et produits du terroir sont vendus à la boutique.

À visiter

Fous de Garonne
14, rue Lacave
47180 Couthures-sur-Garonne (France)
✆ 05 53 76 35 48
www.fous-de-garonne.com
Avril, mai, juin, septembre du mardi au dimanche 10h-18h. Juillet, août 7j/7 10h-19h. 10 €, 6 € pour les - de 18 ans.

Sont présentées ici différentes animations liées à la Garonne et à la vie des habitants du village de Couthures-sur-Garonne, subissant régulièrement les crues. Vivez l'action des sauveteurs en réalité virtuelle, assistez à un mapping vidéo sur écran géant, visitez la cabane Nature sur l'écosystème du fleuve, attardez-vous devant la grande maquette du village inondé... Profitez aussi de la vue exceptionnelle sur l'eau depuis la terrasse, où vous pourrez déjeuner. Le lieu comporte une boutique de produits régionaux, livres, souvenirs...

La collégiale Saint-Vincent et le Rembrandt
Place du Marché
47430 Le Mas-d'Agenais

Classée monument historique, cette très belle église du XIIe siècle abrite le trésor de la commune : le *Christ en Croix* peint par Rembrandt en 1631. Un chef-d'œuvre qui avait quitté en 2016 le Mas-d'Agenais pour être restauré. Exposé ensuite à la cathédrale Saint-André de Bordeaux, il a vu son retour au pays minutieusement préparé. Un nouveau coffre d'exposition blindé et équipé de capteurs d'humidité a été installé début 2022. Suite à la rénovation de l'édifice, l'emplacement du tableau a été changé de façon à ce que les reflets ne viennent pas gêner sa contemplation par les visiteurs. Un véritable moment de grâce artistique !

Maison de la Terre et du Canal
Halte Nautique
47400 Villeton
✆ 05 53 79 05 59
Ouvert sur réservation.
4 €, 2 € pour les 4-12 ans.

Joliment présenté dans une maison en bois, un témoignage de l'artisanat d'autrefois et du travail de la terre à travers une belle collection d'outils anciens et de machines agricoles.

Musée de la Falotte
172, route de la Falotte
47160 Puch-d'Agenais
Ouvert 7j/7 10h-12h, 14h-19h. 8 € adulte, 2 € pour les enfants de - de 10 ans. Visite guidée.

Un paradis pour les minéralogistes en herbe ou confirmés ! Sont exposés ici des milliers de minéraux, fossiles, sables des plages du monde entier, coraux, coquillages. Une exposition permanente présente des pièces artisanales (colliers, bracelets et pendentifs) ré-

© CHRISTIAN PRÉLEUR

Café Vélo à Agen.

alisées en pierres naturelles. Les visiteurs du musée ont accès aux tables de pique-nique.

Se loger

Camping Au Jardin
121, route de Hure
47180 Meilhan-sur-Garonne
✆ 05 53 88 84 80

D'avril à octobre. Tarif par emplacement et par nuit : tente, caravane, camping-car 3 €, tente équipée 20 € + 5 € par adulte et par nuit et 3 € pour les - de 7 ans. Électricité : + 2 € par jour.

Plus qu'un camping, une halte nautique doublée d'une base de plein air ! L'emplacement a tout d'idéal : au pied du tertre de Meilhan (que l'on rejoint par un escalier), le long du canal latéral à la Garonne et de sa voie verte. Des VTT sont à louer sur place.

Domaine Quiescis
1080, route de l'École
47200 Marcellus
✆ 06 09 05 28 74

Chambre d'hôtes de 70 € à 95 €/nuit. Cabane de 14 € à 22 €/nuit. Bulle 165 €/nuit. Tipi de 90 € à 120 €/nuit. Mobil-home de 250 € à 480 €/semaine.

Une adresse parfaitement adaptée aux randonneurs entre les communes de Meilhan-sur-Garonne et Fourques-sur-Garonne car la voie verte se situe en contrebas de la propriété. Les possibilités d'hébergement ne manquent pas. Les cabanes par exemple représentent une solution pratique et peu onéreuse pour une nuit de passage. Sinon, optez pour l'originalité des tipis ou des bulles avec vue sur le ciel.

Camping du Lac
Lac du Moulineau
47160 Saint-Pierre-de-Buzet
✆ 07 56 05 46 51

Ouvert d'avril à octobre. Réservation recommandée. Emplacement tente dès 10,50 € en basse saison et à partir de 12 € en haute saison, caravane de 17,50 € à 19,50 €, camping-car de 22 € à 25,50 €. Restauration (le soir l'été).

Le camping en bordure du lac du Moulineau propose de nombreux emplacements dans un véritable havre de paix à l'ombre des arbres. Proche du canal de la Garonne et de sa voie cyclable, il est une halte bienvenue pour les cyclistes. Sont mis à disposition des campeurs une cuisinette, un réfrigérateur, une laverie et un garage à vélos. Un camping à taille humaine avec un état d'esprit très nature. Sur le site du lac, profitez de la baignade et du téléski nautique.

L'Île aux Bateaux
47160 Buzet-sur-Baïse
✆ 05 53 83 98 65

De mai à octobre. 70 € la nuit la chambre pour 2 ; 80 € la nuit la chambre pour 3. Restaurant ouvert midi et soir (sauf le lundi soir et le mardi toute la journée).

Cette maison éclusière se situe sur le trajet

de la piste cyclable au niveau du port de plaisance. Elle constitue l'endroit idéal pour les nombreux cyclistes de passage qui peuvent y passer la nuit (l'abri vélo est sécurisé), se restaurer ou simplement reprendre des forces le temps d'un verre, une glace, une crêpe ou une gaufre.

Café Vélo

207, rue du Duc d'Orléans

47000 Agen

✆ 05 53 96 15 51

Toutes les informations utiles sur https://cafe-velo.net

Cyclotouristes, cette adresse vous est destinée ! Aménagé au pied du Pont-Canal dans l'ancienne usine de l'eau d'Agen, le Café Vélo répondra à toutes vos demandes par son caractère protéiforme. Il fait aussi bien gîte d'étape (dortoir de 12 couchages) que restaurant avec une cuisine à tendance bio et locale, espace détente, atelier de réparation, point de location de cycles…

Se restaurer

Béa Rég'Halle

3, place du Marché

47430 Le Mas-d'Agenais

✆ 07 61 78 31 49

D'avril à octobre du mardi au dimanche 8h30-22h. Hors saison : les midis du mardi au dimanche et le samedi soir, les autres soirs sur réservation. Menu du midi en semaine 18 €, menu du soir et du week-end 28 €.

Quittez la voie verte au niveau du Mas-d'Agenais et grimpez au village jusqu'à la place du Marché. À côté de la collégiale Saint-Vincent (à visiter ne serait-ce que pour admirer un illustre tableau de Rembrandt à l'intérieur) se tient une charmante adresse. Vous pourrez y déguster un bon repas, profiter simplement d'un thé à la menthe maison ou d'une boisson fraîche, de préférence sur la terrasse sous la magnifique halle en bois. À la belle saison, des sandwichs avec des produits régionaux à emporter sont préparés sur demande.

Produits du terroir

Les Vignerons de Buzet

56, avenue des Côtes de Buzet

47160 Buzet ✆ 05 53 84 74 30 (coopérative) - ✆ 05 53 84 17 16 (boutique)

Boutique ouverte du lundi au samedi 10h-12h30, 14h-18h.

Vous ne trouverez pas meilleur point de chute pour découvrir l'excellence des vins en AOC Buzet que la boutique de cette coopérative qui se visite également. Les Vignerons de Buzet organisent des découvertes l'été du parc du château de Buzet et proposent la location de vélos électriques avec circuits d'une trentaine de kilomètres préétablis.

Le Canal des Deux Mers à vélo.

De Buzet à Villeton

En arrivant à Buzet-sur-Baïse, la Scandibérique, l'EuroVelo 3 rejoint votre tracé, puis vous accédez à une aire de tourisme extrêmement confortable. Ici, la rencontre est idéale entre cyclistes et plaisanciers, les tables de pique-nique ombragées, les emplacements de camping et les commodités pratiques sont réunis. Le tout dans un décor de verdure à deux pas du bourg. Les vignerons de Buzet sont connus dans toute la France pour avoir conquis leur appellation d'origine contrôlée et ils sont aujourd'hui engagés pour la faire vivre à travers une agriculture durable. Un circuit de découverte du vignoble vous est proposé au départ du port. En continuant le long du canal, vous êtes toujours à l'ombre, entourés de larges champs entrecoupés de bosquets. Un peu avant Damazan, vous pouvez faire un détour d'un kilomètre à droite par l'observatoire de la faune et de la flore. Au bord d'un lac, un espace pédagogique et une aire de pique-nique peuvent constituer une étape instructive pour tous. Les plus pressés pourront quand même manger à table à Damazan, juste après le pont, au niveau du port. La ville est une authentique bastide extrêmement bien conservée. Sur la place Armand Fallières, la halle est entourée par les cornières. Elle accueille le marché hebdomadaire depuis toujours. La pierre est partout, même sur les sols pavés. Bien qu'il soit déconcertant pour les automobilistes, le puits trône fièrement au milieu des voies. Juste derrière, la date de fondation de la bastide est gravée sur une stèle : 1259. En repartant de Damazan, l'itinéraire rejoint celui de la vélo-route de la vallée du Lot en bifurquant vers Aiguillon, 6 kilomètres plus loin. Au niveau de Puch-d'Agenais, vous pouvez visiter le musée de la Falotte où sont exposés plus de 7 000 minéraux, fossiles, coquillages et sables récoltés partout sur le globe. Vous pouvez aussi y suivre un parcours champêtre à la découverte de la flore sauvage. Des tables de pique-nique sont en accès libre sur le bord du canal. Plus loin, à la halte nautique de Villeton, vous trouvez un restaurant au bord de l'eau et la maison de la Terre et du Canal. Vous y découvrirez des outils anciens, un séchoir à tabac et de nombreux éléments de la vie rurale locale. Un potager pédagogique est aussi installé derrière le musée. À partir d'ici, les platanes qui vous accompagnaient laissent place à une végétation plus éparse qui ouvre le panorama.

De Lagruère à Meilhan

Vous arrivez à Lagruère, halte nautique et cycliste où se trouvent un camping, une aire de pique-nique, des jeux pour enfants et le parc Retour aux Sources en accès libre. Ce lieu de nature pédagogique est une occasion inratable d'amuser toute la famille avec son parcours « pieds nus », son observatoire, sa mare pédagogique, etc. Juste après, le port des Rêves offre un point de vue entre le canal et la Garonne, c'est un lieu traditionnel des fêtes de village et des moments de convivialité. À quelques coups de pédales de là, le port du Mas-d'Agenais vous accueille avec une aire de pique-nique et un parking à vélo qui vous libèrera de votre monture le temps d'une visite dans ce village plein d'histoire. Vous ne manquerez pas d'y voir le lavoir à toit ouvert, la halle au blé et la collégiale du XIe siècle, abritant un tableau de la crucifixion du Christ peint par Rembrandt en 1631. En continuant sur la voie verte, vous aurez une nouvelle chance de vous attabler pour un casse-croûte à la sortie de Caumont-sur-Garonne et juste après, à l'entrée de Fourques-sur-Garonne. À la halte nautique du Pont-des-Sables, un grand choix d'activités nautiques est proposé, du bateau à pédales au bateau électrique en passant par le canoë et le paddle, il y en a pour tous les goûts. De là, vous pouvez faire un crochet par Marmande, à 5 kilomètres. De nombreux éléments des patrimoines civil et religieux perdurent dans cette ville habitée depuis l'époque romaine. On citera l'église Notre-Dame de Marmande du XIVe siècle, le musée Albert Marzelles ou la place des Neuf Fontaines. Sans oublier le grand parc de la Filhole, qui offre, entre autres, une plage pour se baigner dans la Garonne. Le canal sort du département juste après Meilhan-sur-Garonne, dernière étape mais pas des moindres, puisque la ville, située sur un promontoire rocheux d'une cinquantaine de mètres, bénéficie depuis son tertre d'un panorama exceptionnel sur la Garonne et le canal ainsi que sur tout le nord de la vallée. Ce village médiéval recèle aussi d'autres trésors que vous pouvez découvrir au cours d'une balade au départ de l'église guidée par des panneaux thématiques qui retracent son histoire.

© CHRISTIAN PRE LEUR

LA SCANDIBÉRIQUE

La Scandibérique est la partie française du circuit de l'Eurovélo 3 qui parcourt plus de 5000 kilomètres à travers 7 pays de la Norvège à l'Espagne. Elle suit le célèbre chemin de Compostelle. Elle entre dans le département du Lot-et-Garonne au niveau de Meilhan-sur-Garonne en suivant la belle piste cyclable le long du canal latéral à la Garonne. Vous passerez des ponts, des écluses et profiterez de l'atmosphère d'un canal vivant et fantastique. Vous roulerez ensuite dans un tout autre paysage, celui du Pays de l'Albret, en passant par des villages de caractère pour découvrir des merveilles architecturales, des lieux chargés d'histoire et irez à la rencontre de leurs saveurs gourmandes. Entre voies vertes et petites routes bucoliques, vous aurez l'occasion de suivre la belle Gélise et l'ancienne voie-ferrée. C'est un excellent itinéraire pour se familiariser avec les terres du jeune Henri de Navarre, roi de France au XVIe siècle.

Du canal latéral à la Garonne au Moulin des Tours

Vous pédalez le long du canal latéral à la Garonne depuis plusieurs kilomètres et vous êtes tombés sous son charme, c'est tellement compréhensible et naturel. Le canal longe Damazan, cette magnifique ville neuve et bastide datant du XIIIe siècle. Un petit arrêt est conseillé ici. Vous apprécierez ses nombreux ouvrages comme l'imposant château Comtal, la place et la halle centrale aux belles arches ainsi que ses volets et façades colorés. Reprenez le parcours en direction du port fluvial de Buzet-sur-Baïse, il est stratégiquement situé au carrefour du Lot, de la Baïse et de la Garonne. À l'époque, l'aménagement du canal latéral et le développement de la navigation ont donné au village de Buzet un grand rôle économique. Beaucoup de produits des industries locales et de l'arrière-pays sont exportés vers Bordeaux et l'Outre-mer. Au port vous pourrez profiter d'installations modernes et divers services de location (vélos, bateaux), c'est aussi l'occasion de pique-niquer sur la grande aire verdoyante. Reprenez la voie verte le long du canal, vous traversez la Baïse au niveau de la belle écluse en suivant le balisage de l'Euro Vélo. Vous profitez des derniers moments sur le canal avant de prendre la direction de Vianne. Vous passez à côté de la jolie chapelle de Calezun et suivez l'itinéraire jusqu'à la magnifique bastide du XIIIe siècle. Vous traversez Vianne par les portes fortifiées et êtes plongés au cœur du passé médiéval de l'Albret. Prenez le temps, depuis la place centrale, vous verrez les portes, les tours et les remparts de la cité. Vous retrouvez la Baïse en direction de Lavardac situé sur le bord de la rivière à 6 kilomètres de Nérac. Au niveau du pont, vous avez le choix entre faire une petite halte dans le village ou continuer le circuit. Après le lavoir des tables sont à votre disposition. Vous affrontez une première montée coriace qui laisse apparaître un beau point de vue sur la vallée. Un peu plus loin un ouvrage se dessine à travers les arbres. Vous arrivez devant les quatre tours de l'incroyable moulin de Barbaste. Un pont roman à dix arches vous sépare de cet ouvrage. N'hésitez pas à garer le vélo pour partir à la découverte de ce lieu chargé d'histoire qui était chair aux yeux de Henri de Navarre, le futur roi de France. Prélassez-vous sur l'esplanade au pied du moulin pour reprendre des forces devant un bel ensemble : l'imposante fortification, le pont enjambant la Gélise et le barrage. Vous êtes en forme ? Vous pouvez vous lancez dans la suite du circuit.

© OT ALBRET

La Scandibérique.

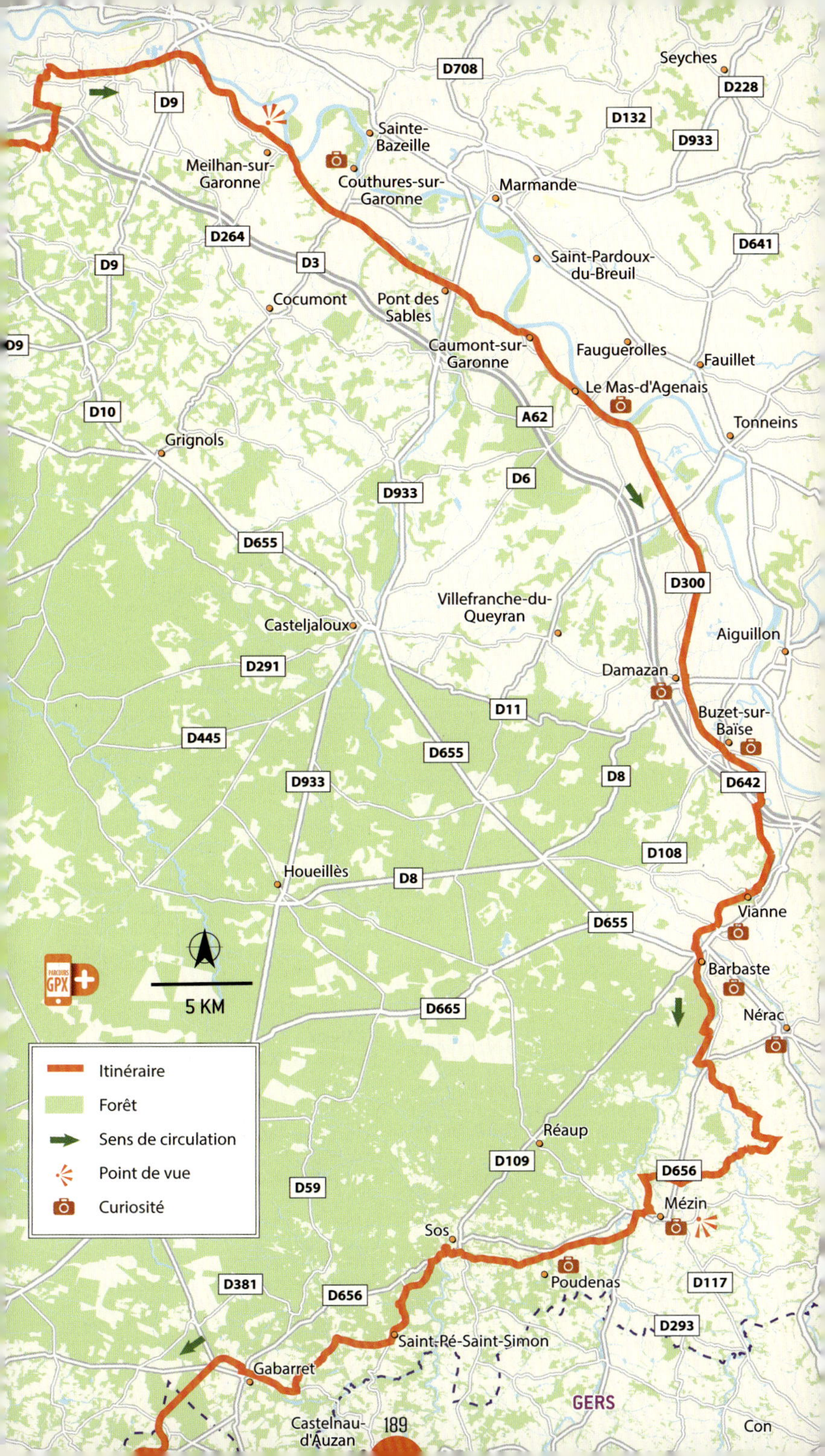
Seyches
D228
D708
D132
D933
D9
Sainte-
Bazeille
Meilhan-sur-
Garonne
Couthures-sur-
Garonne
Marmande
D264
D641
D9
D3
Saint-Pardoux-
du-Breuil
Cocumont
Pont des
Sables
D9
Caumont-sur-
Garonne
Fauguerolles
Fauillet
Le Mas-d'Agenais
D10
A62
Tonneins
Grignols
D6
D933
D655
D300
Villefranche-du-
Queyran
Casteljaloux
Aiguillon
D291
Damazan
D11
Buzet-sur-
Baïse
D445
D655
D8
D642
D933
D108
Houeillès
D8
Vianne
D655
Barbaste
5 KM
Nérac
D665
Itinéraire
Forêt
Sens de circulation
Point de vue
Curiosité
Réaup
D109
D656
D59
Mézin
Sos
Poudenas
D117
D381
D656
D293
Saint-Pé-Saint-Simon
Gabarret
GERS
Castelnau-
d'Auzan
Con

LES BONNES ADRESSES SUR LE PARCOURS

Location de vélos

Aquitaine Navigation Nicols
47160 Buzet-sur-Baïse
✆ 05 53 84 72 50

Du 1er avril au 31 octobre. Vélo adulte 15 € la journée, 12 € la demi-journée. Vélo enfant 10 € la journée, 8 € la demi-journée. Remorque enfant 10 € la journée, 8 € la demi-journée. Caution : 300 €.

En plus de la location de bateaux, la capitainerie du port de Buzet-sur-Baïse compte à son actif une vingtaine de VTC adultes et 4 pour les enfants à louer. Le lieu détient le label « Accueil vélo ».

Cycles Sud-Ouest
58, boulevard de la République
47160 Buzet-sur-Baïse
✆ 07 52 05 90 48

En juillet et août, ouverture du lundi au dimanche 9h30-19h, de septembre à juin sur rendez-vous.

Plus qu'un point de location de cycles, vous trouverez ici un lieu de conseil de balades et d'équipements pour optimiser vos balades. 70 vélos et 10 vélos électriques sont disponibles. Du VTC au tandem en passant par la remorque enfant, tout y est ! Cycles Sud-Ouest assure aussi des dépannages (crevaison, réglage des freins ou du dérailleur, etc.) sur rendez-vous hors saison, sinon passez directement au magasin.

À visiter

Le Moulin des Tours
Rue du Moulin-des-Tours
47230 Barbaste
✆ 05 53 65 27 75

Visite guidée du 16 avril au 6 juillet et du 1er septembre au 5 novembre le mercredi 15h, du 7 juillet au 31 août du lundi au vendredi 15h, visite spéciale famille du 21 juillet au 25 août le jeudi 10h30. 5 €, 3 € pour les 12-18 ans.

L'un des points touristiques majeurs du circuit. Bâti entre le XIIe et le XIVe siècle, le moulin fortifié et son pont roman au-dessus de la Gélise forme un ensemble aussi beau qu'impressionnant. Ce témoignage du Moyen Âge, qui fut jadis la propriété d'Henri de Navarre, futur roi de France Henri IV, se découvre en compagnie d'un des membres de la sympathique équipe de l'Office de tourisme de l'Albret.

Se loger

Gîte d'étape de Vianne
Bâtiment Les Bouchonniers
20, rue de la Résistance
47230 Vianne
✆ 05 53 97 54 14

Ouvert toute l'année.
22 € la nuit par personne.

L'étape parfaite pour les cyclotouristes dans l'enceinte de cette magnifique bastide fortifiée. Le gîte municipal comprend 1 chambre avec un 1 lit 2 places, 2 chambres 2 lits, 1 chambre 4 lits, 1 chambre 5 lits. Les réservations s'effectuent auprès de la mairie.

Se loger / Se restaurer

L'Auberge des Contes d'Albret
Aux Comptes
47600 Nérac
✆ 05 53 65 18 73 - 06 84 70 07 78

Chambre de 45 € à 68 € la nuit. Appartement de 380 € à 540 € la semaine. Menus 19,50 €, 23,50 €, 26,50 €.

Une adresse complète dans un charmant coin de campagne à proximité de Nérac. On peut y loger en chambre, en appartement, mais aussi sur une aire naturelle de camping avec douches et toilettes. Le restaurant, où est servie une roborative cuisine fermière, dispose d'une belle salle rustique et surtout d'une agréable terrasse. La réservation est obligatoire. Karin et Fabien fabriquent leurs propres conserves (confit, foie gras, pâtés) vendues sur place.

Se restaurer

L'Atypik
18, place des Marronniers
47230 Vianne
✆ 05 53 65 09 74

Ouvert toute l'année du mardi au samedi le midi et le soir ainsi que le dimanche midi. Réservation recommandée. Menus de 15 € à 30 €.

Si, par bonheur, votre pause déjeuner sur le trajet coïncide avec le moment où vous traversez l'une des plus belles bastides de l'Albret, précipitez-vous dans ce charmant restaurant donnant sur la place centrale. La cuisine maison du pays s'y déguste de préférence accompagnée d'un bon vin de Buzet.

Cascade Waterpark.

Cascade Waterpark
Lac du Moulineau
47160 Damazan
www.cascadewaterpark.com
De juin à août : 7j/7, 12h-14h30, 19h-21h30. Pour les autres périodes consultez le site. Burgers de 9 € à 14 €. Menu du jour de 12 € à 18 €.
Du cuisiné et de la qualité. Ariane et Christophe tiennent à faire les deux pour leur restaurant à côté du téléski nautique qu'ils gèrent aussi. Les propositions s'articulent autour de bons plats du jour et de burgers qui se renouvellent. Une alternative végétarienne est toujours proposée. En semaine, vous trouverez une formule rapide, mais qualitative pour le prix d'un ticket restaurant. Le dimanche midi, place à un concept de repas à partager en famille avec des recettes traditionnelles.

Artisanat

Verrerie d'art Dino Glass
Boulevard de la Gare
47230 Vianne
✆ 07 86 88 80 50
Ouvert du mardi au samedi 9h30-12h, 14h-19h. Le dimanche et le lundi 14h-19h.
Le talent de Dino Diaconescu, souffleur de verre, va vous épater. Son atelier, qui occupe l'ancienne gare de Vianne (à l'extérieur des remparts de la bastide) mérite amplement une visite. Vous y verrez exposés des objets de toute beauté : vases, verres, lampes, sculptures d'animaux d'une délicatesse et d'une poésie touchantes.

Produits du Terroir

Ferme de Gagnet
Gagnet
47170 Mézin
✆ 05 53 65 73 76
Du lundi au samedi 9h-13h, 15h-19h, le dimanche sur RV. Il est conseillé de téléphoner avant de passer.
Une exploitation familiale réputée pour ses produits haut de gamme : armagnac Ténarèze, blanche de Gagnet, Floc de Gascogne qui a reçu 3 ans de suite la médaille d'or au Concours général agricole. Le même niveau qualitatif se retrouve dans les foies gras entiers ou mi-cuits, confit de canard, rillettes, pâtés. Petit Futé adore l'atmosphère rustique du point de vente. Quand vous repartez de la ferme, arrêtez-vous pour profiter de la vue pleine et entière sur le village de Mézin.

© ADRT 47

La Gélise, la voie ferrée et des villages de caractère

Vous partez en direction du petit village de Cauderoue, vous longez le grand parc d'activité. Vous traversez la Gélise et passez devant le château. Vous pédalez à travers des vergers sur une piste goudronnée qui se transforme en castine au milieu des champs colorés, suivez la route jusqu'au Pont Sainte-Catherine qui surplombe fièrement la Gélise. Vous roulez ensuite sur une large piste forestière en direction de Mézin. Après le petit hameau du Rey, vous rejoignez une grande route au milieu des nombreuses cultures à la grande panoplie de couleur. En suivant le balisage dirigez-vous à gauche sur la départementale. Vous passez devant le beau château de Lisse et soyez attentif, après un peu plus de 500 mètres, engagez-vous sur le chemin qui descend sur la droite, le goudron laisse place à la terre, cette belle pente à travers les bois arrive le long de l'ancienne voie-ferrée. Cette ligne de chemin de fer servait à l'époque de voie de communication entre Mont-de-Marsan, la vallée de la Garonne et la région d'Agen. Depuis 1960, plus de trains de voyageurs ni de marchandise ne circulent, seul le tronçon Nérac-Mézin est conservé pour le passage du train touristique. C'est un paysage sauvage où la nature a repris ses droits, les vestiges ferroviaires sont avalés par la végétation, un instant vintage très agréable. Le long de la route, une variante est possible, elle vous amène au village du Fréchou sinon continuez en direction du joli village de Mézin, l'ancienne capitale du bouchon de liège. C'est aussi le village de naissance en 1841 du président de la IIIe république Armand Fallières. Vous êtes alors proche de la frontière de l'Albret, de la forêt Landaise et des vertes vallées de l'Armagnac. Vous pourrez trouver ici de nombreux produits locaux (foie gras, confits, Armagnac...) Le passage dans ce village est très sympathique. Vous en sortez et prenez à gauche sur la D5, quittez la au petit passage balisé où le chemin de terre vous amènera, à travers un écrin de verdure et quelques plantations, au village de caractère de Poudenas. Vous arrivez au niveau du travail à ferrer, ce dispositif fixé dans le sol permettait d'entraver les chevaux ou les bœufs à l'aide de sangles et de ventrières. Il est conseillé de partir à sa découverte en traversant la Gélise, un point de vue formidable se trouve face à vous avec, au premier plan l'ancien relais de poste et son étage soutenu par des arcades et au second plan le château et le clocher carré de l'église romane. Montez au plus haut, en empruntant les ruelles pentues, pour voir de plus près la façade et les fenêtres à meneaux du château du XIIIe siècle. Ses terrasses soutenues par des arcades et sa grande façade lui donne l'apparence d'une villa italienne. Le château était occupé par les seigneurs de Poudenas, il trône et défend la vallée de la Gélise qu'il surplombe de 50 mètres. Un arrêt dans un village d'exception n'est jamais de refus. Retraversez le pont et suivez le chemin de terre qui s'engouffre dans les bois pour arriver en contrebas de Sos. Sur un promontoire, ce village domine les vallées de la Gélise et de Gueyze. Un oppidum gaulois avait pris place sur le plateau avant de se faire attaquer par les romains en 56 av. J.-C. durant « la guerre des Gaules ». Bien longtemps plus tard, en 1579, Henri de Navarre devint seigneur de Sos. Profitez de la belle place Fallières et des maisons à cornières qui l'entourent. Contemplez le panorama et descendez le village en direction de Gueyze pour poursuivre la route très peu fréquentée à travers les champs. Vous arrivez à la frontière du Gers, le vert sombre de la forêt landaise commence à apparaître. Pédalez de vos propres ailes vers de nouveaux paysages dans d'autres départements !